선조

나는
이렇게
본다

더 나은
세상을 꿈꾸는
보리
한국사 1

선조

나는
이렇게
본다

| 함규진 글 |

보리

비판과 창조 정신을 배우자

역사는 누가 바로 알아야 할까? 누가 읽어야 할까?

못사는 사람이 알아야 한다. 못살게 된 젊은이들이 읽어야 한다. 나쁜 세상에서 버림받는 이들이 알아야 하고, 또 읽어야 한다. 그래야 더는 버림받지 않고, 더는 못살지 않는다.

이 나쁜 세상에서 잘 먹고 잘사는 사람들은 역사를 바로 알려고 하지 않는다. 그 사람들에게 힘센 자들이 만들어 온 삐뚤어진 역사는 거저 물려받은 선물일 뿐이다. 자기네들 편할 때 끌어다 써먹는 고마운 치부책일 뿐이다.

그렇다면 우리가 사는 이 세상, 나쁜 세상일까?

그렇다.

지금 당장 못사는 99퍼센트에게도 살기 나쁜 세상이다. 저 높은 곳에서 사는 1퍼센트가 혼자 잘살아 보겠다고 땅 죽이고, 물 더럽히고, 숨 쉴 공기 흐려 놓지 않았던가. 하지만 그렇게 세상이 쓰레기 더미가 되는 바람에 물려받을 것이라고는 오로지 죽음의 세계,

사는 게 끔찍한 악몽일 수밖에 없는 '젊은 세대'에게는 더더욱 나쁜 세상이다. 그런 세상은 바꿔야 한다.

하지만 좋은 세상은 두 손 모아 빈다고 저절로 오지 않는다. 내 탓이 아니라고 책임을 미루거나, 나만 잘살면 된다며 둘레 사람 살피지 않고 혼자만 쌩쌩 앞서 간다고 오지 않는다. 좋은 세상은 모두가 함께 힘을 모아야 비로소 만들 수 있다.

그렇다면 어떤 세상이 좋은 세상일까?
어려운 말 들먹일 것 없다. 있을 게 있고, 없을 게 없으면 된다.
"아무도 버림받지 않고, 아무것도 버릴 게 없는" 세상.
"있을 것만 있고, 없을 것은 없는" 살림터.
그것이 진짜 좋은 세상이다.

나쁜 세상은 없어야 할 것투성이다. 깡그리 없애야 한다. 그러려면 현실을 바로 볼 수 있어야 한다. 나쁜 것이 어디서 시작되어 어떻게 가고 있는지 알아야 한다. 그리고 다시는 그 나쁜 일이 되풀이되지 않게 똑바로 잘못을 짚어 내고 반성해야 한다.

그것이 역사에서 얻어야 할 바른 '비판' 정신이다.

나쁜 세상은 또한 있을 것이 없는 세상이다. 그러므로 새로 빚어야 한다. 어디에, 무엇이, 왜, 없는지 둘러보아야 한다. 그리고 가장 필요한 것, 가장 소중한 것, 모든 사람들이 함께 누리며 가장 행복할 수 있는 것들을 새로 빚어 채워 넣어야 한다.

그것이 역사에서 찾아내야 할 바른 '창조' 정신이다.

그러므로 역사를 배워야 한다. 역사에서 올바른 가르침을 끌어내야 한다. 그래서 현재의 잘못을 깨닫고, 그 깨달음으로 미래를 바꿔야 하는 것이다. 과거의 역사를 배워, 현재의 잘못을 깨닫고, 미래를 좀 더 바르게 바꾸는 것. 그것은 이 땅 사는 모든 젊은이들의 몫이다.

젊은이들은 비판과 창조 정신으로 무장하여, '없을 것'을 없애 버리고, 그 빈터에 '있을 것'을 일구고 가꾸어 채워 나가야 한다. 그렇게 파괴와 건설의 일꾼으로 거듭나야 한다.

보리가 역사를 되살피고, 그 성과를 젊은이들을 위해 새롭게 엮어 내야 하는 까닭을, "나는 이렇게 본다."

윤구병 (농부 · 철학자)

일러두기

1 이 책은 '더 나은 세상을 꿈꾸는' 보리 한국사 첫째 권이다.
2 본문에서 인용한 《조선왕조실록》은 《선조실록》을 바탕으로 정리한 것이다. 《선조수정실록》에서
  인용한 대목은 따로 표시를 하였다.

차례

들어가는 글

왜 하필 선조냐고? 어떤 사람을 못났다고 욕하기는 쉬워도 진심을 읽는 일은 쉽지 않다. 이 책이 선조가 받아 온 오해를 풀고 진심을 찾는 데 도움이 되기를 바란다. 임금 선조가 아니라 인간 선조, 그 참모습을 발견하고 그 속에서 '지금 이곳'의 새로운 의미를 배워 가는 일에 말이다.

한 사람의 일생을 파헤쳐서 그 '참모습'을 담아내는 일은 참으로 어렵다. 그 사람이 평범한 보통 사람이 아니라 많은 기록이 남아 있는 정치 지도자라면 쉬울 것도 같지만, 의외로 상반되는 평가가 많은 탓에 오히려 더 혼란스러울 수도 있다.

예를 들어 어떤 전직 대통령의 업적을 평가한다고 하자. 지지하던 사람들이나 반대하던 사람들이나 분명 같은 시대를 살며 같은 대통령을 보았는데도, 마치 서로 다른 사람을 놓고 이야기하듯 평가가 갈리며 논쟁이 불붙는 것을 볼 수 있다.

"이분이야말로 우리 시대의 귀한 지도자셨어! 강대국에는 당당히 맞서고, 북녘과는 좋은 관계를 유지했지. 무엇보다 서민이 잘사는 세상을 만들기 위해 모든 노력을 기울이셨어. 우리나라가 그런 지도자를 또 만나기란 힘들 거야!"

그러면 반대해 온 사람들은 이렇게 반박할 것이다.

"엉터리 같은 소리! 강대국에 당당했다지만 말로만 그랬을 뿐, 실제로는 전혀 아니었잖아. 북한과 좋은 관계? 왕창왕창 퍼 주는데 그런 '좋은 관계'는 누가 못 맺어! 그리고 서민을 위한다고? 그래서 그때 집값이 그렇게 올랐다니? 흥!"

지지자들도 가만히 있지 않으리라.

"누가 집값 오르라고 고사라도 지냈다니? 기득권 세력이 작당을 해서 올려놓은 거지! 그나마 그분이 한사코 막지 않았다면 지금 이만큼도 어림없을걸. 나라가 망했을지도 모른다고!"

이런 논쟁이 쉽게 끝나지 않는 것은 양쪽 다 일정한 진실을 말하고 있기 때문이다. 문제는 그 진실을 바라보는 '관점'이 다르다는 것이다. 같은 정책도 믿는 눈으로 보면 '구국의 결단'이고, 삐딱한 눈으로 보면 '나라 망치는 수작'이다. 여기에 몇몇 왜곡된 진실을 진실로 알고 있을 경우에는 문제가 더 심각해진다.

그래서 우리는 어떤 정치 지도자를 평가할 때 대단히 신중할 필요가 있다. 우선 선입관을 모두 버리고, 최대한 객관적인 '사실'을 찾기 위해 노력해야 한다. 그리고 그 지도자가 처한 시대의 성격을 파악하고, 그때 취한 조치가 무엇이었나, 그것은 적절했던가? 최선이었나? 그게 아니었다면 무엇이 가능했겠는가를 두루 살핀다. 또한 그 지도자가 시대와 역사에 미친 영향을 편견 없이 이해하도록 애쓰고, 일단 이해했으면 지도자의 위치를 떠나 한 인간으로서 지닌 그 '마음'을 들여다보아야 한다. 그래야 비로소 진짜 '그'가 보일 것이다.

하지만 말처럼 쉬운 일이 결코 아니다. 그래서 성실한 연구자 사이에서도 한 사람을 두고 종종 전혀 상반되는 평가가 나오는 것이리라. 하지만 그렇게 성실한 연구 끝에 나오는 평가가 더욱 값진 법이다.

그러면 보기 드문 '국가적인 재난'을 겪었던 정치 지도자는 어떨까? 그 재난에도 아랑곳없이 그 뒤 역사가 눈부시게 발전했다면 또 몰라도, 그렇지 않다면 좋은 평가를 받기는 어려울 것이다. 조선 시대를 돌아보더라도 병자호란 때 인조, 구한말 때 고종, 그리고 임진왜란 때 선조가 특히 오늘날 '무능한 왕', '그 자리에 있으면 안 되었을 왕'으로 매도되는 것을 보면 충분히 알 수 있다. 이 책은 그런 인기 없는 군주, 험한 시대를 만났던 정치 지도자의 한 사람인 조선 제14대 왕 선조의 일생을 담아 본 책이다.

왜 하필 선조냐고? 어떤 사람을 못났다고 욕하기는 참 쉽지만, 그 못난 사람의 내면에 들어 있는 '진심'을 읽어 내는 일은 결코 쉽지 않다. 그러나 일단 어렵게라도 그 진심을 읽고 나면 거기에서 많은 것을 배울 수 있기 때문이다.

책을 쓰기에 앞서 "선조의 업적은 무엇인가?" 하고 인터넷 검색란에 쳐 본 적이 있다. 결과는 참담할 정도였다. "업적 같은 것은 없다. 나라 망친 무능한 왕에게 무슨 업적이냐"는 대답이 대부분이었으니까. 어쩌다 찾은 것이 "주자학을 널리 보급했다", "초기에는 이황, 이이 들의 도움을 받아 그럭저럭 정치를 잘했다" 정도였다. 조선 왕조 스물일곱 왕 중에 최악의 왕을 꼽는다면 과거에는 단연 연산군과 광해군이었다. 하지만 요즘 광해군은 시대를 잘못 만난 똑똑한 군주로 평가되는 반면, 그 아버지인 선조에게는 새삼 온갖 비난과 무시가 쏟아지고 있는 듯하다.

하지만 그런 왕이라 해도 나름대로는 최선을 다했을 수 있다. 물론 최선을 다한다고 그것이 곧 최선이 되지는 않지만 말이다. 우리가 알고 있는 '사실'이 많은 부분 잘못되었을 수도 있다. 역사적으로 악명이 됐든 미명이 됐든 남달리 유명한 사람에게는 유독 사실과 다른 신화와 전설이 많이 뒤따르는 법이니까.

그런 점에서 이 책은 선조를 위한 '변명서'라고 할 수 있다. 하지만 지나친 미화나 편향은 없었다고 본다. 선조를 위대한 인물로 여기기는 아무래도 어렵다는 게 이 책의 결론이기도 하기 때문이다. 하지만 반드시 위대한 인물만이 제대로 평가받을 가치가 있을까? 어떤 사람을 욕하기란 참 쉽지만, 그 사람이 너도나도 욕하고 있는 사람이라면 더더욱 쉽겠지만, 그럴수록 더 올바른 사실을 가리고 변명할 기회는 주어야 하지 않을까?

이 책이 과연 그런 선조의 진면목을 빠짐없이 잡아냈는지는 솔직히 확신하기 어렵다. 하지만 어느 정도 선조가 받아 온 오해를 푸는 데, 그리고 그의 가장 진솔한 모습을 발견하는 데 도움이 되었기를 바란다. 임금 선조가 아니라 인간 선조, 그 진솔한 '참모습'을 발견하고, 그 속에서 지금 이곳의 새로운 의미를 배워 가는 일에 말이다.

사람은 시대와 장소가 달라도 현실을 바라보는 심리와 역량은 늘 같은 존재이기에, 과거의 잘못을 통찰하는 것만으로도 '지금 이 곳'의 역사에서 같은 잘못을 되풀이하지 않을 수 있다. 그런 관점에서 새롭게 선조를 바라봐 주셨으면 한다. ❀

오랜 장맛비 뒤에 비친 햇살처럼

새로운 왕이 탄생했다. 이는 새로운 시대가 시작된다는 뜻과 같았다. 높은 관리부터 무지렁이 백성까지 모두가 훈척 정치를 지긋지긋해하고 있었다. 그래서 좀 더 깨끗하고 말이 통하는 정치, 원칙과 상식이 살아 있는 사회를 간절히 바랐다. 오랜 장맛비 속에서 햇살을 꿈꾸듯이.

왕궁에서 나 홀로, 길고 무서운 하룻밤

"전하."

아직 앳된 티가 가시지 않은, 서둘러 만든 듯한 흰색 도포가 몸에 잘 맞지 않아 왠지 엉거주춤한 태를 벗지 못하는 소년이 '전하'라는 말에 말없이 고개를 끄덕였다.

"전하, 여기이옵니다. 이제 여기서 지내실 것이옵니다."

"……."

"시각이 늦었사오니 이만 주무시옵소서. 내일부터는 대행왕大行王, 죽은 임금을 높여 부르는 말 전하의 빈소에 드셔야 하옵니다."

"……."

역시 위아래를 온통 흰색으로 차려입은 내관과 상궁들이 정중하지만 엄격한 어조로 소년을 방 안으로 들어가게 했다. 왕을 침전에 모시는 일이었으나, 어찌 보면 토끼몰이를 하는 듯도 보였다. 소년은 굳은 얼굴로 '자신의 방'을 둘러보았다. 급히 채비를 해서 치웠는지 방이 어지럽지는 않았으나, 읽다 만 흔적이 보이는 책들, 손때가 묻은 탁자와 베개 들에서 바로 얼마 전까지 다른 사람이 쓰던 태는 숨길 수 없었다.

"그러면 편히 쉬시옵소서. 소인들은 물러가나이다."

"유, 윷……."

"네에?"

도살장에 끌려온 송아지처럼 내내 말이 없던 소년의 말에 모두들 흠칫했다.

"윷……은 혹시 없는가? 잠이 오지 않을 때는, 혼자서 윷을 놀다가 잠자리에 들고는 했는데……."

"전하! 전하는 이제 한낱 왕손이 아니시옵니다! 만백성의 어버이시며, 대행 대왕을 이어 역대 임금님들의 대업을 계승하셔야 할 막중한 몸이시옵니다! 그런데 윷이라니요? 임금은 잡스러운 유희를 해서는 아니 되옵니다! 아시겠사옵니까?"

"……."

이제 열여섯 살이 된 소년, 곧 이균李鈞이라는 이름은 잊히고 생전에는 '주상 전하'로 불리며, 죽은 뒤에는 '선조'라는 이름으로 불리게 될 조선 제14대 왕은 말없이 고개를 떨어뜨렸다.

"알겠소. 그러면 물러들 가시오. 고맙소."

하루아침에 부모 집에서 나와 왕궁 한가운데로 들어와, 죽은 왕이 쓰던 낯선 방에서 억지로 잠을 청하게 된 소년 임금이 측은했는지 상궁 한 사람이 이렇게 말했다.

"갑자기 환경이 바뀌시니 여러 가지로 힘드실 것입니다. 하오나 너무 심려 마소서. 웃전에 말씀드려 전하의 유모님을 당분간 오시게 해 보겠습니다."

"아, 유모를 말이오? 고맙소. 꼭 그리 해 주시오. 꼭!"

갑자기 생기를 찾으며 밝은 얼굴로 다짐을 시키는 선조였다. 하지만 그 바람은 이루어지지 않았다. 날이 밝은 뒤에 조정에서 이 이야기가 나오자 대뜸 이런 목소리가 터져 나왔다.

"안 될 일이오! 저 '왕성'의 일을 모르신단 말이오? 전하께서 새로 임금이 되셔서 새로운 정치를 펴는 데 여념이 없으셔야 할 이 마당에, 감히 사가의 유모를 궁에 들인다니? 당치도 않은 이야기올시다!"

왕성은 중국 한나라 때 사람으로, 황제의 유모로 궁궐에 들어와 여러 음모를 꾸미며 나라를 어지럽힌 인물이라고 한다. 그 옛이야기를 들먹이며 소년 임금의 쓸쓸한 마음을 달래려는 배려에 당치도 않다고 핏대를 올리는 사람은 승지 벼슬에 있는 심의겸이었다.

결국 어린 선조를 안고 키우면서 친어머니보다도 따스한 정을 쏟았던 유모는 궁궐에 들어올 수 없었다. 그리고 친어머니도 그럴 수 없었다. 선왕인 명종이 죽기 한 달 전쯤 친어머니도 세상을 떠났기 때문이다. 선조는 어머니를 위한 상복을 입고 있다가 갑자기 왕을 위한 상복으로 '갈아입어'야 했다.

그뿐 아니라, 즉위식 때 친아들처럼 사랑하며 키운 선조의 늠름

한 모습을 보고 싶어 궁궐에 들어왔던 유모는 "여기가 어디라고 들어왔단 말이냐? 썩 물러가라!" 하는 소년 왕의 매서운 질책을 듣고 눈물을 삼키며 돌아서야 했다. 선조는 다리가 불편한 유모가 가마를 타고 온 것도 분수에 맞지 않는다며 절뚝이는 발걸음으로 걸어서 돌아가게 했다. 참으로 매정한 처사였으나, 선조는 입술을 깨물며 그렇게 지시할 수밖에 없었다. 옥좌를 둘러싼 나이 많은 어른들, 특히 대신 할아버지들이 반드시 그렇게 해야 한다고 윽박질렀기 때문이다.

"왕은 한 치도 사사로움을 보여서는 아니 되옵니다!"

"왕이 되시기 전의 정이나 친분도 말끔히 잊으셔야 하옵니다!"

"잡스러운 놀이도 아니 되고, 한가로운 휴식도 아니 되고, 또 아니 되옵니다!"

"대행왕 전하의 빈전에서 곡하며 조의를 표하시고, 대비마마 같은 어른들께 문안과 효도를 다하시며, 성현의 말씀을 부지런히 공부하시고, 나이 많은 대신에서 젊은 언관에 이르기까지 신하들을 하나하나 다 만나서 충고와 조언을 들으셔야 하며, 궁궐에서부터 먼 지방 산골짝과 바다 한가운데 섬에서까지 올라오는 수많은 상소문들을 하나도 빠짐없이 읽으시는 것은 물론이요, 때가 되면 제사를 주관하시고, 능묘에 참배하시며, 사신들을 접견하시고, 과거에 친림하셔야 하옵니다! 어찌 스스로를 위해 조금의 시간이라도 낭비할 여유가 있겠습니까?"

"왕이란 그런 것이옵니다!"

1567년 6월, 명종이 갑자기 세상을 떠남에 따라 '엉겁결'에 왕이 된 선조의 처지는 이처럼 결코 행복하지 않았을 것이다. 그가 세자였다면 어려서부터 궁궐에서 살며 언젠가 이어받을 임금 자리에 맞는 수업과 준비를 차근차근 받았을 것이다.

그러나 선조는 열여섯 살까지 흔해 빠진 왕손의 하나에 불과했다. 세자는커녕 왕자도 못 되는 '왕의 친척' 중 한 사람으로, '하성군'이라는 칭호만 있을 뿐 여염집에서 일반 백성들과 다를 바 없이 살았다. 그러다가 갑자기 신분이 바뀌었으니 그것만으로도 몹시 당황하고 불편했을 것이다.

그런데 '전하'라는 말에 익숙하지도 않은 마당에, 만나는 모든 사람들 입에서 모두 "왕이라면 모름지기", "왕이 되신 이상 이제는", "왕으로서 하셔야 할 것이", "왕의 체통상" 같은 말들만 하루에도 수십 번씩 나오는 판이니! 아마 할 수만 있다면 왕관을 내팽개치고 대궐에서 달아나고 싶었을 것이다.

게다가 선조는 보통 임금과는 달리 또 다른 기대를 한 몸에 받고 있었다. 바로 오래 묵었던 온갖 병폐를 해결하고 새로운 정치를, 곧 새로운 세상을 열어 나가야 한다는 막중한 기대였다.

얽히고설킨 조선 건국 200년

대체 왜 세자도, 왕자도 아닌 평범한 왕족 이균이 별안간 왕위를 이어받게 된 것일까? 그 해답을 얻으려면 선왕인 명종, 그리고 그에 앞선 왕들의 시대를 먼저 풀어 봐야 할 것이다.

조선은 1392년에 세워져 널리 알려진 대로 제3대 태종에서 제4대 세종에 이르는 시기에 나라의 기틀을 잡았다. 조선의 정치, 경제, 사회, 문화 같은 갖가지 제도와 원칙도 대부분 이때 마련되었다. 조선은 왕이 다스리는 나라였고 공식적으로는 그 누구도 왕의 권한에 간섭할 수 없었다. 하지만 동시에 왕이 그 막대한 권한을 잘못 사용해 나라를 망치고 백성을 괴롭히지 못하도록 신하들에게도 중요한 권위와 역할을 맡겼다. '대신' 제도가 그것이다.

신하들 가운데 나이가 지긋하고 직위가 높은 대신들, 곧 영의정, 좌의정 같은 정승부터 이조 판서, 병조 판서 같은 판서들까지 조선의 대신들은 나이나 학문, 행정 경험에서 웬만한 왕보다 수준이 높은 경우가 많았다. 따라서 정책의 기본은 이들 대신이 논의하고 그 뒤에 왕의 허락을 맡아 정하는 게 보통이었다.

하지만 그러다 자칫 잘못하면 몇몇 대신이 왕의 머리 위에 올라서서 제멋대로 권력을 휘두를 가능성도 있지 않겠는가? 중국 소설 《삼국지》에서 동탁이나 조조가 승상의 신분이면서도 한나라 임금을 허수아비로 만들고는 사실상 독재 정치를 했듯이 말이다. 그래서 '언관' 의 기능이 대신과 함께 중시되었다.

간관, 또는 대간이라고도 부르는 이들은 임금께 직언을 올리는 관청인 사헌부, 사간원, 홍문관 같은 '3사' 에서 업무를 보았다. 국가 정책을 비평하고, 인사 조치를 따져 보거나, 왕이나 대신들의 언행을 비판하고 부정부패를 고발하는 일들도 했다. 이들은 대신들에 비하면 젊고 지위도 낮았으나, 그만큼 젊은 선비의 패기와 저항 정신이 살아 있어서 정치의 잘잘못을 날카롭게 지적하였다.

언관의 집중 공격을 받으면 영의정이라도 자리에서 물러나는 것이 조선의 관례였다. 따라서 언관이 제 역할을 하는 한, 조선이라는 나라에서 왕이나 몇몇 대신이 멋대로 권력을 휘두를 수는 없었다. 그리고 중요 정책은 대신들의 검토를 거쳐야 했으므로 왕이 엉뚱한 정책을 고집할 가능성도 적었다. 대신과 언관이 지나치게 팽팽하게 맞설 경우에는 왕이 나서서 중재하면 되었다.

이처럼 왕과 신하, 왕과 대신, 대신과 언관의 역할 분담과 상호 견제가 잘 갖춰진 조선의 정치 체제는 한국 역사에서 가장 잘 정비된 제도였다. 또한 당시 세계 그 어느 나라와 견주어도 손색이 없는 훌륭한 것이었다. 그 저력을 바탕으로 조선 왕조는 500년 넘게 지속되었다고도 할 수 있을 것이다.

하지만 사람이 세운 아름다운 원칙과 제도는 시간이 지나면서 역시 사람에 의해 어그러지기 마련이다. 이런 어그러짐은 세종 다음 대부터 시작되었다. 세종의 후계자인 문종이 일찍 죽자 열두 살 어린 단종이 임금이 되었다. 그러자 "어린 임금은 나라를 믿음직하게 이끌어 갈 수 없다"는 주장을 내세운 문종의 동생 수양대군이 고개를 들기 시작했다. 결국 수양대군은 조카인 단종을 내쫓고 왕위를 차지해 조선 제7대 왕 세조가 되었다. 그 과정에서 명분 없는 찬탈에 반대한 사육신을 비롯한 젊은 선비들을 여럿 죽이거나 귀양 보내고, 집현전을 없애면서 사헌부와 사간원까지 축소하여 언관의 힘을 크게 줄였다.

그러나 이런 무리수는 세조가 죽고 난 뒤 대신들의 힘이 비정상으로 커지는 결과를 낳고 만다. 한명회, 신숙주, 홍윤성처럼 세조의 즉위를 도왔던 공신들은 그냥 대신이 아니라 '훈척'이라는 이름으로 거침없는 세도를 부렸다. 훈척이란 '훈구'와 '외척'을 합친 말이다. 훈구란 '공을 많이 세운 원로'라는 뜻이며, 외척이란 왕의 장인이나 처남 같은 '왕의 처가 사람들'을 말한다. 한명회 같은 이는 내로라하는 원로 공신인 데다 왕실과도 사돈을 맺고 있었다. 그래서 훈구인 동시에 외척으로서 안팎으로 권세를 거머쥐었다.

세조를 이은 예종과 성종이 모두 한명회의 딸과 혼인해 그의 사위였으니, 아무리 왕이라도 한명회에게 함부로 명령을 내리거나 처벌을 하지 못했다. 왕도 고개를 숙이는 사람에게 하물며 보통 신하들이 뭐라고 할 수는 더더욱 없었다. 게다가 그런 권력자를 막으려고 만들었던 언관은 이미 세조의 손에 힘이 빠져 있었다.

그래서 이른바 '훈구파들의 시대'가 오래 계속되었다. 훈척들의 손에 온갖 부정부패와 탈법이 자행되었고, 그만큼 백성들은 등골이 빨렸다. 그런데도 임금을 비롯한 그 누구도 감히 뭐라고 하지 못하는 몹쓸 세상이 되고 말았다.

다행히 반전은 있었다. 훈척들의 횡포에 시달렸던 성종은 세조가 폐지한 집현전을 홍문관이라는 이름으로 되살렸다. 그리고 은근히 젊은 선비들을 격려하면서 훈구파들에 대항할 힘을 키우려고 했다. 이들이 훈구파에 대항한 '사림파'이다. 그런데 그것이 성종의 뒤를 이은 연산군에게는 불만이었다.

"나, 왕이거든? 그런데 저들이 뭐라고 만날 쨍알쨍알. 이것도 하지 마라, 저것도 하지 마라 하느냐고. 그게 제대로 된 거야?"

열아홉 젊은 나이에 왕이 된 연산군이었기에 가끔은 사냥이나 술과 춤을 즐기며 긴장을 풀고 싶은 생각이 간절했을 것이다. 그런데 훈구 대신들을 정면으로 들이받기에는 아직 힘이 모자라는 언관들이 허구한 날 왕만 붙잡고 "아니 되옵니다!" 타령만 해 대니 신경질이 날 만도 했다. 게다가 자세히 뜯어보면, 이 언관이라는 자들이 훈구 대신의 자식이거나 친척들인 경우가 많았다. 그래서 부러 입을 닫는 때도 많았고, 임금에게는 그토록 행실을 바로 하라고 훈계하면서 자신들은 퇴궐하고 나면 온갖 향락에 취하는 이중성마저 있었다. 연산군은 갈수록 언관들이, 그리고 젊은 선비들이 마음에 들지 않았다.

결국 연산군은 1498년에 "건방진 선비들이 실록을 쓰면서 감히 세조 대왕을 능멸했다"는 핑계로 젊은 언관과 선비들을 대거 숙청해 버렸다. 이른바 '무오사화'였다. 그리고 거기에서 그치지 않고 1504년에는 '갑자사화'를 일으켰다. 연산군은 "내 어머니(폐비 윤씨)를 모함해서 궁궐에서 내쫓고, 끝내 죽음의 길로 내몬 자들이 누구냐?" 하면서 이번에는 선비뿐 아니라 대신들까지 무차별하게 쓸어 내 버렸다. 그리고 하나부터 열까지 임금 마음대로 하는 '군주 독재 체제'를 수립한다.

"독재는 무슨 독재? 이 나라는 본래 왕이 다스리는 나라야! 나는 왕이고! 나는 못된 신하들에게서 왕권을 정당하게 되찾았을 뿐이라고!"

연산군은 아마 이렇게 생각했겠지만, 그건 어디까지나 연산군의 생각일 뿐. 조선은 왕 혼자서 마음대로 움직이는 나라가 아니라는 것이 그동안의 전통이자, 상식이자, 원칙이었다. 그래서 결국 "폭군을 몰아내자!"는 외침과 함께 성희안, 박원종, 홍경주 들이 1506년에 정변을 일으켜 연산군을 쫓아낸다. 그리고 이복동생인 진성대군을 왕으로 세우니, 바로 제11대 왕 중종이었다. 이 일을 '중종반정'이라고 한다.

연산군의 독주는 분명 무리가 있었다. 하지만 연산군을 몰아낸 중종반정은 역설적이게도 성종 후반기부터 연산군까지의 '반전'을 뒤엎고 결국 다시 '훈구파의 시대'로 돌아가는 계기가 되고 말았다. 앞서 연산군이 훈척 대신들을 많이 제거했지만, 이제는 반정의 주역들이 새로운 훈척이 되어 거들먹거리기 시작했던 것이다. 중종은 "내 덕분에 왕이 된 줄 알라!" 하면서 노골적으로 위세를 부리는 박원종이나 홍경주 앞에서 감히 숨도 크게 못 쉬었다. 자연히 그들 앞에 뇌물이 쌓이고, 토지와 노비가 모이고, 거기에 견주어서 백성들의 삶은 더욱 어렵고 힘들어져 갔다.

다시 또 반전, 아니, '반격'은 있었다. 훈척들 등쌀에 괴로운 것은 성종이나 연산군이나 중종이나 마찬가지. 그래서 중종은 큰마음을 먹고 조광조를 기용한다.

조광조는 젊고, 학식이 풍부했으며, '대쪽 같은 선비'라는 말이 더는 잘 어울릴 수 없을 만큼 깨끗하고 똑바른 사람이었다. 그리고 옳지 않다고 여기는 일은 그 무엇도 두려워하지 않았으며 반드시 고치려고 온 힘을 다했다. 조광조를 존경하는 다른 젊은이들도 자연히 그 주변에 모여들었고, 조광조를 중심으로 썩어 빠진 세상을 바꿀 꿈을 꾸었다.

그런데 어찌 보면 "옳지 않다고 여기는 일에는 그 무엇도 두려워하지 않는" 태도가 문제였다. 반정 공신들의 월권을 꼬집고 그들 중에 별 공로도 없는 사람은 공신 칭호를 취소하자는 개혁은 그렇다 치자. 하지만 단군 시대부터 내려왔으며, 나라에 불행이 있을 때마다 기도하는 일을 맡았던 소격서를 유교 이념에 맞지 않다는 이유만으로 끝내 폐지하려 한 점은 조광조를 믿었던 중종의 고개마저도 갸우뚱하게 했다.

또한 선비는 성현의 말씀만 열심히 공부하면 되므로 문학이나 역사, 지리 같은 학문은 배우지 않아도 좋다거나, 국방은 정치만 잘하면 저절로 되는 것이니 애써 무기를 개량하고 병력을 늘릴 필요가 없다는 말도 당황스러웠다. 더구나 대신이라고 해서 전부 썩어 빠지지는 않았고 오히려 오랜 행정 경험에서 얻은 경륜이 큰 도움이 되는데도, 조광조는 자신을 따르지 않는 사람들을 모두 '반개혁' 세력으로 몰아붙이며 퇴출 대상으로 꼽았다. 이건 또 다른 독선이 아닌가? 앞서 살펴보았듯 언관이 중요한 만큼 대신의 역할 또한 빼놓을 수 없지 않은가?

중종은 임금이고 뭐고 조금도 꺼려 하지 않는 조광조가 자기 마음대로 나라를 주무르려는 게 아닌가 하는 의혹마저 품게 되었다. 그래서 조광조의 개혁에 불만을 품은 훈구 대신들이 그를 고발하자 바로 받아들인다. 조광조와 그 추종자들을 처벌하고, 결국 조광조에게 사약을 내리고 마는 것이다.

이를 '기묘사화'라고 하는데, 훈구파와 사림파가 정면충돌한 가장 대표적인 사화이다. 사실 그 배경에는 조광조의 지나치게 비타협적이고 일방적인 태도도 없지 않았다. 하지만 어쨌든 훈척 정치에 대한 반격은 이로써 모두 무산되고, 그 뒤 중종과 명종 시대에는 훈척 정치의 폐해가 하늘을 찌를 정도가 되고 만다.

가장 심했던 훈척의 우두머리는 중종의 왕비 문정왕후의 남동생 윤원형이었다. 문정왕후는 아들인 명종이 열두 살 어린 나이에 임금이 되면서 20년 동안이나 수렴청정垂簾聽政, 어린 임금을 대신해 왕대비나 대왕대비가 정사를 돌보는 일을 했다. 형식적으로는 8년 만에 수렴청정을 거두었으나, 그 뒤에도 막후에서 전권을 휘둘렀다. 이렇듯 누나인 문정왕후가 마치 여왕처럼 나라를 마음대로 다스린 것을 계기로 윤원형은 역대 그 누구도 상상할 수 없었던 권력 남용과 부정부패의 끝을 보여 주었다. 잠깐 예를 들어 보자.

"저기, 윤원형 대감마님을 뵈러 왔는데요. 우리 아들 녀석 일자리 좀 부탁드릴까 해서……"
"그러슈? 당연히 가져는 왔겠쥬?"

"네? 가져……오다니요?"

"알 만한 분이 웬 딴청? 성의 표시 말이유! 설마 빈손으로 털레털레 온 건 아닐 테쥬?"

"아, 아! 당연하지요! 여기, 질 좋은 노루 가죽입니다. 산골짝에 뭐 귀한 게 있겠습니까만, 그래도 이걸 얻으려고 몇 날을 산에서 헤맸던지……."

"헹, 담비면 몰라도 노루 가죽? 뭐, 그래도 곧 겨울이니. 알았슈. 이름 적고 기다리시우. 대기 번호가, 보자, 372번이구려. 넉넉잡고 사흘만 기다리면 청지기 영감을 만나 볼 수 있을 거유."

"네? 청지기라뇨? 윤 대감님을 뵙는 것 아닙니까요?"

"아, 그 양반, 물정을 정말 모르시네! 냄새 나는 노루 가죽 몇 장으로 언감생심 대감마님을 만나 뵙길 바라시우? 그러려면 최소한 금붙이라도 들고 와야지! 청지기 어른도 당장 어찌 될지 모른다우. 곧 보물선이 남도에서 올라오면 그 일 처리로 바쁘실 테니……."

"보, 보물선이라뇨?"

"허허, 산골짝 출신이라더니 정말 세상 돌아가는 걸 모르는구먼. 전국 방방곡곡의 관청과 대갓집에서 우리 대감께 바치는 선물이 하도 많다 보니 배로 실어 나르는 걸 모른단 말이유? 비가 오나 눈이 오나 쉬지 않고 정기 운행한다우."

그랬다. 조선의 관직은 정승에서부터 말단까지 윤원형의 손아귀에 들어 있었고, 뭐라도 한자리하려면 반드시 윤원형에게 뇌물을 바쳐야 했다. 한 번 바치고 끝나는 것도 아니었다. 가령 뇌물 덕에 어느 고을의 사또가 되었다면, 임기를 마칠 때까지 매년 그곳 백성들을 쥐어짜서 한양으로 선물을 올려 보내야 했다.

이런 일이 하도 많다 보니 세금으로 쌀을 실어 나르는 세곡선을 멋대로 징발해서 그 배에 윤원형에게 줄 뇌물을 싣고 아예 한양까지 운반했다. "비가 오나 눈이 오나 쉬지 않고 정기 운행하는", 이른바 '뇌물 배'였다.

한양에 있던 윤원형의 집 앞에는 밤이나 낮이나 청탁하러 온 사람들이 구름처럼 모여들었다. 뇌물이 하도 많아서 집에 쌓아 둘 데가 없다 보니 좀 덜 귀한 물건은 그 자리에서 바로 내다 팔기도 했다. 그 때문에 집 앞에 큰 시장이 열릴 정도였다고 한다.

"아아! 집권자의 솔선수범과 근검절약을 무엇보다 중요한 미덕으로 여겼던 이 나라가 어쩌다 이렇게 되었는가?"
"아니, 아닐세! 이걸 나라라고 말할 수나 있는가? 도둑놈 집단이지. 백성의 피와 땀을 빼앗는 살인강도들일세!"
"저기 북쪽에 임꺽정이라는 도둑이 있다며? 군대를 일으켜 토벌한다고 하더구먼. 그런 작은 도둑은 토벌해서 뭐한다나? 한양에 웅크리고 앉은 진짜 큰 도둑이 있는데."
"고려 말기에 권문세족이 날뛰던 때도 이렇지는 않았네! 하늘도 무심하시지."

윤원형의 패악스러운 행동에 당연히 원성이 끊이지 않았다.

하지만 윤원형, 그가 누구인가? 젊었을 때는 바른말 잘하기로 유명해서 선비들 사이에서 "외척치고는 참 괜찮다"는 평가를 받았던 윤원형이건만, 권력을 한번 잡자 말 한마디라도 자신에게 거슬리게 하면 절대로 가만두지 않았다. 아니, 오히려 말의 힘이 얼마나 강한지 아는 윤원형이었기에 더욱 바른말을 탄압했다.

명종이 막 왕이 되었던 1545년에 일어난 '을사사화'를 보자. 이 사화는 외척인 '소윤'에 의해 또 다른 외척인 '대윤'이 제거된 권력 투쟁이라 할 수 있다. 소윤은 명종의 외척인 윤원형 일파를 가리키며, 대윤은 이복형이자 선왕인 인종의 외척 윤임 일파를 일컫는다. 외척이 둘 다 파평 윤씨 가문이므로 큰 윤씨(대윤), 작은 윤씨(소윤)로 구분한 것이다. 인종이 죽고 명종이 즉위하자 윤원형과 소윤은 곧바로 대윤인 윤임 일파를 몰아낸다. 그 과정에서 평소 눈에 거슬렸던 선비들까지 모조리 한데 엮어 처벌하니, 이를 을사사화라 한다.

그리고 2년 뒤 누군가 이 무도한 일을 비판하는 글을 써서 양재역 문에 붙이는 '양재역 벽서 사건'이 일어났다. 이 사건을 빌미로 윤원형 일파는 또다시 무수한 선비들을 해치고 멀리 귀양을 보내버린다. 을사사화에 이어 또다시 사림이 크게 해를 입은 것이다. 그래서 이 사건 또한 "사림이 화를 입었다"는 뜻으로 '정미사화'라 일컫는다.

그 뒤로는 아무도 윤원형에 대해 바른 말을 할 수가 없었다. 애가 타던 사람들은 임금을 바라보았으나, 본래 나약했던 명종은 "그래도 어떻게 감히 외삼촌에게, 그리고 어마마마께……" 하는 식이라 모두들 한숨을 쉬며 고개를 흔들 수밖에 없었다.

그래서 김인후, 이황, 이언적, 조식 같은 뜻있는 선비들은 하나같이 벼슬을 내던지고 고향 마을이나 깊은 산속으로 숨어들었다. 혼자 힘으로 더러운 세상을 바꾸지 못할 바에야 속세에 남아 그 더러움에 물들 수는 없다고 여긴 것이다. 이들이 은둔하던 곳에서 학문을 닦고 청년들을 가르치니 조선의 유학은 나날이 발전해 갔다. 그러나 유학의 가르침을 현실 정치에서 실현할 길이 없는 게 이들에게는 풀리지 않는 한이었다.

하지만 영원한 것은 없다. 1565년에 문정왕후가 숨지자, 하늘 높은 줄 모르던 윤원형의 세도도 순식간에 땅 밑까지 떨어져 내렸다. 재야에 엎드려 있던 선비들이 일치단결하여 "윤원형을 처벌하소서!" 하는 상소를 연달아 올려 댔고, 방금 전까지 윤원형 앞에 엎드려 아부나 떨던 조정 관리들도 일제히 윤원형을 성토했다. 당연한 일이었다. 그들이라고 윤원형이 지긋지긋하지 않았겠는가. 권력과 돈의 노예가 되어 사는 삶이 어찌 기껍기만 했겠는가.

이리 몰리고 저리 몰린 윤원형은 모든 벼슬자리에서 물러나 집안에 틀어박혔다. 하지만 그것마저 돌멩이와 곡괭이를 들고 몰려드는 농민들 때문에 어렵게 되자, 그 거대한 저택과 저택보다도 더 많이 쌓인 재물을 버리고 도망쳐 버렸다. 그리고 1565년이 채 가기도 전, 연산군보다 더 심한 부패와 사치로 세월을 보내던 이 사나이는 숨어 살던 산골짝에서 스스로 목숨을 끊었다.

이제야말로 드디어 어머니와 외척이라는 가시방석에서, 눈에 보이지 않는 쇠사슬에서 풀려난 명종. 그러나 숙부를 몰아내는 데 너무 심혈을 기울였음인가, 아니면 왕이 된 지 20년 만에 비로소 얻은 '자유'가 오히려 부담스러웠음인가? 명종은 시름시름 앓다가 겨우 2년 뒤 어머니와 외숙부의 뒤를 따르고 만다.

자, 그러면 이제 다음 왕은 누구인가?

몹시 병약한 명종이었지만 그래도 자식을 낳아 세자로 세웠다. 그러나 1563년 불과 열세 살 나이로 어린 세자는 숨을 거두었으니, 바로 순회세자이다. 그 뒤로는 자식이 없었다. 그래서 1567년 명종의 목숨이 다했을 때 명종이나 그에 앞선 왕의 왕자로서 왕위를 이을 사람이 아무도 없었다.

잠시 옆쪽에 있는 선조 임금 계보도를 살펴보자. 중종은 인종과 명종을 포함해서 모두 아홉 왕자를 낳았지만 당시에는 모두 죽고 없었다. 맏아들인 인종도 죽었고, 둘째 아들인 명종도 후사가 없이 죽었고, 그 밖에 복성군이나 영양군 같은 다른 왕자들도 그때까지 살아남은 자식이 없었다. 그래서 중종의 피를 이어받은 왕족으로는 후궁인 창빈 안 씨에게서 태어난 덕흥군의 자식들인 하원군, 하릉군, 하성군을 비롯해 몇몇 손자들이 있었을 뿐이다. 정통 왕후에게서 난 아들이나 손자는 한 명도 없었다. 결국 조선 왕조 최초로 방계 왕족, 다시 말해서 왕의 사촌이나 조카에게, 그것도 정실 왕비가 아닌 후궁의 핏줄에게 왕위가 돌아가야만 했다.

자신의 슬픈 운명을 예감했던지, 명종은 생전에 하원군 같은 이들에게 특별 교육을 시켜서 혹시라도 임금이 되었을 때 어려움이 생기지 않도록 안배했다. 그리고 그중에서 특히 하성군, 즉 뒷날의 선조를 눈여겨보았다.

선조 임금 계보도

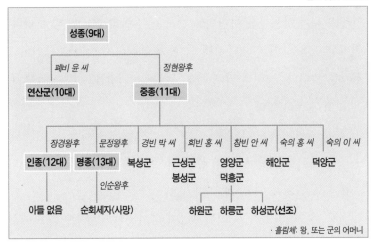

· 흐림체: 왕, 또는 군의 어머니

"이 왕관을 써 보거라"

"애들아, 너희도 임금이 되고 싶으냐?"

"무슨 송구스러운 말씀이옵니까, 전하."

병으로 끊임없이 콜록대던 명종. 어느 날 자신에게 병문안을 온 하성군과 두 형들 앞에서 명종은 문득 묘한 농담을 던졌다고 한다. 당연히 펄쩍 뛰는 세 남자아이들. 어리지만 그 정도 분별력은 갖고 있었다.

"하하, 괜찮다. 우리끼리만 있는 자리에서 못 할 말이 뭐가 있느냐. 음, 콜록, 콜록! ……그럼 얘들아, 이 임금의 관을 한번 머리에 써 보거라! 익선관이라 하는 것이니라. 자, 어서!"

명종이 환한 웃음을 지으며 머리에 쓴 왕관을 벗어 주었다. 그러자 하원군과 하릉군은 이번에는 얼른 받아 들고 머리에 써 보았다. 신기한 마음이 앞선 데다 아무리 왕의 것이라지만 그냥 물건이라 생각한 것이다. 그런데 막내 하성군만은 도리질을 치며 왕관에 손을 대지 않으려 했다.

"콜록, 콜록. 왜 그러느냐? 너는 왜 쓰지 않느냐?"

"임금께서 쓰시는 물건을 신하 된 사람이 함부로 쓰면 아니 되옵니다. 그렇게 배웠사옵니다."

괜히 머쓱해진 형들은 아랑곳없이 하성군이 또랑또랑한 눈매로 명종을 쳐다보았다. 명종은 마음속으로 고개를 끄덕였다.

'음, 역시 생각이 깊은 아이로구나.'

명종이 하성군을 바라보며 다시 입을 열었다.

"그러냐? 그러면 한 가지 물어보자꾸나. 부모와 임금 중에 누가 더 중하냐?"

부모가 더 중요하다고 하면 불충하다는 말을 들을 것이고, 임금이 더 중요하다고 하면 불효자라는 말을 들을 수 있는, 심술이 고약한 질문이었다. 그러나 하성군은 조금도 망설이지 않고 이렇게 대답했다.

"충과 효는 한마음입니다. 부모와 임금도 한 분이나 마찬가지입니다. 어찌 더 중하다, 덜 중하다 하겠습니까."

"하하! 그래, 그래, 명답이다! 네 식견이 참으로 뛰어나구나!"

아주 흡족했던 명종은 하성군을 후계자로 내심 점찍어 두었다. 그래서 한때 이대로 끝인가 싶을 만큼 위독했을 때, "하성군을 들라 하라. 그 아이 혼자서 내 병구완을 하도록 하라" 지시하기도 했다. 그 자리에서 왕위를 물려준다고 말하려 했을 것이다.

그러나 명종은 이내 회복되었고, 그 뒤로는 하성군에 대해 뭐라고 말이 없었다. 아마도 그것은 이런 속내가 아니었을까.

'지금 하성군을 세자로 세울까? 아니다. 나는 아직 젊으니, 친자식을 또 볼 수도 있다. 그렇게 되면 그 아이와 하성군 사이의 관계가 얼마나 어색하고 불편해질까. 조금 더 두고 보기로 하자.'

실제로 나중에 선조 자신이 후궁의 자식인 광해군을 세자로 세웠다가, 뒤늦게 왕비에게서 영창대군을 얻어 그런 불안한 긴장 관계를 빚기도 했다. 명종은 그런 불안을 스스로 만들고 싶지 않았을 것이다. 그러나 명종의 예상 밖이었던 것은, 결국 자신이 친자식을 더 보지 못한 채 젊은 나이로 세상을 떠나고 말았다는 사실이다.

그래서 명종의 시신을 앞에 놓고 신하들 사이에서는 격론이 벌어질 수밖에 없었다.

이제 다음 왕은 누구인가? 누구를 왕위에 앉혀야 하나?

하지만 명종의 왕비인 인순왕후 심 씨와 영의정 이준경이 한목소리를 냈다.

"돌아가신 임금께서는 늘 하성군을 후계자로 생각하셨소. 그 뜻을 받들어야 할 것이오."

하성군이 아직 어린 데다 형제들 중에서도 막내라는 점 때문에 반대 목소리가 없지는 않았다. 하지만 결국 두 사람의 굳은 의지가 조선 제14대 왕 선조를 있게 했다.

이렇게 새로운 왕이 탄생했다. 그리고 많은 사람들에게 이는 길고 어두웠던 시대의 종지부를 찍고, 새로운 시대가 시작된다는 뜻으로 받아들여졌다. 윤원형 '덕분에' 높은 관리부터 무지렁이 백성까지 모두가 훈척 정치의 폐해를 지긋지긋해하고 있었다. 그래서 선조 때에는 좀 더 깨끗하고 말이 통하는 정치, 원칙과 상식이 살아 있는 사회가 되어야 한다고 간절히 바라고 있었던 것이다.

'이제는 달라져야 한다. 이 땅에서 더는 반정도, 사화도 있어서는 안 된다! 윤원형 같은 이가 또 나와서는 안 돼. 연산군도 안 돼! 그리고 조광조처럼 뜻이 너무 높아서 오히려 개혁을 좌초시키고 피바람을 몰고 오는 경우도 안 될 것이다. 나라도, 임금도, 백성도 모두 초심으로 돌아가야 한다! 그래서 세종께서 이룩하신 나라 초기의 제도와 원칙을 다시 지켜 나가야 한다! 다행히 새 임금님은 총명하시고, 또 어리시다. 바른 정치에 대한 교육을 착실히 받으시면서 천천히 개혁에 임하신다면, 이 나라는 다시 희망을 가질 수 있을 것이야! 암, 그렇고말고!'

이것이 이준경처럼 평생 온갖 더럽고 무서운 정치를 겪으면서도 "장맛비 속에서 햇살을 꿈꿔 온" 원로대신들의 생각이었다. 한편 조금 다른 생각을 하는 사람들도 있었다.

'나라 초기의 제도라, 물론 훌륭했지. 하지만 결국 그 제도를 악용하고 왜곡하는 사람들이 나타났고, 오늘에 이르게 된 것이 아닌가? 당나라나 송나라, 신라, 고려라고 좋은 제도가 없었겠는가? 중요한 것은 제도보다도 제도를 움직이는 사람이다. 더 이상 공신, 외척, 비빈, 환관 따위 소인배들이 정치를 해서는 안 된다. 그럼 누가 정치를 하느냐? 선비들이다! 나라를 바르게 이끌어 갈 능력과 바른 양심을 함께 갖춘 선비들! 조광조 선생 같은, 이황 선생 같은 선비들이 정치의 중심이 되고, 대신이고 언관이고 할 것 없이 조정이 모두 올곧은 선비들로 채워져야만 한다! 그래야만 진정 오랜 어둠을 뚫고 빛을 바라볼 수 있으리라!'

과연 새로운 시대, 그 시대를 이끄는 중심은 제도이어야 할까, 사람이어야 할까? 그 새로운 시대에 과연 백성은 행복하고 나라는 튼튼해질 수 있을까?

아직은 모든 것이 장막에 싸인 채, 그토록 무거운 짐은 이제 막 열여섯 살이 된 소년의 어깨 위에 놓여 있었다. ✻

바르고 깨끗한 정치를 이루려면

왕은 이르노라. 아, 큰 강을 건너려면 반드시 배가 있어야 하고, 큰 집을 지으려면 큰 기둥과 들보에 의지해야 하는 것이다. 예로부터 천하의 임금 된 자로서 재능이 뛰어난 사람을 등용하지 않고서, 또한 큰 학자와 덕 있는 사람에게 일을 맡기지 않고서 정치의 도를 이룩한 사람이 있는가?

'바른 세상'의 조짐

"이황을 예조 판서 겸 동지경연춘추관사로 삼겠소."

1567년 7월 17일, 정식으로 즉위식을 치르고 왕이 된 선조가 처음으로 내린 어명이다. 물론 이때는 명종의 왕비인 인순왕후가 수렴청정을 하고 있었고, 이준경 같은 대신들이 임시로 정무를 대리하고 있었으므로 이 어명이 선조 혼자의 생각이라고는 말하기 어렵다. 하지만 여러 사람의 의논과 조언 끝에 나온 것이라 해도, 새 임금의 어명 제1호가 당시 학문과 덕망으로 조선 팔도에 명성이 자자하여 '동방의 주자'로 불리고 있던 퇴계 이황을 기용하는 것이었음은 많은 시사점을 주었다.

"심통원의 관직을 빼앗고 고향으로 내쫓도록 하오."

9월 1일에는 또 다른 의미 있는 어명을 내렸다. 심통원은 영의정이었던 심연원의 동생이다. 심연원은 재능이 뛰어나 외교나 국방에 나름 공이 많았지만, 한때 윤원형과 어울리며 한패가 되어 을사사화에 힘을 보탰던 인물이다. 그 덕분에 영의정에다 청천부원군이라는 자리까지 올라갔던 것이다. 비록 마지막에는 윤원형을 몰아내려고 힘을 쓰다가 병으로 죽고 말았지만, 윤원형과 한패였다는 사실 하나만으로도 모든 선비들의 손가락질을 피할 수 없었다.

심통원도 형처럼 영의정까지 지냈다. 하지만 모두 형과 윤원형의 도움 때문이라는 의심을 피하지 못했다. 글재주도 뛰어났지만 "중종 때 당시 세도를 부리던 간신 김안로에게 아부하는 글을 써서 장원 급제를 따냈다"는 소문마저 있었다. 그리고 윤원형에게는 훨씬 못 미치지만, 심통원도 권력이 있을 때 뇌물을 받고 관직을 팔았다. 심지어 그 자식이나 종들까지 거들먹거리며 백성을 괴롭혔다는 평가를 받았다. 그런 심통원을 선조는 간신으로 낙인찍고 단호히 처벌한 것이다.

게다가 여기에는 숨은 의미가 하나 더 있었다. 심통원이 바로 인순왕후 심 씨의 친척이었기 때문이다. 앞서 명종의 왕비인 인순왕후가 선조를 대신해 수렴청정을 한다고 했다. 하지만 인순왕후는 얼마 못 가서 그만두고 만다. 문정왕후의 수렴청정이 얼마나 큰 문제를 일으켰는지 모르는 사람이 없기 때문이기도 하지만, 바로 심통원을 내쫓은 지금 이 사건 때문이기도 하다.

심통원을 내쫓다니. 명색이 수렴청정으로 임금을 대리해 나라를 다스리는 대왕대비의 친척 어른을 관직에서 떨어뜨려 내쫓는 조치가 취해진 것이다! 그것은 문정왕후와는 달리 당시 대비인 인순왕후의 실제 권력이 보잘것없었음을 보여 주기도 했지만, 그만큼 "공신이고 외척이고 이젠 좀 그만!"이라는 민심의 매서움이 잘 나타난 일이기도 했다. 결국 입장이 곤란했던 인순왕후는 일찌감치 수렴청정을 거두고 만다.

이렇듯 새 임금이 등극하자마자 추진한 일 가운데 첫 번째가 훌륭한 선비를 모시는 일, 두 번째가 간사한 원로대신을 물리치는 일이었음은 "이제야말로 새 시대가 왔다"는 강력한 전언을 전국 방방곡곡에 전달해 주었다.

그뿐이 아니었다. 10월 12일에는 윤원형 시대에 미움을 사서 벼슬에서 쫓겨난 사람들, 멀리 귀양 가 있던 사람들을 모두 다시 부른다는 결정이 내려졌다. 노수신, 유희춘, 윤강원, 윤충원, 이염, 정유침을 비롯한 수십여 명이 귀양에서 풀려 다시 조정에 돌아왔다. 특히 유희춘은 곧바로 임금에게 학문을 가르치는 '직강'이라는 벼슬을 받았다. 당시 이미 세상을 떠났던 이언적 같은 이들도 명예가 회복되었다. 그리고 다시 10월 15일에는 "새로운 시대를 맞이하여 방방곡곡에 숨어 사는 깨끗하고 학식 높은 선비들을 널리 찾으니, 함께 새 시대를 열어 가자"는 어명이 나왔다.

"이제야 좀 바른 세상이 되려나?"
"에이, 아직은 모르지! 선왕 때도 임금님의 나이가 어리다 보니 수렴청정하는 대비랑 그 동생인 윤원형이 별별 짓을 다 했던 게 아닌가."

"그래도 심통원이가 저렇게 맥없이 쫓겨나는 걸 보면, 뭔가 다르긴 다를 것 같아."

"정말 선비를 대접하는 세상이 온다면야 이렇게 묻혀서 살 필요가 없지. 무엇 때문에 어려운 공부를 했는가? 나라와 백성을 위해 바른 정치를 하기 위함이 아니던가."

"그것도 그러네만, 난 워낙 오랫동안 정치와 담을 쌓고 한양 쪽으로는 아예 고개도 안 돌리고 살다 보니, 설령 전보다 나은 세상이 온다 해도 썩 내키지 않는구먼. 그냥 이렇게 농사짓고 나물캐 먹으며, 가끔 자네들처럼 서로 통하는 벗들과 술잔이나 기울이고 시나 읊으면서 지내는 게 좋지 않나 싶다네."

"그게 편하기야 편하겠지! 하지만 지금 누가 벼슬이 탐나서 그러는가? 밝은 임금이 계시면 선비는 조정에 나가 임금을 보좌하고 백성을 이끌어야 하지 않겠나. 그게 배운 사람의 의무라네!"

"그래, 그래. 아무튼 아직은 판단이 잘 서지 않으니, 좀 더 지켜보기로 하세나!"

더러운 세상이 싫다며 은둔해 살던 선비들은 만나기만 하면 이렇게들 수군거렸다. 그들의 마음을 어루만지는 조치는 그치지 않고 취해졌다. 대표적인 것이 기묘사화 때 죽은 조광조를 복권하는 일이었다.

"앞뒤 사정을 냉정하게 따져 보니, 중종 임금 때 조광조와 그를 따르던 여러 선비들이 해를 입은 것은 그들을 시기하고 모함한 남곤, 심정, 홍경주 들의 잘못으로 조정이 그만 훌륭한 선비들을 잘못 대우한 일로 밝혀졌다. 죽은 사람을 되살릴 수는 없으나 잘못을 어찌 바로잡지 않으랴? 조광조를 따르던 이들은 모두 복권시키며, 특히 조광조에게는 시호와 벼슬을 추증하노라."

선조의 이 결정으로 기묘사화의 한은 대부분 풀렸다. 그리고 죄인의 가족이라는 멍에를 지고 살았던 조광조의 가족들은 긴 어둠 끝에 빛을 보았다. 죽기 전 종2품 대사헌이었던 조광조에게는 영의정이라는 최고 벼슬과 '문정文正'이라는 시호가 내려졌다. 이것으로 선비들이 대접받는 시대, 더 밝고 바른 정치를 하기 위해 임금과 신하가 힘을 모으는 세상이 되었음은 더욱 확실해졌다. 선조를 믿지 못하고 긴가민가하던 초야의 선비들도 마음을 풀고 조정의 부름에 응하기 시작했다.

"기뻐해 주십시오, 전하. 초야에 묻혀 있던 선비들이 하나씩 모습을 드러내고 있습니다! 모두가 전하를 도와 이 조선을 세상에서 가장 바르고 살기 좋은 나라로 만들기 위한 꿈에 부풀어 있나이다!"

"잘된 일이오. 모두가 여러분의 덕분이오."

"무슨 말씀이시옵니까, 전하!"

"여러분이 어리고 무지한 과인을 잘 이끌어 주어서, 과분하게도 과인의 대에 성스러운 시대가 다시 열릴 조짐이 보이는 게 아니겠소. 감사하오. 참으로 고맙소."

"전하, 황공하옵니다!"

어리고 무지한 왕을 잘 이끌어 주어서, 성스러운 시대가 다시 열릴 조짐이 보인다……

과연 그랬을까? 아직 어리고 '초보 임금'이었던 선조는 그저 옥좌에 앉아만 있을 뿐, 잘못된 정치의 폐해를 거두고 선비들을 중용하는 정책은 모두 여러 신하들의 작품이라고만 말할 수 있을까?

그렇게만 보기는 어려웠다. 물론 당시의 선조가 주체적으로 정책을 결정할 입장이 아니었던 것은 사실이다. 하지만 선조는 그럴 수 있게끔 배우고 있었고, 그것도 빠르게 배우고 있었다. 그리고 배우는 과정에서도 자리에 앉아 그냥 듣기만 하는 것이 아니라, 가르치는 사람을 시시때때로 깜짝 놀라게 할 만큼 적극으로 슬기로움을 드러내며 배워 나갔다.

임금이 되어 임금 공부를 해 보니

선조는 평범한 다른 세자 출신 임금처럼 코흘리개 때부터 임금이 될 교육을 받지는 못했다. 오히려 임금이 된 다음에야 비로소 부랴부랴 본격적인 학문을 익혀야 했으므로, 불리한 점도 많았다. 하지만 그것은 또한 유리한 점이기도 했다. 그만큼 어서 빨리 임금님을 가르쳐서 성군의 재목으로 만들어 드려야 한다는 사명감이 신하들에게 넘쳤던 것이다.

벼슬길에 아예 뜻이 없었던 이황 같은 사람도 은거하던 곳에서 올라와 경연장에서 선조와 마주 앉았다. 그리고 도화지에 미리 그린 것이 없이 깨끗할수록, 달리 말해 학문적인 본바탕이 별로 없을수록 "처음부터 훌륭한 그림을, 방해 없이 그려 나갈 수 있다"는 점에서 선조는 선생들의 의욕을 북돋우기도 했다.

게다가 제왕 공부는 거의 백지에 가깝다지만, 그렇다고 선조가 아무것도 모르는 철부지는 결코 아니었다. 오히려 하성군 신분으로 꾸준히 해 온 기초 공부가 있었다. 그리고 날 때부터 계속 궁궐에만 살아서 만나는 사람의 범위가 몹시 좁았던 다른 세자 출신 임금과는 달리, 선조에게는 일반 백성들의 삶과 사고방식을 직접 겪은 경험이 있었다. 그래서 이황이나 기대승, 유희춘 같은 당대 최고의 학자들도 경연 자리에서 선조의 날카로운 질문에 당황하는 경우가 종종 있었다.

"세상 모든 것이 음양의 이치에 따라 이루어진다고 하였소?"

"그러하옵니다, 전하."

"얼음은 매우 차니 음이라 할 것이오. 뜨거운 물은 당연히 양일 테고. 그러나 뜨거운 물에서도 김이 나오고, 얼음에서도 김이 나오지 않소? 어째서 그런 것이오?"

"그, 그건, 저……."

"하하, 유희춘 대감도 모르는 게 있으시오?"

"부끄럽습니다. 솔직히 잘 모르겠습니다. 단지 음과 양 모두에서 똑같은 것이 생기는 일도 있는 게 아닐지……."

"음, 그러면 두 개의 얼음을 맞물리면 붙어 버리는데, 그 까닭은 무엇이오?"

"이른바 '동기상구同氣相求'라고, 같은 기를 가진 것은 서로 끌어당기는 것입니다."

"그래요? 그러면 남자는 양이고, 여자는 음인데, 어째서 남자는 남자끼리, 그리고 여자는 여자끼리 끌어당기지 않고 그 반대인 것이오?"

"으음⋯⋯."

"그것도 모르시겠소?"

"같은 기운은 서로 단합하려 하고, 다른 기운은 서로 화합하려 하니, 남자와 여자는 부부를 이루되 남자는 남자끼리 바깥일을, 여자는 여자끼리 집안일을 하는 것입니다."

"음! 하지만 옛날 신라에는 여왕이 있었고, 남자보다 총명한 여자들도 찾아보면 적지 않은 줄 아는데. 왜 바깥일은 반드시 남자가 해야 한다는 건지 잘 모르겠소."

"여자가 왕을 하기도 했으니 신라가 결국 망한 것입니다! 성인께서도 여자와 소인은 멀리하라고 하셨습니다. 그런 말씀은 하지 마소서."

"흐음, 알겠소. 그러면 땅의 끝나는 곳을 알 수 있는지, 하늘 밖에는 또 무엇이 있는지 알고 싶소. 물질이라면 무한할 수는 없을 것인데 말이오. 하늘도, 땅도 모두 기로 이루어진 물질이라 하지 않았소?"

"아이고, 또 어려운 질문이시옵니까."

"지금 뭐라 하였소?"

"아, 아니옵니다, 전하!"

정밀한 과학보다는 철학인 음양오행설에 바탕을 두었던 당시 사람들의 과학 수준은 오늘날의 눈으로 보면 많이 모자랄 수밖에 없었다. 그런데 어린 선조는 그런 모자라는 부분이나 모순되는 부분을 날카롭게 읽고 있었던 것이다.

"안타깝지만 우리나라 사람들은 중국 사람들보다 인간성이 좋지 못합니다."

"그게 무슨 말이오?"

"윤원형이 세력을 잡고 온갖 악행을 일삼을 때 조정에서 아무도 용기를 내어 그 잘못을 지적하는 사람이 없지 않았습니까? 얼마나 창피한 일입니까. 분명 이 땅의 기운이 중국보다 못하여, 좋은 기운을 타고난 사람이 적어서 그런 것이옵니다."

"흐음! 글쎄, 과연 그럴지……."

젊은 관료 한 명이 경연 자리에서 분개하며 한 이 말을 선조는 계속 곱씹어 보았다. 그리고 다음 경연에서 이렇게 말했다.

"그 이야기는 사리에 맞지 않으며, 위험한 이야기라 생각되오."

"……확실히 과격한 말이었습니다. 하지만 정의로운 마음에 분한 나머지 그렇게 말했으리라 봅니다만. 윤원형 때는 몰라도 지금 세상에서 하고 싶은 말을 하지 못한다면 되겠습니까?"

기대승이 이렇게 대답하자, 선조는 계속해서 말했다.

"과인이 듣기에 불쾌한 말이라서 타박하는 것이 아니오. 우리나라 사람이 중국 사람보다 못하다는 말이 이치에 맞지 않아서 지적하는 것이오. 고려 때는 지금보다 선비들도 적고 성현의 말씀을 배우는 사람도 적었소. 그러나 신돈이라는 간사한 자가 날뛰자 이존오, 정추 들이 나서서 목숨을 걸고 잘못을 비판했으니, 어찌 우리나라 사람들의 인간성이 중국 사람만 못하다 하겠소? 공연히 우리 스스로를 못나게 여기는 일을 어찌 들어 넘길 수 있겠소?"

기대승은 놀란 빛을 감추지 못하며 대답했다.

"과연! 영명하신 전하이십니다. 그렇게 생각이 깊으시고, 고려 역사에까지 정통하셨을 줄이야! 그렇습니다. 태어난 곳에 따라 사람의 기질도 다소 달라지기는 합니다만, 그래도 크게 다름은 없으며 누구라도 노력하면 군자가 되고 성인이 될 수 있는 것입니다. 전하께서도 그 영명하심을 더욱 갈고닦으시어 착한 마음을 잃지 않으신다면 요임금, 순임금 못지않은 성군이 되실 것입니다."

"분명 우리 조선에서도 권력에 맞서 바른 말을 하는 사람이 많았습니다. 사육신이나 조광조 같은 경우가 그렇지 않습니까? 하지만 윤원형이 세력을 떨칠 때는 그런 경우가 드물었음도 사실입니다."

옆에서 다른 사람이 이렇게 말하자, 선조는 고개를 갸우뚱하며 말했다.

"이상하구려. 그때 당시 이황, 조식, 이언적 같은 훌륭한 선비들도 있지 않았소? 그런데 왜 아무도 정의를 위해 나서지 않았던 것이오?"

"그분들이 가만히 있었던 것은 아닙니다. 직접이든 간접이든 당시의 명종 임금께 일을 바로잡을 것을 권해 드렸습니다. 하지만 효자이셨던 명종께서는 정치가 크게 잘못되었음을 아셨어도 모후이신 문정왕후가 윤원형을 두둔하시는 한 어쩔 수가 없다고 하셨지요. 그래서 이황 같은 이들이 절망에 빠져 벼슬을 버리고 시골에 숨을 수밖에 없었습니다."

"이존오는 죽음을 무릅썼는데, 이황은 숨었구려. 어떤 행동이 옳았을까?"

"둘 다 옳습니다. 신돈이 날뛰던 때는 당시 임금인 공민왕이 신돈에게 흠뻑 빠진 나머지 그가 하는 일을 모두 옳게 여기고, 신돈이 겉으로만 성인인 체하고 뒤로는 온갖 추잡한 짓을 하는 사실을 모르고 있었습니다. 그래서 이존오는 임금께 그 사실을 깨우쳐 드리려 나선 것입니다. 그러나 이황의 경우에는 임금이 잘못을 이미 알고 있음에도 고치기를 꺼려 하셨습니다. 예부터 선비는 자신을 알아주는 임금에게는 목숨을 다해 충성하지만, 임금이 외면하면 물러나서 조용히 살아가는 법입니다. 두 사람이 처한 상황은 달랐고, 따라서 다른 행동이었으되 둘 다 사리에 맞았습니다."

"알겠소! 이제 정리가 되는구려. 그러니 옛날 윤원형 때 누구는 이랬느니, 저랬느니, 좀 더 확실하게 행동했어야 했느니 하는 말은 하지 않는 게 좋겠소. 공연히 우리나라 사람을 싸잡아서 중국보다 못하다고 하지도 말고 말이오. 그렇지 않소?"

이렇게 말하며 밝게 웃는 소년 임금의 얼굴을 보며 찔끔하는 사람들이 많았다. 사실 윤원형 때 바른말을 하는 사람이 없었다는 지적은 당시 관직에 있었던 이황, 이준경 같은 사람들을 은근히 비난하려고 나온 말이었기 때문이다.

"그렇습니다. 그리고 저번에 나왔던 이야기, 여자가 바깥일을 하는 것은 곤란하다는 이야기도 이로써 정리가 될 것 같습니다. 문정왕후께서는 총명하고 대담하셨으니, 여인 중의 호걸이셨습니다. 하지만 친동생 되시는 윤원형을 지나치게 싸고도신 게 문제였습니다. 그것은 아마도 여성 특유의 자애로운 마음 때문에, 친동생의 일이라면 무엇이든 역성을 드시게 된 것이 아닐까 합니다. 하지만 정치를 하다 보면 때로는 냉정해져야 하고, 가까운 사람이라도 가차 없이 처벌해야 하는 때도 있습니다. 그러므로 여자들이 나랏일을 하게 되면 곤란하다는 것입니다."

"흠. 그렇소? 그렇지만 나쁜 일을 한 장본인은 윤원형이고, 그는 남자가 아니었소? ……아무튼, 알겠소. 아직 마음이 후련하도록 납득이 되지는 않지만, 적어도 여성이 정치에 참여하려면 먼저 합당한 제도를 마련해 놓고 해야 한다는 걸 알겠구려. 그 문제는 숙제로 남겨 두고 계속 생각해 보기로 하겠소."

경연은 기본으로 임금이 신하들과 함께 유교 경전을 배우고 토론하는 자리였다. 하지만 선조의 경우에는 나이가 아직 어린 데다 세자를 거치지 않았다 해서 신하들이 일방적으로 임금을 가르치는 자리가 되리라 여겨졌다. 그러나 선조는 주체적으로 공부에 임했을 뿐 아니라, 그 나이에 벌써 정치적인 문제를 슬기롭게 해결하는 감각도 보여 주었다.

선조가 경연을 통해 별로 배우지 않은 것은 아니었다. 오히려 적극으로 나서 배우려 했다. 비록 바라지도 않은 왕의 자리였고, 지금도 지나치게 무거운 책임에 답답할 뿐이지만, 그래도 선조는 임금의 도리와 통치의 기술을 어서 익혀 훌륭한 정치를 하려는 열의에 넘쳤다.

"전하께서 새로 임금이 되셨으니 모든 백성이 마음을 기울여 이제 전하만 바라보고 있습니다. 그러므로 그 어떤 일도 소홀히 하셔서는 안 됩니다. 임금의 한마디 한마디가, 한 번 앉았다 일어나는 일이 나라를 흥하게도 하고 망하게도 합니다. 따라서 사소한 일이라도 가볍게 대충 해서는 안 됩니다."

"알겠소."

이준경의 말에 선조는 고개를 크게 끄덕였다.

"전하, 사람이 가장 이기기 힘든 것이 무엇인지 아십니까?"

"글쎄, 호랑이나 곰? 아니, 그런 맹수는 기껏 한두 사람만 해칠 뿐이니, 홍수나 지진 같은 자연재해가 아니겠소?"

"사람이 가장 이기기 어려운 것이란 바로 욕심입니다."

"욕심? 욕심이라……."

"그렇습니다. 사람의 마음은 본래 착합니다만 욕심 때문에 자신을 잊고 죄를 짓습니다. 그리고 남을 해치고, 자신도 해치게 됩니다. 지족이라는 승려는 살아 있는 부처라는 말을 들을 만큼 수양이 깊었으나, 황진이라는 여인에 대한 욕심으로 공든 탑을 무너뜨리고 말았습니다. 연산군도 처음에는 총명한 임금이라는 말을 들었고, 윤원형도 본래는 청렴한 젊은 선비로 명성이 높았습니다. 하지만 모두 욕심을 버리지 못해 죄악을 거듭하더니 온 나라와 백성을 괴롭히는 악귀가 되고, 마지막에는 스스로 망했습니다."

"으음……."

"누구나 욕심은 있으되, 힘없는 백성은 나라의 법이 무서워 마음대로 욕심을 부리지 못할 뿐입니다. 그러나 임금은 어떤 사람입니까? 마음만 먹으면 못 할 것이 없는 사람이 아닙니까? 그러므로 예로부터 욕심에 빠져 나라를 멸망으로 이끈 임금이 적지 않았던 것입니다. 그러므로 전하께서는 스스로의 마음이 욕심으로 채워지지 않도록 조심하고 또 조심하셔야 합니다. 그래야만 이 나라를 보전할 수 있고, 전하만을 믿고 있는 우리 신료들과 만백성들에게 기쁨을 주실 수 있을 것입니다."

이준경이 지성으로 올리는 말에, 선조는 자기도 모르게 옷깃을 여미며 명심하겠다는 뜻을 온몸으로 나타냈다고 한다.

"큰 강을 건너려면 배가 있어야 한다"

'그렇다. 나는 임금으로서 이 땅에 평안과 행복을 가져다줄 책임이 있다! 신하들을 이끌고 백성들을 보살피는 것이 나의 의무이며, 예전 정치의 잘못을 되풀이하지 않는 것이 또한 나의 과제이다.'

선조는 생각에 잠겼다.

'그러면 어떻게 해야 할까? 정치는 결국 사람이다. 사람이 행복하려면 지나친 욕심을 부리지 말아야 한다. 누군가가 남을 괴롭히면서 제 욕심을 추구하면 그러지 못하게 미리 막고, 나중에도 막는 게 바로 정치인 것이다. 그러려면 임금인 나부터 욕심을 줄여야 한다.

하지만 정치는 임금 혼자 할 수 없다. 신하들의 도움이 필요한데, 그러면 신하들도 당연히 욕심을 자제할 줄 아는 사람들이어야 하겠지? 그렇다면, 선비들뿐이다. 선비들에게 의지할 수밖에 없다. 좀 고지식하고 융통성 없는 점이 걸리지만, 그래도 지금 이 땅에서 가장 깨끗한 마음과 귀한 지식을 가진 사람들은 선비들이 아닌가.'

선조의 이런 생각은 그가 여러 차례 강조했던 다음 말에 잘 나타나 있다.

"착한 사람은 천지의 근본이고, 선비는 국가의 터전이다."

그것이 선조의 생각이었고, 나라를 다스리는 근본 정책이기도 했다. 그리하여 선조 시대에 조선은 그야말로 확고부동한 '선비의 나라' 로 서게 된다.

이것이 오늘날의 시각으로는 그리 마음에 들지 않을 수도 있다. "선비라고? 아닌 게 아니라 고지식하지! 지식이 많다지만 유교 경전만 밤낮으로 들여다본 게 전부이고, 나라가 발전하는 데 필요한 과학이나 군사학은 외면했던 사람들이 아닌가? 그런 선비가 중심이 되어 이끌어 가는 나라가 과연 좋은 나라일까?"

그렇게 볼 수도 있다. 그리고 사실 그런 선비 정치의 약점이 선조 치세 후반기에 고스란히 드러나게 된다. 하지만 지긋지긋한 훈척 세력의 횡포를 겪은 당시 사람들은 누구나 깨끗한 사람들이 모여서 하는 깨끗한 정치를 바랐다. 그리고 백성들 입장에서도 선비들의 '점잖은 정치' 는 세계 그 어떤 나라의 정치보다도 특별한 의미가 있었다.

당시 유럽이나 일본에서는 무인이 나라의 중심 귀족으로 대접받았다. 그들은 자랑삼아 늘 칼을 차고 다녔으며, 평민이 어쩌다 길에서 어깨라도 치고 지나가면 그 자리에서 칼을 뽑아 베어 버리는 게 '올바른 예법' 이라고 생각했다. 유럽의 어느 학자는 "농민의 아내와 딸들은 어차피 짐승 같은 것들이니, 신사답게 체면을 차릴 필요가 없다. 마음이 내키면 희롱하고 강간한다고 아무 문제 될 것이 없다"고 강간을 부추기는 글을 쓰기도 했다. 일본의 영주들도 자신에게 속한 평민들을 가축이나 다름없이 학대하였다.

유교 사상이 나온 중국은 사정이 좀 다르기는 했다. 하지만 높은 관리나 큰 부자들은 사람을 사냥해 별미로 요리해 먹을 만큼 온갖 기묘한 사치와 잔인한 횡포를 부렸고, 그런데도 별 탈이 없었다. 오늘날처럼 공무원이 국민에게 봉사하는 자세를 갖거나, 행정 기관이 폭력과 약탈이 아닌 법과 원칙에 따라 지역을 다스리는 모습은 아무리 빨라도 18세기 말이 되어서야 전 세계에 겨우 자리 잡기 시작했던 것이다. 그러나 조선만은, 선비의 나라 조선만은, 16세기에 이미 그런 공직자상을 확립했다.

유럽의 제국들처럼 으리으리한 궁궐이나 하늘을 찌를 듯 솟은 성채, 호화찬란한 예술품을 조선은 남기지 않았다. 걸핏하면 전쟁을 일으켜 여러 민족을 정복해서 거대한 영토를 다스리는 영광스러움도 조선에서는 내내 찾아볼 수 없다. 그러나 욕심을 줄이는 법을 배우고 실천했던 조선의 지도자들, 그리고 그들의 통치는, 힘없는 백성들 처지에서는 그 어떤 제국의 통치보다 살가운 것이 아니었을까.

그리고 그런 통치의 주춧돌, 그런 살가운 정치의 모습은 선조가 즉위한 해인 1567년이 다 저물 무렵, 만백성에게 내린 교서에 분명히 나타나 있다.

"왕은 이르노라. 아, 큰 강을 건너려면 반드시 배가 있어야 하고, 큰 집을 지으려면 큰 기둥과 들보에 의지해야 하는 것이다. 예로부터 천하의 임금이 된 자로서 재능이 뛰어난 사람을 등용하지 않고서, 또한 큰 학자와 덕 있는 사람에게 일을 맡기지 않고서 정치의 도를 이룩한 사람이 있는가? 그러므로 우리

선왕께서는 말년에 백성을 다시 교화하려고 정성을 다하여 다스림을 구했으니, 현인을 정성으로 모시고 선비는 예의로써 대하셨다.

……허나 그 결실을 보기도 전에 승하하셨으니 상을 치르는 지금 슬픔은 하늘이 무너진 듯 한이 없다. 보잘것없는 내가 하늘처럼 큰 운명과 사업을 계승하였으나, 홀로 괴로워하며 이 중임을 감당할 수 없을 것을 두려워한다. 마치 강을 건너려는데 나루터를 찾지 못한 듯. 이른 아침부터 밤늦게까지 전전긍긍하나 내 재능으로는 결코 해낼 수 없는 일이다. 실로 국가의 안위와 종묘사직의 존망이 흔들리는 때이다.

옛날 상나라의 태갑과 주나라의 성왕은 세상에서 보기 드문 어진 임금이었다. 그러나 왕위를 계승한 처음에는 잘못이 많았다. 그래도 곁에서 보좌하는 사람들의 노력에 힘입어 마침내 국가의 터전이 무너지지 않을 수 있었다.

……분명히 말하노라. 어떤 사람이 겨우 한 조각 착한 마음이 있고, 어떤 선비가 겨우 한 치의 장점이 있더라도 그를 불러 함께 조정에서 일을 하는 것이 내 간절한 소원이다. 하물며 거룩한 도덕을 받들고 부귀영화를 업신여기며 번거로운 세상을 벗어나 홀로 초야에 묻힌 사람이라면, 나라를 움직일 재주를 간직하고 유용한 학문을 닦은 사람이라면, 어찌 반기지 않겠는가? 내가 마음을 다하여 그런 인재를 기다리니, 매일 꿈속에서도 나타난다.

부디 내가 덕이 없고 미련하여 큰일을 하기에는 부족하다고 아쉽게 여기지 말아 달라. 선뜻 일어나서 나에게 도를 넓히는 방도를 들려주고, 올바른 일을 하게끔 바로잡아 주고, 거룩한 왕업을 이룰 수 있도록 도움을 주기 바란다. 부디 오두막에서 일어나 한나라 왕업을 도운 제갈공명을 본받기를. 왕은 간절히 바라노라." 《조선왕조실록》 선조 즉위년, 11월 22일 ❁

사화란 무엇일까?

'사화'는 선비들이 중심인 사림 세력이 반대파인 훈구 세력에게 몰려 처참한 화를 입은 것을 뜻하는 말입니다. '사림의 화'를 줄여 사화라 부른 것이지요. 본문에 사화의 시작과 흐름이 잘 나오는데요, 여기서는 시간 순서에 따라 좀 더 자세하게 짚어 보도록 합시다.

사화를 이해하려면 먼저 사림들을 해친 '훈구' 세력부터 알아야겠지요?

조선 제6대 임금 단종은 열두 살 어린 나이에 왕위에 오릅니다. 그러자 숙부 수양대군이 조카를 몰아내고 왕이 되니, 곧 제7대 임금 세조입니다. 훈구 세력은 바로 이 세조가 단종을 몰아내고 왕위에 오르는 일을 돕거나 지지하였던 공신과 그 자손들을 말합니다. 왕을 만든 '대가'를 받은 셈이지요. 이들은 높은 관직을 차지하고 많은 토지와 노비를 거느리며 권력을 독점합니다.

한편 지방에서는 중소 지주인 사림이 자라고 있었습니다. 이들은 정통 유학자들로, 성리학을 중심으로 한 사회 질서를 정치의 이상으로 생각하고 있었지요. 그 무렵 훈구 세력이 중앙 권력을 이용해서 향촌 사회까지 수탈의 손길을 뻗쳐 오자 사림은 이에 꿋꿋하게 맞서게 됩니다. 그러다 제9대 임금 성종이 훈구 세력을 견제하려고 사림들에게 벼슬을 내리면서 본격적으로 중앙 정치에 뛰어들게 되지요.

과거에 합격해서 관직에 오른 사림 출신은 주로 사간원, 사헌부, 홍문관 같은 언론 기관에서 일을 했답니다. 이들은 벼슬은 낮았지만 청렴함을 내세우며 훈구 세력의 얕은 도덕성과 온갖 잘못들을 비판했지요. 이런 날선 비판에 훈구 세력은 날카로운 반응을 보입니다. 결국 사림을 해치고 제거하는 극단인 방법까지 동원하니, 그것이 바로 사화입니다.

연산군 4년과 10년에 무오사화와 갑자사화가, 중종 14년에 기묘사화가, 그리고 마지막으로 명종이 즉위한 해인 1545년에 을사사화가 일어납니다. 이른바 '4대 사화'이지요.

하나씩 차근차근 살펴볼까요?

무오사화 연산군 4년 1498

새로운 임금이 왕위에 오르면 당장 시작해야 하는 중요한 국가사업이 바로 전 임금의 실록을 편찬하는 일입니다. 실록은 기록의 공정성 때문에 임금조차도 절대로 읽을 수 없는데, 이 중요한 실록을 열람한 임금이 딱 한 명 있습니다. 바로 폭군의 대명사로 일컬어지는 연산군입니다.

연산군이 왕이 되자 돌아가신 아버지 성종의 실록이 편찬되기 시작합니다. 이 작업에 참여한 사관 김일손은 강직한 선비 김종직의 제자였지요. 김일손은 돌아가신 스승이 지었던 〈조의제문〉을 실록의 초고가 되는 원고인 '사초'에 실었는데 바로 그 내용이 문제가 되었습니다. 왜냐하면 〈조의제문〉이 중국 고사를 빗대어 세조가 어린 조카 단종의 왕위를 빼앗고 잔인하게 죽였음을 폭로하는 글이었기 때문입니다. 이를 알게 된 연산군은 사림을 크게 탄압합니다.

결국 이 사건 때문에 김종직과 그의 제자들, 곧 사림파들은 모진 탄압을 받고 목숨을 잃게 됩니다. 심지어 이미 죽은 김종직은 시신이 관에서 꺼내져 목이 잘리는 '부관참시'를 당하기까지 했습니다. 이를 두고 무오년에 사림이 화를 입었다고 흔히 '무오사화'라고 일컫습니다.

갑자사화 연산군 10년 1504

연산군에게는 출생의 비밀이 있습니다. 바로 어머니가 투기가 심하다고 쫓겨나 사약을 받은 폐비 윤 씨라는 것입니다. 연산군은 성종이 다음 왕비로 맞이한 정현왕후 윤 씨를 어머니로 알고 자라다가, 왕이 된 직후에야 비로소 친어머니의 죽음을 알게 됩니다. 연산군은 당연히 이 일을 마음에 담아 두고, 신하들은 이 때문에 줄곧 긴장하게 되지요.

그래서 연산군이 재위 10년 갑자년에 "내 어머니를 죽인 사람이 누구인가!" 하면서 숙청의 칼을 뽑아 들었을 때 마치 친어머니에 대한 복수를 하는 것처럼 비쳐지기도 했습니다. 그러나 사실은 친어머니의 비참한 죽음을 앞세워서, 신하들을 힘으로 누르고 누구도 넘보지 못할 강력한 왕권을 휘두르기 위한 연산군의 '각본'이었다고 볼 수 있겠지요.

이 사건으로 사림 세력뿐만 아니라 훈구 세력도 많이 목숨을 잃었습니다. 그 뒤 연산군은 누구도 간섭하지 못할 권력을 휘두르며 사치스런 나날을 보내다가 이복동생인 진성대군을 왕으로 받든 '중종반정'으로 쫓겨나고 맙니다. 그리고 강화도 교동으로 유배되어 그해에 쓸쓸히 죽습니다. 두 번이나 사화를 일으킨 임금의 쓸쓸한 종말인 것이지요.

기묘사화 중종 14년 1519

폭군 연산군을 몰아내고 새로이 왕이 된 중종은 자신을 왕으로 만들어 준 신하들의 눈치를 살피기에 바빴습니다. 세조를 왕으로 만들어 준 이들이 그랬던 것처럼, 또다시 중종을 왕으로 만드는 데 큰 공을 세운 신하들이 훈구 세력이 되어 막대한 재산과 권력을 차지했으니까요.

중종은 이런 훈구 세력을 견제하기 위해 사림 세력의 중심인물이었던 조광조를 아끼며 가까이 합니다. 조광조는 많은 인재와 선비를 조정에 불러들이고, 유교의 이상 정치를 펴기 위한 여러 개혁을 추진합니다. 하지만 뜻은 좋았으나 다급하게 진행되는 조광조의 개혁들은 중종을 피곤하게 만들고 훈구 대신들의 거부감을 사고 말았지요.

결국 그동안 누려 왔던 기득권을 포기하게 될 위기에 처한 훈구 세력들이 똘똘 뭉쳐서 사림 세력을 공격하기 시작합니다. 그 때문에 중종 14년에 다시 사림이 크게 화를 입으니, 바로 '기묘사화' 입니다.

이 사화로 조광조를 비롯한 수많은 젊은 인재들이 죽음을 당하거나 귀양을 가야 했습니다.

을사사화 명종 즉위년 1545

1544년에 중종이 죽은 뒤 맏아들이었던 인종이 왕이 됩니다. 당시 조정은 인종의 외삼촌 윤임을 중심으로 한 대윤 일파와 이복동생 명종의 외삼촌 윤원형을 중심으로 한 소윤 일파로 갈리어 대립하고 있었습니다. 외척인 두 가문 모두 파평 윤 씨였기 때문에 '큰 윤씨', '작은 윤씨' 라는 이름으로 구분했던 것이지요.

대윤 일파인 윤임은 사림 세력을 조정으로 많이 끌어들였습니다. 그 덕분에 기묘사화 때 물러났던 많은 선비들이 다시 정권에 참여하면서 사림 세력이 부활하는 것처럼 보였지요. 그러나 인종이 재위 9개월 만에 아들도 없이 죽고, 그의 이복동생인 명종이 열두 살 어린 나이로 왕위에 오르면서 사림 세력들은 다시 큰 화를 입습니다.

어린 임금 대신 문정왕후가 수렴청정을 하자 곧바로 그 동생 윤원형이 권력을 장악하지요. 윤원형을 비롯한 소윤 일파는 대윤인 윤임 일파와 사림 세력을 대대적으로 제거하며 피바람을 일으킵니다. 이 사건이 바로 '을사사화'입니다. 그리고 2년 뒤인 1547년에는 이 일을 비판하는 벽서가 양재역에 붙으면서 또다시 무수한 선비들이 다치거나 귀양을 가게 되지요. 본문에도 나오듯 바로 '정미사화'인데, 정미사화는 흔히 을사사화의 연장선으로 함께 보는 경우가 많습니다.

어쨌거나 을사사화는 겉으로는 외척끼리의 싸움처럼 보이지만, 크게 보면 훈구 세력에 의해 사림 세력이 또다시 화를 입은 사건으로 볼 수 있습니다. 그래서 4대 사화로 크게 묶어서 말하지요.

무오사화부터 을사사화까지, 약 50여 년 동안 사림 세력은 네 차례나 크게 화를 입고 다시는 일어서지 못할 것처럼 보였습니다. 그러나 그것이 끝은 아니었지요. 이들은 중앙 정계가 아닌 지방에서 서원과 향약을 바탕으로 꾸준히 세력을 넓힙니다. 그리고 시간이 조금씩 사림들의 편이 되어 주지요.

명종이 어른이 되어서 직접 정치를 시작하고, 문정왕후가 죽은 뒤에는 윤원형도 함께 몰락하면서 외척과 훈구 세력들은 힘을 잃습니다. 명종은 마음을 다잡고 지금까지와는 다른 새로운 정치를 펼치고자 했지만, 개혁의 꽃도 피우지 못하고 2년 뒤 병으로 죽고 맙니다. 그리고 명종에게 후사가 없어 중종의 후궁 창빈 안 씨의 아들 덕흥군, 그 덕흥군의 셋째 아들 하성군이 덜컥 왕위에 오르니, 바로 이 책에서 다루는 조선 제14대 임금 선조입니다.

당연한 일이겠지만, 오랜 훈척 세력에 시달리고 지친 사람들은 깨끗하고 새로운 정치를 간절히 원하게 되었지요. 그리고 막 왕이 된 선조와 신하들도 선비들이 중심이 되는 깨끗한 세상을 만들어야 한다고 뜻을 모았습니다. 결국, 사림이 중심이 되는 새 세상이 온 것이지요.

그 뒤의 이야기는 이제 다시 책으로 들어가 살펴볼까요?

천하의 인재가 두루 모이니

선조 시대에 빛을 발한 뛰어난 문신들이나 학자는 수두룩하다. 그러므로 선조를 진정한 '인사의 달인'이라 부를 수 있을 것이다. 이 달인 덕분에 《성학집요》도, 《징비록》도, 《난중일기》도, 《동의보감》도 모두 쓰였다. 시대를 뛰어넘는 귀중한 책들이 그렇게 세상에 나왔던 것이다.

잠시 지갑을 꺼내 보자. 무엇이 있을까? 당연히 돈이 들어 있을 것이다. 그렇다면 그 돈에 그려져 있는 사람들 이름은? 그렇다. 오만원은 신사임당, 만 원은 세종대왕, 오천 원은 율곡 이이, 천 원은 퇴계 이황, 백 원짜리 동전에는 충무공 이순신 장군의 모습이 담겨 있다. 그리고 이 중에서 세종대왕을 빼면 모두가 선조 임금 때 활약했던 사람들이다.

너무 많다고? 물론 반만년이나 되는 역사에서 화폐에 들어갈 만한 인물들이 하고많건만, 하필 선조 시대에만 화폐 속 인물들이 몰려 있는 것은 예나 지금이나 너무 치우쳤다는 비판이 있어 왔다. 그래도 같은 시대에 이런 인물들이 한꺼번에 나타났다는 사실은 놀랍지 않은가.

게다가 신사임당을 빼면 모두 선조가 적극으로 등용하거나 후원했던 사람들이다. 곧 선조가 아닌 다른 왕이 그 자리에 있었다면,

이들이 모두 자랑스럽게 대한민국 화폐에 얼굴을 싣는 일은 없었을지도 모른다. 그리고 굳이 말하자면 신사임당 역시 선비 문화를 중시하는 분위기 속에서 시, 서, 화에 뛰어난 후덕한 여성으로 명성을 얻게 되었으니, 간접으로는 선조 시대의 덕을 보았다고도 할 수 있다. 그렇다면 선조에 대한 오늘날의 평가도 조금은 후해져야 하지 않을까?

실제로 그런 평가는 오늘날 몇몇 학자들의 주장에서 그치지 않는다. 조선 후기의 대표적인 실학자인 성호 이익은 "선조 임금의 시대야말로 이 땅에 인재가 넘치던 시절"이라고 말했다. 좀 더 앞서 선조 시절에 활약했던 '인재' 가운데 하나인 지봉 이수광은 "우리 임금의 치세가 되니, 뛰어난 인물이 이토록 많았던 때가 없구나" 하고 감탄했다.

결국 임진왜란이 없었다면 선조 시대는 세종 시대와 더불어 조선사에서, 아니, 한국사에서 가장 문물이 발달했던 융성한 시대로 기억되었을 가능성이 높다. 그러나 한국사에서 가장 처절했으며 극적이었던 7년 전쟁이 그 빛을 바래게 했다.

그러면 전쟁은 단지 불운이었을까? 선조가 아니라 선조 '시대'의 정치와 문화가 전쟁을 부추기거나, 전쟁을 일찍 끝내지 못하게 만든 점은 없을까? 혹은 전쟁으로 아주 조금이나마 백성들의 삶에 도움이 된 점은 정말로 없는 것일까?

그 이야기는 뒤에 가서 다시 하기로 하고, 지금은 먼저 선조 시대 인재들 가운데 대표로 꼽을 만한 사람들을 만나 보자.

퇴계에서 미암까지, '별들의 잔치'

퇴계 이황은 연산군 7년(1501)에 태어나 서른네 살에 과거에 급제했다. 중종 때는 홍문관 응교라는 벼슬에 이르렀다. 그러나 관직이 높아서라기보다는 온화한 성품과 깊은 학식으로 영의정보다도 훨씬 존경을 받았다. 이른바 '천재'는 아니었지만 꾸준히 노력하여 마침내 우리나라 성리학의 최고봉이 되었고, 중국과 일본에까지 학문이 전해졌다. 특히 일본에서 유학을 공부하는 사람은 공자나 주자보다 퇴계의 학문을 공부한다고 할 정도였다.

"사람은 본래 하늘과 같은 마음을 가지고 태어났으니, 하늘과 나는 차이가 없다. 그러나 욕심 때문에 마음이 흐려지고, 하늘은 커녕 땅 위를 기어 다니는 짐승과 다를 바 없는 존재로 떨어질 수 있는 게 또한 인간이다. 그러니 어찌할 것인가? 욕심을 버리고 마음을 거울같이 맑게 해야 한다. 그러면 우리의 자연스러운 마음을 회복하고, 사람은 곧 하늘이 될 것이다."

이황의 '천아무간天我無間', 곧 "하늘과 나는 차이가 없다"는 사상은 중국의 유학자 주자가 발전시킨 성리학에다 한국 고유의 하늘 사상을 접목시켜 만들어졌다. 그리고 그것은 선조 시대의 시대정신이었던 "욕심을 줄이고 마음을 깨끗이"라는 사상의 주춧돌이 될 만했다.

이황은 또 '이기론理氣論'을 발전시켰다. 만물의 이치理와 만물의 기운氣이 합쳐져 세상 모든 것이 이루어진다는 이기론에서, 이황은 특히 이치와 기운의 '독립성'을 강조하였다. 오늘날에는 이치니 기운이니 하는 것이 뭐 그렇게 중요한가, 다 허무하고 뜻 없는 이론이 아니냐? 하는 생각이 들 수도 있겠다. 하지만 이기론은 전통적인 음양론에서 한층 발전된 철학이라 할 수 있었고, 어차피 모든 학문은 처음부터 완벽할 수는 없는 법이다.

서양에서도 쇠를 금으로 만들겠다는 연금술이 화학을 낳았고, 별자리를 보고 운명을 점치는 점성술이 천문학을 낳지 않았던가. 이기론도 좀 더 발전했더라면 훨씬 수준 높은 철학이나 과학을 낳을 수 있었을 것이다. 그러나 아쉽게도 이기론은 그 뒤 수백 년 동안 근본적인 발전을 하지 못하고 안에서만 맴돌다가 결국 서구 문물의 폭풍에 쓸려 나가고 말았으니, 안타까울 뿐이다.

이황은 높은 학문뿐 아니라 진솔한 인간성으로도 많은 사람들의 존경을 받았다. 언제나 겸손하고 너그러웠으며, 하인이나 아이들을 대할 때도 임금이나 높은 관리를 대할 때나 마찬가지로 예의가 바르고 친절했다. 그렇다고 예의만 따지면서 사람을 고달프게 하지도 않았다.

한번은 이런 일도 있었다. 이황의 맏아들이 일찍 죽어 며느리가 과부가 되었다. 과부는 평생 다시는 시집가지 않고 시댁에서 살아야 하는 것이 꼭 지켜야 할 법은 아니었어도 당시 흔한 관행이었다. 그러나 이황은 며느리에게 이렇게 말하며 친정으로 돌려보냈다.

"젊은 나이에 어찌 그 많은 세월을 슬픔과 고독으로 보내려 하느냐. 게다가 너는 손이 귀한 집안의 외동딸인데 네가 자식을 못 낳으면 사돈어른들께도 면목이 없지 않겠느냐. 부디 친정으로 돌아가서 좋은 사람을 다시 만나거라. 내가 간곡히 부탁한다."

이런 사람이 이황이었다. 그러니 인종이 의문의 죽음을 당하고 명종이 즉위해 윤원형의 시대가 열렸을 때, 이황이 벼슬을 버리고 고향으로 돌아가자 거의 모든 관리들이 그를 전송하러 뛰어나간 바람에 궁궐이 텅 비었다는 기록까지 있는 것이다.

그 뒤 이황에게 벼슬을 내리고 다시 조정에 나오라는 권유가 그치지 않았다. 그러나 이황은 매번 사양하며 조용한 산골에서 학문을 닦고 제자들을 가르쳤다. 그러다가 선조의 간절한 부름에 마침내 응하여 조정에 복귀했던 것이다.

이황은 새로운 정치가 성공할 수 있도록 마음을 다했다. 그리고 다시 조정에 나가던 해에 〈무진육조소〉라는 상소를 올린다. 이 상소는 바른 정치의 기본 원칙을 간결하게 정리하고 실제 상황에 적용한 글로, 두고두고 정치의 기본 지침으로 받들어졌다. 또한 임금이 반드시 따라야 할 원칙들을 열 폭 병풍에 글과 그림으로 담아내, 선조가 쉴 때나 잠자리에 들 때나 늘 보면서 마음에 새기도록 한《성학십도》도 높은 평가를 받는다.

안타까웠던 점은 이황은 이미 나이가 너무 많아 선조에게 오래오래 길잡이가 되어 줄 수가 없었다는 사실이었다. 선조 3년(1570), 이황은 일흔 살 나이로 눈을 감았다.

고봉 기대승은 이황보다 26년 뒤인 1527년에 태어났다. 기대승은 조광조를 따르다 목숨을 잃은 젊은 선비 가운데 하나였던 기준의 조카이다. 당연히 어려서부터 바른말 하는 선비들이 탄압받고 훈척들이 날뛰는 현실을 안타까워했다. 그래서 처음에는 과거에 뜻이 없었다. 그러나 "모두들 숨기만 하면 어느 세월에 좋은 세상이 되겠나? 나이 많은 사람이면 임금께 충언을 드릴 만큼 드렸으니 물러나는 게 옳아도, 아직 임금을 뵙지도 못한 젊은이들까지 그래선 안 되지!" 같은 말을 꾸준히 듣던 끝에 결국 뜻을 고치고 스물세 살에 과거를 보아 급제한다.

조정에 들어온 기대승은 학식이 뛰어난 젊은이로 명성을 얻었고, 물러나 있던 이황과도 교류를 시작했다. 기대승은 이황의 바다처럼 넓은 학문에 감탄하고 열심히 배웠다. 하지만 이황의 입장을 무조건 따르지는 않았는데, 특히 이기론에서 뜻이 갈렸다. 이치와 기운이 서로 독립한다고 강조하는 이황에 맞서, 기대승은 이치와 기운은 서로 뗄 수 없다는 불가분성을 주장했다. 이 문제를 주제로 두 사람 사이에 8년 동안 편지가 오고 간다. 이를 '사칠논변四七論辯'이라 하여, 한국사에서 가장 치열하고도 수준 높은 사상 논쟁으로 일컫는 것이다.

본래 이기론 자체가 모호한 부분이 많아서 한번 파고들면 논쟁할 여지가 끝이 없었다. 두 사람은 가장 정밀한 수준까지 논쟁을 전개해서 이기론뿐만 아니라 조선 성리학의 수준마저 한층 더 높은 차원으로 훌쩍 높였다. 커다란 전망을 제시하는 일은 잘해도 엄격하고 논리적인 추론은 떨어지는 편인 한국 사상계에 참으로 값진 사례였다.

기대승은 선조가 즉위하고 난 뒤 홍문관 전한 벼슬에 임명된다. 그리고 경연에서 임금에게 학문을 가르치는 역할을 주로 담당하였다. 이때 이황은 기대승을 두고 이렇게 말했다.

"기대승은 학문을 많이 익혔고, 특히 성리학에서는 보통 사람의 차원을 훨씬 넘어섰으니, 거의 완벽한 선비라고 할 수 있습니다. 다만 인격 수양이 조금 부족합니다."

이황은 자신을 대신하여 선조를 도울 어진 사람으로 기대승을 첫손에 꼽았다. 또한 기대승도 이황을 온갖 말로 칭찬한다.

"이황은 나이가 이미 일흔이며 견문도 높지만 자기 소견만을 주장하지 않습니다. 젊은 사람의 철없는 말이라도 반드시 주의 깊게 듣고 진지하게 생각합니다. 글을 볼 때도 조금도 독단에 흐르지 않고 정자와 주자의 본뜻을 바르게 읽어 내니, 이만한 사람이 세상에 어디 있겠습니까?"

몇 년 동안 칼 같은 논리를 휘두르고 부딪치면서 한 치의 양보도 없이 논쟁해 온 두 사람이었으나, 이처럼 마음으로는 서로를 깊이 믿고 존경하고 있었던 것이다. 나이도 이황보다 훨씬 젊었던 기대승은 오랫동안 선조를 보필할 인재 중의 인재로 여겨졌다.

하지만 이황이 인격 수양이 약간 부족하다고 지적한 것처럼, 언제나 겸손하고 온화했던 이황에 견주어 기대승은 자존심이 강했고 성격이 급한 편이었다. 그래서 스스로 옳다고 여긴 일에는 추호도 양보가 없었는데, 학문에서는 몰라도 정치에서는 그처럼 비타협적인 태도가 반드시 옳다고만 볼 수 없었다. 결국 기대승은 선조 5년

(1572) 예상보다 빨리 관직에서 물러났다. 그리고 그게 한이 되었음인지, 고향으로 가던 길 도중에 마흔여섯이라는 한창나이로 숨을 거두고 만다.

율곡 이이는 퇴계 이황과 쌍벽을 이루는, 한국의 대표적인 사상가로 손꼽힌다.

이이는 전형적인 천재형 인물이었다. 여덟 살에 시를 짓고, 아홉 번 과거를 보아 모두 장원했다는 '구도장원공九度壯元公' 일화는 유명하다. 그리고 천재답게 흔한 발상을 뒤집어엎거나 엉뚱한 길로 줄달음치는 면도 많아서, 어머니 신사임당이 죽자 그 충격으로 한동안 머리를 깎고 산에 들어가 승려가 되기도 했다.

또한 이황의 학문을 존경하면서도 당시 대부분의 학자들이 따라가던 이황의 사상 노선에는 정면으로 반대하였다. 이치와 기운 중에서 이치에 무게를 두었던 이황에 견주어, 이이는 기운의 역할을 강조하였다. 그리고 이치와 기운은 서로 떨어질 수 없으며 이치는 전체를, 기운은 부분을 다스린다고 하여 이치와 기운이 따로따로 움직인다고 본 이황의 학설에 도전했다.

정치를 바라보는 태도 역시 이황과는 사뭇 달랐다. 이황은 정치의 핵심은 마음을 바르게 하는 것이고, 오늘날 새로운 정치를 시작하면서 가장 중요한 것은 갖가지 다툼의 실마리를 없애고 두루 '화합'하는 것이라고 보았다. 반면에 이이는 마음도 중요하지만 지금처럼 나라가 오랜 훈척 정치의 폐단으로 엉망이 됐을 때는 제도 개혁과 정책 개선이 먼저라고 주장했다. 따라서 지금은 화합을 빌미로 지난날의 잘못을 얼버무리고 넘어갈 때가 아니라, 훈척 정치에 참여해 윤원형 밑에서 악행을 도왔던 사람들을 남김없이 처단해야 할 때라고 강조했다.

또 이황이 〈무진육조소〉와 《성학십도》를 올리자, 이이도 몇 달 뒤에 《동호문답》을 올려 막 정치를 시작하던 선조에게 정치의 기본 원칙과 대책을 건의한다. 그리고 선조 8년(1575)에는 임금이 모름지기 지켜야 할 정치의 도리와 원칙을 정리한 《성학집요》라는 책을 올려, 선조가 올바른 정치에 온 힘을 다할 것을 촉구하였다.

무엇보다 이황이 "임금이 마음을 바로 세우고 옳게 행동하면 신하와 백성은 저절로 따를 것"이라고 말한 것과 대조적으로 이이는 "훌륭한 임금 못지않게 필요한 것이 훌륭한 신하"라며 신하의 역할을 중요하게 보았다. 그리하여 "훌륭한 왕과 훌륭한 신하가 만나면, 시대와 장소를 막론하고 성스러운 정치가 펼쳐진다. 운이 없어 어느 한쪽만 있게 되더라도, 그래도 어느 정도는 좋은 정치가 될 수 있다"고 했다.

그러면 훌륭한 신하란 과연 어떤 사람일까? 이이는 높은 학문과 깊은 사색을 바탕으로 임금에게 정치의 근본이 무엇인가를 가르칠 수 있는 공자나 주자 같은 사람이라고 했다. 그리고 "제갈공명처럼 다만 약간의 재주로 나라를 부강하게 만드는 신하는 훌륭한 신하 축에 들지 않는다"고 못 박았다. 이것은 앞서 인재를 구하는 교서에서 "부디 오두막에서 일어나 한나라 왕업을 도운 제갈공명을 본받기를, 왕은 간절히 바라노라"고 했던 선조의 말을 은근히, 하지만 날카롭게 비판하는 뜻이 담겨 있었다.

이렇게 임금이 한 말이라도 조금도 사정을 두지 않고 정면으로 반박하는 데다, 이황이나 기대승에 비하면 나이도 젊은 편인 이이를 선조는 처음에는 그리 좋게 보지 않았던 것 같다. 너무 과격하고 원칙만 따진다고 생각한 것이다. 그래서 이이도 역시 선조에게 실망을 하고 벼슬을 버린 채 고향에 돌아갔다 다시 돌아오기를 여러 번 했다. "우리 임금은 똑똑하시지만, 결단력이 없으시다!" 하고 한탄하면서.

그러나 선조는 "이이는 한때 불교에 빠진 사람입니다. 우리 조선은 불교를 너무 깊이 믿다가 나라를 망친 고려를 교훈 삼아서, 불교를 억누르고 유교를 숭상하는 것을 대원칙으로 세워진 나라! 하오니 이이를 내쫓으시고 평생 벼슬하지 못하게 하소서!"라는 신하들의 말에는 이렇게 대답했다.

"한때의 실수를 가지고 한 사람을 평생 벌하다니, 어찌 그럴 수가 있느냐? 누구나, 무슨 일이든, 처음에는 헤매는 게 당연하지 않더냐? 다만 잘못을 끝까지 고치지 않는 것이 문제이다."

사실 그런 점에서 선조는 이이에게 동병상련의 마음을 가지고 있었을지도 모른다. 궁궐에서 태어나 세자로 자라지 않은 선조는 민간에서 지낼 때 이른바 '임금의 학문' 말고도 여러 가지 다른 것을 익혔다. 그래서 이황이나 기대승의 말이 기본으로 옳다고 여기면서도, 지나치게 성리학만을 중요시하고 역사 공부나 소설 읽기를 하찮게 여기는 태도는 거북하게 생각했다.

어느 날 선조가 《삼국지연의》의 한 장면을 인용하였을 때 일이다. 기대승이 얼굴빛을 고치고는 "임금 된 사람은 오로지 성스러운 학문에만 마음을 쏟아야 합니다. 어찌 그런 잡서를 읽으실 시간이 있단 말입니까!"라며 어린아이 꾸짖듯이 하였다. 오로지 성리학만 최고로 치는 그 고지식함에 선조는 기가 질렸을 것이다. 그러니 한때 머리를 깎고 금지된 가르침을 좇아 훌쩍 떠났다는 이이가 이해되기도 했으리라. 하기야 그래 놓고도, 돌아와서는 역시 또 유난히 원칙을 강조하는 이이의 태도가 크게 마음에 들지는 않았지만.

세월이 좀 더 지나면서 선조와 이이는 서로를 더 많이 이해하게 된다. 이이는 선조가 자신이 바라는 빠르고 과감한 개혁을 추진하지 않는 것이 선조가 처한 입장 때문이라는 것을 알았다. 곧 갈수록 갈라지는 선비와 신하들 틈바구니에서 질서를 잡고 일이 극단으로 치닫지 않게 조정하는 '임금의 입장' 때문이라는 것을. 그리고 선조도 일이 극단으로 치달을 것을 걱정만 할 것이 아니라, 이이의 말처럼 때로는 과감하게 개혁을 밀어붙여야 할 필요성이 있음을 크게 깨달았다. 그래서 두 사람은 손을 잡고 어지러워져 가던 당시 분위기를 크게 바꿔 놓으려 한다.

그렇지만, 시대는 두 사람의 편이 아니었다.

미암 유희춘은 이황, 기대승, 이이에 견주면 오늘날 명성이 그리 뛰어나지는 않다. 사상에서 이 세 사람처럼 큰 업적을 남기지 못했기 때문이다. 하지만 유희춘은 당대 누구보다도 박학한 사람이었다. 그의 학문은 깊기도 했지만 또한 넓고도 넓었다.

선조가 "유희춘 대감도 모르는 게 있으시오?"라고 농담을 할 만큼 평소의 유희춘은 천문, 지리, 역사, 사회, 풍습, 동식물, 식생활들을 비롯해 그야말로 "산꼭대기에서 바다 밑까지" 그 어떤 종류의 질문이든 다 막히지 않고 대답하곤 했다. 그렇다고 성리학 공부가 모자라지도 않았다.

하루는 경연 자리에서 선조가 이렇게 감탄했다고 한다.

"어제 경의 말을 듣고서 성현의 일이 사람들에게 잘못 전해졌다는 것을 시원하게 알았소. 오늘도 역대로 잘못 전해진 일에 대해 논하는 것을 듣다 보니, 실로 이제껏 들어 보지 못한 내용들이오. 경의 학문은 어쩌면 이렇게 깊단 말이오? 이 모든 것이 어찌 우연한 일이겠소. 필시 피나는 노력이 있었겠지요!"

유희춘은 중종 8년(1513)에 태어나 스물여섯 살에 과거에 급제했다. 을사사화 때 언관으로 있다가 파직되고, 1547년 양재역 벽서 사건으로 백인걸, 김난상 들과 함께 유배되었다. 그러다 선조가 즉위하여 을사사화의 희생자들을 제자리로 돌려놓는 과정에서 19년 만에 한양으로 돌아온 것이다. 그리고 직강 벼슬을 맡고 경연에 참여하게 되었다.

유희춘도 선조 시대가 어두운 정치에 종지부를 찍고 원칙과 상식이 통하는 밝은 정치를 여는 시대가 되기를 간절히 바랐다. 그러나 기대승이나 이이가 급진적인 개혁이나 구시대 인물의 철저한

숙청을 왕에게 강요하면서 살벌한 분위기를 만드는 것과는 달리, 유희춘은 "모자라도 넘쳐도 좋지 않다는 것이 음양의 이치"라며 절도 있는 개선을 주문했다.

"비위가 나빠진 사람이 여러 날 찬 음식만 먹다 보면 어찌 되겠습니까? 냉기로 인한 손상이 심해져 반드시 먹은 것을 토하고, 계속하면 아무것도 먹지 못하는 법입니다."

이것은 유희춘이 대비의 상을 당해 정해진 예법 이상으로 음식을 절제해 죽만 먹고 있던 선조에게 건강을 챙기라고 한 조언이었다. 하지만 그 말에는 바른 정치를 염원하는 신하들의 입장을 헤아려서 신하들, 특히 젊은 선비들이 무리한 주장을 하더라도 정면에서 물리치지만 말고 경청하고, 일부는 들어주도록 노력하라는 뜻이 담겨 있기도 했다. 유희춘은 이처럼 간접으로 간언을 올리고, 박식함과 더불어 임금과 백성을 생각하는 따뜻한 마음을 함께 보였으므로 끝까지 선조의 무한한 신뢰를 받았다.

또한 선조는 유희춘을 만나면서 본격으로 의학에 관심을 두게 된다. 궁궐 밖에서 살 때도 이미 양인수라는 의원에게 가르침을 받았던 선조였다. 그래서 선조의 건강 문제로 꺼낸 이야기가 어느새 차원 높은 의학 토론이나 의학에 빗댄 정치 토론으로 이어지고는 했다. 다만 오랜 귀양살이의 후유증 때문에 정작 유희춘 자신은 그리 건강하지 않았던 것 같다.

그런데 이 때문에 뜻밖에도 유희춘은 선조, 그리고 조선에 또 하나의 기여를 하게 된다. 1569년, 얼굴에 난 종기로 고생하던 유희춘을 이제 갓 서른을 넘긴 젊은이가 깨끗이 치료해 주는 일이 생겼다. 젊은이는 전부터 유희춘의 집을 드나들면서 의학 토론도 하고, 유희춘에게 배우기도 했는데, 이제 그 실력이 실로 천재적임을 입증한 것이다. 감격한 유희춘은 "자네의 의술은 이대로 두기에는 너무 아깝네! 반드시 더 큰 목적으로 쓰여야 한다네!" 하고 거듭 칭찬했다. 그리고 조정에 추천하여 젊은이가 궁중 의약을 맡은 내의원에 들어가도록 하니, 바로 허준이었다.

1575년 예순세 살이 된 유희춘은 더는 병을 감당할 수 없어 사직하고 고향으로 내려갔다. 그때 마침 선조도 병을 앓고 있었는데, 내의원에서 묵묵히 수업했던 허준이 쟁쟁한 선배 어의들과 함께 선조의 병 치료에 참여했다는 소식이 들려 왔다. 소식을 들은 유희춘의 마음은 참으로 뿌듯하고 훈훈했을 것이다. 바로 이 허준이야말로 한국사에 길이 남을 '의성醫聖'이 되고, 훗날 《동의보감》을 통해 수많은 사람들에게 도움을 주게 되리라는 사실까지는 미처 몰랐겠지만.

넘치는 인재들

이 밖에도 선조 시대에 빛을 발한 뛰어난 문신들이나 학자, 정치가는 수두룩하다.

이황과 같은 나이였던 남명 조식.

이황처럼 무도한 세상이 싫어 은둔한 조식은 선조의 부름에도 선뜻 응하지 않았다. 그러나 1,600자에 달하는 긴 상소문인 〈무진봉사〉를 임금께 올려 개혁에 힘쓰라고 권고하기를 잊지 않았다.

또한 정인홍, 최영경, 곽재우, 김면 같은 조식의 여러 제자들도 선조 시대를 빛나게 했다. 기대승이 일컬어 "기질이 꼿꼿하여 천 길 절벽이 우뚝 서 있는 것 같다"고 했던 조식은 불의와는 추호도 타협하지 않는 강직함과 정의에 대한 불타는 신념으로도 유명했다. 그래서인지 임진왜란 때 의병을 일으킨 의병장 중에는 유독 조식의 제자가 많았다.

서애 유성룡은 조선 중기를 대표하는 명재상으로 유명하다. 특히 이순신과 권율을 조정에 천거하고, 국방 제도의 문제점을 지적하여 임진왜란을 극복할 기반을 쌓은 점은 유성룡의 큰 공로에 든다. 또한 전쟁을 겪은 뒤 회고록 식으로 작성해 남긴 《징비록》은 전쟁 통에 소실된 많은 실록의 자료를 훌륭히 보충해 주었다. 선조는 그를 가리켜 "나는 유성룡을 오늘날의 큰 현인이라 불러도 좋으리라 생각한다. 그와 더불어 얘기하고 그의 사람됨을 보다 보면 어느 사이에 마음으로 탄복할 때가 많다"라고 극찬했다. 1607년 유성룡이 죽었을 때 한양의 시민들이 울며불며 아버지가 돌아가신 듯했다는 이야기에서도 그의 덕망과 유능함을 짐작할 수 있다.

오리 이원익, 한음 이덕형, 백사 이항복.

이들은 빼어난 선비에다 '행정의 달인'들이다. 그래서 선조 중기와 후기의 정치를 든든하게 떠받쳤을 뿐 아니라 그 뒤의 시대에도 큰 영향을 주었다.

이 밖에 우계 성혼과 여헌 장현광은 성리학 진흥에 큰 공로가 있으며, 소재 노수신, 약봉 서성, 유천 한준겸 들도 명신의 반열에 들었다. 《토정비결》을 쓴 토정 이지함과 《홍길동전》을 쓴 교산 허균은 당대를 놀라게 한 '기인'으로 길이 이름을 남겼다.

송강 정철은 정치가로서는 조금 문제가 있었을지 몰라도, 《사미인곡》, 《속미인곡》, 《성산별곡》 같은 걸출한 문학 작품을 남겨 한국 문학사에 가장 빛나는 별 가운데 하나가 되었다. 정철의 문인이던 석주 권필도 당대에 명문장으로 이름이 자자했으며, 조선 최대 시인의 한 사람으로 꼽힌다. 또 이정구, 장유, 이식, 신흠은 이른바 '한문 4대가'로, 송익필, 이산해, 최경창, 백광훈, 최립, 이순인, 윤탁연, 하응림은 '선조 대의 8문장가'로 불렸다.

또한 그림에서는 신사임당, '절파화'라는 화풍을 일으킨 이경윤, 매화와 대나무와 포도를 특히 잘 그려 '삼절'로 불린 세 화가 어몽룡, 이정, 황집중 들이 빛을 남겼다. 서예에서는 오늘날까지 명필의 대명사로 여겨지는 한석봉이 당대를 주름잡았다.

그러면 문인들만 이 시대를 빛냈을까? 사실 '선비들의 세상'이 되다 보니 그 밖의 인물들은 정책에서나 사회적으로 소외되는 감이 없지 않았다. 여성, 불교계 인물, 무신, 그리고 장인이나 의료인 같은 기술 전문가들이 좀 더 기를 펴고 재주를 뽐낼 수 있었다면 하는 아쉬움은 남는다.

하지만 그래도 적지 않은 인재가 선조 때에 두각을 나타냈다. 여성으로는 신사임당을 비롯해서 허난설헌과 이옥봉이 조선의 대표적인 여성 문학인으로 자리매김하였고, 미암 유희춘의 부인인 덕봉 송 씨 또한 이름난 문장가였다. 불교계에서는 서산대사 휴정, 사명대사 유정이 의병장으로 활약하는 한편 불교 사상사에도 큰 획을 그었다.

무신 중에는 당연히 충무공 이순신의 이름이 우뚝하다. 이순신은 신화적인 명장이며 임진왜란의 수렁에서 조선을 구해 낸 민족의 영웅이지만, 처음부터 천재성을 두루 인정받은 것은 아니었다.

이순신의 집안은 본래 유서 깊은 문신 집안으로, 이순신도 원래는 글공부를 해서 과거를 보고 문신이 될 생각이었다. 그러나 셋째 아들이다 보니, 집안에서 위의 두 형 글공부에 기울이던 노력을 셋째인 자신에게도 나눠 달라는 것이 무리한 바람이 아닐까 하는 생각이 들었다. 그래서 스무 살이 넘어서야 문신의 꿈을 버리고 본격으로 무예를 배워 무신의 길을 걷는다. 그나마 스물여덟이라는 늦은 나이에 응시한 무과 시험에서는 말에서 떨어지는 바람에 낙방해 버렸다. 확실하지는 않지만 이듬해에도 과거에 응시했다가 낙방한 듯하다.

결국 이순신은 서른두 살 나이에 겨우, 그것도 28명 중 12등이라는 그렇고 그런 성적으로 과거에 붙어 무신이 된다. 보직을 받는 것도 늦어서 무과에 붙은 지 거의 1년이 다 되어서야 권관이라는 하급직을 받았다. 그것도 함경북도 삼수에, 말하자면 가장 근무 여건이 좋지 않은 곳에 배치되었다. 그 뒤 여러 하급직을 전전하다가 선조 19년(1586) 북방 최전선인 녹둔도에서 여진족의 침략을 막는 일에 참여했다. 하지만 이 녹둔도 전투에서 병사 10명이 전사하고, 양민 106명과 말 15마리가 적에게 포획되는 일이 벌어졌다.

'성웅 이순신'이라는 관점에서 이순신의 전기를 쓴 현대의 작가와 학자들은 이 녹둔도 사건이 "병력이 부족하니 지원이 절실하다"는 이순신의 요청을 묵살한 절도사 이일의 전적인 잘못이라고 주장한다. 이일이 자신의 잘못을 이순신과 경흥 부사 이경록에게 뒤집어씌웠다는 것이다. 그때까지 이순신이 하급직을 벗어나지 못했던 것도 윗사람들에게 아부하거나 뇌물을 안기지 않았기 때문이라고 보았다.

물론 그럴 수도 있을 것이다. 하지만 반드시 그랬으리라는 근거도 없다. 《조선왕조실록》에 보면 이순신과 이경록이 녹둔도에서 "군기를 어겼다"라고 적혀 있다. "전투 지휘가 졸렬했다"가 아니라 군기를 어겼다는 죄목인 것이다. 그래서 선조도 엄중히 처벌해야 한다는 주변의 말에 "패전한 것은 아니지 않소?"라고 반박하며, "하지만 군인이 군기를 그르친 죄를 묻지 않을 수도 없으니, 이순신에게 백의종군하여 다시 공을 세울 기회를 주도록 하오"라고 지시하고 있다. 녹둔도 사건을 결코 패전으로 여기지 않았다는 뜻이다. 그렇다면 이일이 자기에게 책임이 돌아올까 겁나서 이순신을 모함할 필요도 없지 않았을까?

아무튼 이로써 이순신은 생애 첫 백의종군을 석 달 정도 하게 된다. 그리고 선조의 말대로, 두만강 건너 여진족의 본거지를 습격하는 전투에서 '공'을 세움으로써 복직되었다. 이어서 정읍 현감, 진도 군수 같은 직책을 맡았다가 선조 24년(1591) 2월, 마침내 전라좌도 수군절도사에 임명된다. 이순신의 나이 마흔일곱 살, 임진왜란이 일어나기 꼭 14개월 전이었다.

인사의 달인, 그 진면목

여기서 이순신의 든든한 후원자였던 유성룡의 혜안 못지않게, 선조의 올바른 판단과 혜안 역시 짚고 넘어가지 않을 수 없다. 방금 보았듯 선조는, 이구동성으로 엄중한 처벌을 요구하는 신하들의 말을 들으면서도 패전은 아니니 그럴 수는 없다고 못 박았다. 선조의 인사 방식을 보면 언제나 그처럼 사실 관계를 냉정하게 살핀 다음에 원칙에 따라 결정했다.

선조 20년(1587) 3월, 왜구와 싸워 패하고 용맹한 부하 장수 이대원의 공로까지 가로채려 했던 전라 좌수사 심암을 처리하는 선조를 보자. 선조는 "전투를 졸렬히 지휘하여 패배한 장수는 당연히 형법대로 처벌해야 한다. 법을 엄격히 시행하지 않고 나라를 잘 다스릴 수 있겠는가? 중국 춘추 시대에 초나라만 유독 강국이었는데, 그렇게 된 까닭에는 패한 장수는 반드시 죽이고 용서하지 않았기 때문이다"라며 심암을 법에 따라 당고개에서 처형시킨다. 그리고 "이로써 변방의 백성들에게 사죄한다"고 밝혔다. 당시 심암은 명문의 후예였으므로 너그럽게 봐주자는 의견이 신하들 사이에 많았다. 하지만 선조는 군법대로 시행해야 한다고 엄격하게 선을 그었던 것이다.

이런 선조의 원칙주의, 사실주의가 대다수 신하들의 뜻과 충돌하는 경우도 많았다. 특히 도덕적인 결백함을 무엇보다 강조했던 당시의 선비 관료들은 "누구누구는 부정을 저질렀다는 '의혹'이 있다"라거나 "누구누구는 국상 기간 중에 몸가짐이 단정하지 않았다", 심지어는 아무 근거도 없이 "누구는 못된 성품을 가진 사람이니 안 된다"라고 무조건 비판하면서, 상대를 벼슬자리에서 내쫓거나 처벌하자고 주장하고는 했다.

하지만 선조의 입장은 단호했다.

"의혹만 가지고 사람을 죄줄 수는 없소."

"사적인 자리에서 예절을 좀 잃었다고 재주 있는 사람을 버릴 수는 없소."

"누가 못된 자라고 하면 그 구체적인 근거를 들어서 말하시오. 그대들은 사람의 마음속을 읽는 재주라도 있단 말이오?"

이런 선조의 인사 원칙 덕분에 묻혀 버리지 않고 결국 빛을 낼 수 있던 인재도 많았다.

조헌은 성격이 급하고 다른 사람의 시선을 아랑곳하지 않는 사람이었다. 그래서 가만히 있으면 될 일을 공연히 나서서 분란을 일으키는 일이 한두 번이 아니었다. 조헌에게 모욕을 당하고 분개한 사람들이 그를 모함하는 상소를 올리는 일도 많았다. 하지만 선조는 "나는 조헌의 충직함을 잘 알고 있소" 하며 엄하게 처벌해야 한다는 주위 신하들의 말을 매번 물리쳤다.

하지만 조헌이 특유의 급한 성질 때문에 동인 쪽 인사들을 맹렬히 공격하는 상소를 올려 당쟁을 부추긴 적이 있는데, 이때만은 선조도 용서하지 않았다. 그래도 처벌하고 나서 얼마 뒤 다시 풀어주었다. 그 덕분에 조헌은 임진왜란 당시 옥천에서 의병을 일으켜 용감하게 싸울 수 있었으며, 결국 금산 전투에서 장렬히 전사한다. 그리하여 오늘날 '조헌과 칠백 의병'이라는 의로운 이름을 남겼으니, 역사의 물결 속에서 덧없이 스러질 뻔했던 사람이 선조의 옹호로 빛나는 별이 될 수 있었던 것이다.

장필무는 무인으로서 청렴결백한 것으로 유명했는데, 너무 청렴하다 보니 시기하는 사람도 많아져서 주변에 적이 많았다. 그러나 선조는 장필무의 사람됨을 알아보고 모함과 비판을 몸소 막아 주었다. 한번은 기대승까지 나서서 "한낱 무인을 임금께서 지나치게 총애하시는 일은 좋지 않습니다. 선비들의 사기를 떨어뜨립니다"라며 본보기를 보이는 뜻에서라도 장필무를 멀리하라고 말했으나 선조는 받아들이지 않았다. 결국 장필무는 선조 5년(1572) 여진족의 대규모 침입을 물리쳐 큰 공을 세웠으며, 죽은 후에는 청백리 명단에 들었다. 그리고 무인으로는 실로 드물게 서원에 모셔져 제사를 받는 몸이 되었다.

윤탁연은 앞서 이야기한 대로 선조 8대 문장가에 낄 만큼 문장력이 뛰어난 인물이었다. 그런데 이를 시기하는 사람의 모함이었던지, 실제로 인격에 결함이 있었던지 "젊은 사람이 몸가짐이 바르지 못하고 오만 방자하니, 벼슬을 빼앗고 내쫓으소서"라는 상소가 거듭 올라왔다. 이에 선조는 "윤탁연은 재주가 있으므로 그에 맞는 직책을 맡긴 것이오. 그리고 이리저리 말은 많지만, 윤탁연이 바르지 못하다는 근거라고는 오로지 소문밖에 없지 않소? 슬기로운 사람은 소문만 듣고 탄핵하는 것을 삼가는 법이오" 하며 받아들이지 않았다. 그 뒤 윤탁연은 자신이 맡은 자리를 잘 감당해 내었다. 임진왜란 때도 함경도 순찰사가 되어 의병을 모집하고, 일본군을 물리치려 사방을 뛰어다니다가 객사한다.

선조는 또한 한 번 잘못을 한 사람, 다소 흠이 있는 사람이라도 재기할 기회를 주려 애썼다. 앞서 보았듯 불교에 빠진 경력이 있던 이이나, 모함이든 뭐든 군기를 어겼다는 죄를 받은 이순신에게 기회를 준 것도 그렇고, 유성룡도 '정여립의 난'이 일어났을 때 연루되었다 하여 벼슬에서 스스로 물러나려 했으나 선조는 끝내 허락하지 않았다.

과거의 '잘못된 정권', 곧 윤원형 정권에 몸담았던 사람이라 하여 무조건 쳐내야 한다는 주장에도 선조는 동의하지 않았다. 오히려 이렇게 생각했다.

'당시 주모자나 앞잡이로 악행을 일삼은 자들도 있으나, 대개 죽거나 엄중히 처벌받았다. 그들에게 마지못해 협력했거나 이런저런 인연으로 같은 부류라 여겨지는 사람들도 대부분 벼슬을 잃고 매일 한숨을 쉬며 살아가고 있다. 그런데 한때의 일 때문에 이들을 영원히 물리쳐 버린다면, 끝내 과오를 고쳐 스스로 새로워질 길이 없게 될 것이다. 이는 너무 심한 일이 아니겠는가!'

그래서 악의 무리는 뿌리까지 없애 버려야 한다는 신하들의 거듭된 반대를 무릅쓰고 선조가 죄를 사하여 복권시켜 준 사람들 중에는 고경명, 윤인함 들도 있었다. 이들은 나중에 임진왜란 때 의병장으로 활약하게 된다. 특히 고경명은 금산 전투에서 목숨을 버리며 힘껏 싸워 일본군이 전라도를 짓밟는 것을 늦추었다. 그래서 전라도 곡창 지대가 일본군 손에 떨어지는 것을 막아 북진하는 적의 병력에게 갈 식량 보급을 훌륭히 차단했던 것이다.

"춘추 전국 시대 노나라에 조말이라는 사람이 있었는데, 장수로서 전쟁에 나가 세 차례나 패했다. 그러나 그것은 국력이 워낙 약했기 때문이지 조말이 무능해서가 아니었으므로, 노나라 임금은 그를 처벌하지 않았다. 조말은 그 은혜를 가슴에 새기고, 제나라가 노나라를 제압하자 제나라 임금에게 홀로 비수를 들고 달려들어 위협, 마침내 노나라가 전쟁으로 잃은 땅을 모두 되찾을 수 있었다. 그러니 한두 번의 실수를 가지고 끝내 용서하지 않고 기회를 주지 않는다면 그것은 현명하지 못한 처사이다."

기대승 같은 성리학자들은 못마땅하게 여겼지만, 선조는 성리학 공부를 하는 틈틈이 궁궐 밖에서 살 때부터 열심히 보았던 역사책도 계속 탐독하고 있었다. 그래서 세상 운수라는 것이 좋기도 하다가 나쁘기도 하는 법임을 알았고, 융통성이라고는 없이 원칙만 고집한다는 게 반드시 좋지만도 않음을 알았던 것이다.

그런데 앞서 심암의 경우에는 "패한 장수는 반드시 죽였던" 초나라의 예를 들어 엄격한 법 집행을 강조했으면서, 여기서는 노나라의 예로 패장을 너그러이 봐줄 필요를 말하고 있으니 왠지 앞뒤가 맞지 않는다. 하지만 심암은 명문가의 자제라는 자만심에 들떠 주어진 병력을 제대로 쓰지 못해 패전한 경우였다. 그런 때에는 단호히 처벌하여 일벌백계를 세울 필요가 있다. 그러나 조말처럼, 그리고 이순신처럼 승리하기에는 역부족이었다면, 다시 기회를 주는 것이 타당하고도 원칙에 어긋나지 않는 일이었다.

그리고 선조의 마지막 인사 방침은, 널리 인재를 구하는 교서에서 나타났듯 "한 치의 장점만 있더라도 반드시 기용한다"는 것이었다. 곧 사람의 '재능'을 살리는 방식이었다.

선비 정치의 원칙대로라면 아무리 재능이 뛰어나더라도 인품이 모자라는 사람은 중히 쓸 수가 없다. 그러나 그 재능까지 버리기란 아까운 일이다. 그래서 뛰어난 재능을 가진 사람이라면 조금 무리를 하더라도 벼슬과 상급을 주어, 그 재능이 나라를 위해 아낌없이 쓰이도록 하자는 게 선조의 생각이었다.

이는 특히 선비 정치에서 소외된 사람들, 이를테면 무인이나 전문 기술자 집단들이 혜택을 보는 방침이었다. 실제로도 선조는 그렇게 했다. 가령 무신 중에서 박희량은 뚜렷한 공적이 없는데 높은 자리에 있다고, 신익은 탐욕스럽고 부패 혐의가 있다고, 곽흘은 감히 무신 주제에 문신들이 타고 다니는 고급 수레를 타다가 발각되었다고 모두 탄핵을 받았다. 그러나 선조는 박희량은 무술이 뛰어나다, 신익은 용감하다, 곽흘은 제주 목사 시절의 공로가 크다는 이유들을 들어 이들을 보호해 주었다. 또 김지라는 사람이 '승자총통'이라는 화약 병기를 발명하여 여진족과의 전투에서 큰 효과를 보자, 이미 죽은 김지에게 벼슬을 내리고 자식에게도 따로 벼슬을 주어 나라에 필요한 기술을 널리 장려하였다.

허준도 마찬가지였다. 허준은 본래 양반 가문의 서자였다. 당시 서자는 아무리 머리가 좋고 공부를 열심히 해도 과거에 응시해서 떳떳하게 벼슬길에 나설 수가 없었다. 허준의 어린 시절은 거의 알려진 게 없지만, 아마도 허준은 그런 설움을 달래려 이것저것 손을 대다가 의술에 취미를 붙였을 것이다. 그리고 유희춘과 맺은 인연으로 의과 시험을 보지 않고도 내의원에 들어가는 행운을 얻는다. 하지만 '낙하산 인사'라고 따돌림을 받았던지 한동안은 그리 두각을 나타내지 못했다.

유희춘이 물러나던 선조 8년(1575), 허준은 다른 어의들과 함께 임금의 병을 치료하면서 비로소 운이 트였다. 하지만 그래도 의술로는 선조에게 특별한 인상을 주지 못했던 것 같다. 다만 선조는 허준이 그저 맥을 짚고 약을 지으며 하루하루를 흘려보내는 평범한 의사들과 달리, 학문이 깊고 매일 시간을 내어 의서들을 보고 연구를 거듭하고 있음을 알아차렸다. 아마 중인 출신이 많았던 다른 의사들과 견주어 허준은 양반의 서자로 자라면서 글공부를 어지간히 했기 때문일 것이다.

선조는 이를 중시해서 재위 14년(1581) 허준에게 《찬도방론맥

결집성》이라는 진맥에 관한 의서를 고치고 편찬하는 일을 맡겼다. 허준은 이 과제를 훌륭히 해냈다. 그때부터는 당당히 선배 어의들과 함께 왕과 왕실 가족의 진찰과 치료에 나설 수 있었다.

그러다가 마침내 선조 23년(1590) 크게 빛을 볼 기회가 찾아온다. 바로 광해군의 천연두를 혼자 고친 것이었다. 당시 광해군의 병세는 절망적이었고 다른 어의들은 모두 손을 든 상태였다. 그런 것을 허준이 보란 듯 고쳐 내니 선조의 기쁨과 신뢰는 끝이 없었다. 허준에게는 당장 정삼품 당상관인 '통정대부' 벼슬이 내려졌다. 그러자 의원에게 무슨 당상관이냐며 상소가 빗발쳤다.

임금 앞에 설 때 당 위에 올라서느냐(당상관), 당 아래에 머무르느냐(당하관)를 기준으로 흔히 고위직과 하위직을 가늠한다. 따라서 고위직을 뜻하던 당상관이란 의사나 법률가, 역관 같은 기술 관료들에게는 평생 허락되지 않는 그야말로 '넘을 수 없는 벽'이었다. 그런데도 선조는 관례를 깨고 허준에게 정삼품 통정대부를 제수한 것이다. 당연히 반발이 거셀 수밖에 없었다. 그러나 선조는 수도 없이 날아드는 반대 상소를 아랑곳하지 않고 끝내 허준의 파격 승진을 철회하지 않았다.

이것은 다만 아들의 병을 고쳐 준 사람에 대한 아버지의 고마움 표시, 그 이상의 뜻이 있었다. 가령 인격이 완성되고 욕심이 전혀 없는 고매한 선비라면 벼슬이 높고 낮음에는 상관없이 사람됨이 언제나 한결같을 것이다. 그러나 보통 사람은 예상을 뛰어넘는 큰 벼슬을 받게 되면, 두 가지 가운데 하나의 반응을 보인다. 교만해져서 안하무인이 되거나, 아니면 자신을 믿어 준 사람에 대한 고마움과 주변의 의심을 불식시키려는 생각에 더욱 분발하여 훨씬 더 높은 수준에 이르도록 스스로를 채찍질거나. 허준은 두말할 것 없이 후자의 경우였다. 그리하여 본래는 '심심풀이 취미' 수준에서 의술을 익혔던 허준이, 물론 타고난 재능이 작용했겠지만, 이십여 년 만에 조선은 물론이고 동아시아 전체에서 대적할 사람이 없는 명의 중의 명의로 거듭났던 것이다.

이순신도 허준과 비슷했다. 물론 충무공의 인격은 벼슬자리에 연연할 정도는 아니었다. 하지만 늦게 벼슬길에 오른 데다 불운까지 겹쳐 관직을 잃을 위기까지 있었다. 그런 끝에 겨우 하급직에서 헤매고 있던 이순신에게 선조는 1591년 전라 좌수사라는 높은 벼슬을 내렸다. 그 전의 직위인 진도 군수는 종사품 당하관, 새로 받은 전라 좌수사는 정삼품 당상관이었으니 한꺼번에 관등이 세 단계 뛰어올라 단숨에 고위직이 된 셈이다. 역시 이치에 어긋나는 인사라며 철회하라는 상소가 빗발쳤다.

"이순신, 이 자의 경력이 뭐가 있습니까? 전라 좌수사라면 전라도 해역의 수군을 지휘하는 막중한 자리이온데, 아무리 인재가 부족하다지만 이렇게 모자라는 사람을 하루아침에 높은 자리에 앉히시면 전라 좌수영의 병사들이 승복하지도 않을 것이옵니다. 또한 전하의 인사는 원칙이 없다는 의혹도 물밀 듯할 것입니다. 하루 바삐 철회하소서."

선조의 대답은 다음과 같았다.

"이순신의 경우가 파격임은 알고 있소. 하지만 지금은 파격이 필요한 시기요. 일본의 움직임이 갈수록 심상치 않아지는 걸 잘 알지 않소? 또 이순신은 내가 그 능력을 잘 알고 있는 사람이오. 그 자리를 감당하기에 충분하니, 더 문제 삼지 마시오!"

이순신도 허준의 경우와 마찬가지로, 오래도록 자신의 재능이 빛을 보지 못하는 가운데에도 꾸준히 병서를 읽고 지휘법과 군사 전략을 공부한 '기초 내공'이 쌓여 있었다. 선조는 그 내공을 꿰뚫어 보았고, 역시 보통 이상의 파격 승진을 시킴으로써 이순신이 그 기초를 바탕으로 재능을 활활 불태우기를 바랐다. 과연 선조의 예상대로 이순신은 전라 좌수영에 부임하자마자 무기를 손질하고 선박을 건조하면서 전쟁에 대비했다. 그리고 그 성과는 우리 모두가 잘 알고 있다.

몇 번이고 말하지만 선조 시대에는 이 땅에 유례가 없을 만큼 인재들이 넘쳐났다. 그것은 선조가 즉위한 뒤 곧바로 내세운 "널리 인재를, 무엇보다 선비를 구하노라"는 선언이 가져온 결과로 볼 수 있다. 아니, 그것이 큰 이유가 되었다.

하지만 인재란 한결같지 않다. 성격이 급한 인재가 있는가 하면, 내성적인 인재도 있다. 처음부터 빛나는 인재가 있는가 하면, 늦게 재능이 꽃피는 인재도 있다. 또한 인재들이 너무 넘치다 보면 그 틈에 가려 남들과 화합하지 못하는 인재, 어떤 이유로든 경력에 흠이 나 버린 인재, 당장의 유행과 맞지 않는 인재 들이 그대로 썩어 버릴 가능성이 오히려 더 높아진다. 그런 인재를 저버리지 않고 재능을 알아보며, 끝까지 믿으면서 기회를 주고, 날아드는 비난과 의심을 막아 주는 것이 진정한 인사 행정 사령탑의 책임일 것이다. 그리고 선조는 왕으로서 그 책임을 참으로 훌륭하게 해냈다.

사실 널리 선비를 구해 정치를 하겠다는 선언은 따로 특별한 능력이 필요한 일은 아니었다. 또한 아직 어렸던 선조가 단독으로 발표했다고 보기도 어려웠다. 하지만 나중에 어른이 되어 왕으로 성장한 선조는 선비 중심 정치의 맹점을 꿰뚫어 보았다.

지나치게 성리학 공부만 가치 있게 여기는 점!

사소한 문제를 꼬투리 잡으며 흑백 논리로 정치를 하려는 성향!

선조는 그것을 고치고 싶었다. 그렇다고 자신이 세운 선비 정치의 이념을 부수지는 않았다. 그 대신 스스로 주관을 가지고 결단을 내리며, 선비들이 놓치기 쉬운 점이나 유학자들이 범하기 쉬운 실수를 잘 추슬러서 진주가 흙 속에 묻히는 일을 막았던 것이다.

그러므로 선조를 진정한 '인사의 달인'이라고 부를 수 있을 것이다. 이 달인 덕분에 《성학집요》도, 《징비록》도, 《난중일기》도, 《동의보감》도 모두 써질 수 있었다. 시대를 뛰어넘어 두고두고 읽히는 귀중한 책들이 그렇게 세상에 나올 수 있었던 것이다. ❀

넘치는 인재들, 빛나는 책들

선조 시대에는 별처럼 빛나는 인재들만큼이나 그분들이 쓴 훌륭한 책도 많이 나왔습니다. 이 책들을 살펴보면 당시 정치 상황은 어땠으며, 어떤 나라를 꿈꾸었고, 어떻게 그 꿈을 이루려 했는지 알 수 있습니다. 과연 어떤 책들이 있었는지 본문에 나온 책을 중심으로 살펴볼까요?

이황의 〈무진육조소〉, 《성학십도》와 이이의 《동호문답》, 《성학집요》는 선조 당대에 가장 유명한 학자라 할 이황과 이이가 임금인 선조에게 올린 글들입니다. '바른 임금과 바른 정치, 그리고 바른 학문'에 대한 이야기들을 담고 있지요.

유성룡의 《징비록》과 이순신의 《난중일기》는 임진왜란이란 최악의 전란을 기록한 책입니다. 유성룡은 대신이자 학자로서, 이순신은 장수이자 무인으로서 자신이 겪은 전쟁을 담담하게 서술하고 있지요. 이 두 책을 통해 우리는 임진왜란이란 역사에 한 걸음 더 다가갈 수 있습니다.

선조 때에는 갖가지 문학 갈래도 다양하게 꽃을 피웁니다. 대표로 들 수 있는 것이 가사 문학인데 특히 정철이 쓴 《사미인곡》은 우리말의 자연스러운 호흡과 다양한 어휘를 살린, 뛰어난 국문 시가로 평가받고 있습니다. 그 밖에도 새로운 세상을 꿈꾸었던 허준의 《홍길동전》이나, 한 해의 길흉화복을 점치는 데 쓰는 이지함의 《토정비결》도 두루 함께 볼 만한 책들이지요.

하나하나씩 살펴봅시다.

바른 정치란? 이황의 〈무진육조소〉와 이이의 《동호문답》

무진육조소

선조 1년(1568)에 이황이 올린 상소문입니다.

중종 말년과 명종 대에 거듭해서 사화를 겪은 이황은 조용히 시골로 물러나 학문을 연구하며 제자들을 키우는 데에만 힘을 쏟았습니다. 선조가 새 임금이 되어서 바른 선비들을 크게 쓰겠다는 입장을 밝혔지만, 이미 나이가 많아 기운이 달린 이황은 임금 곁에 오래 머물 수 없다고 여겼지요. 그래서 선조에게 꼭 필요한 충고를 말이 아닌 글로 전하기로 결심했습니다. 그것이 바로 이 〈무진육조소〉지요.

〈무진육조소〉는 바른 군주의 몸가짐을 충고하는 여섯 조목으로 이루어져 있는데, 내용은 다음 쪽에 나오는 것과 같습니다.

제1조. 왕통의 승계를 중요하게 여겨 인과 효를 온전히 지킬 것.

제2조. 소인배의 헐뜯음과 이간질을 막아 왕실의 어른을 잘 모실 것.

제3조. 제왕의 학문을 두텁게 하여 정치의 근본으로 삼을 것.

제4조. 성리학 학문을 밝혀 사람의 마음을 바르게 할 것.

제5조. 대신들의 마음을 헤아리고 나아가 언관들과 통할 것.

제6조. 수양과 반성을 정성스럽게 하여 하늘의 사랑을 이어받을 것.

동호문답

선조 2년(1569) 9월에 이이가 올린 글입니다.

이이는 홍문관 교리로서 한강 동쪽에 있는 동호 독서당에서 '사가독서'를 하면서 이 글을 썼습니다. 사가독서란 젊은 관료들에게 잠시 휴가를 주어 글을 읽고 학문을 연구하게 하는 제도입니다.

《동호문답》은 "동호에서 묻고 답한다"는 뜻 그대로 주인과 손님이 서로 묻고 답하는 형식으로 왕도 정치의 이상과 정치관을 말하고 있습니다. 11가지에 걸친 문답의 내용을 살펴볼까요?

1. 임금이 정치하는 도리를 말한다.

2. 신하로서 해야 할 도리를 말한다.

3. 임금과 신하가 서로 잘 만나기 어려움을 말한다.

4. 우리나라에 도학이 제대로 이루어지지 않았음을 말한다.

5. 우리나라 정치가 제대로 되어 있지 않음을 말한다.

6. 오늘날 시대적인 상황을 말한다.

7. 힘써 행하고 스스로 마음을 닦을 것을 말한다.

8. 간사한 신하를 멀리하고 어진 신하를 쓸 것을 말한다.

9. 백성을 편안하게 만드는 방법을 말한다.

10. 백성을 바르게 가르치는 방법을 말한다.

11. 명분을 바르게 하는 것이 정치의 근본임을 말한다.

참된 학문을 닦으려면? 《성학십도》와 《성학집요》

앞서 〈무진육조소〉와 《동호문답》이 군주와 바른 정치에 대해서 말한다면, 《성학십도》와 《성학집요》는 말 그대로 성학, 곧 성인이 되는 학문인 '성리학'을 말하고 있습니다.

성리학은 중국 남송의 학자 주자(1130~1200)가 완성한 유학의 한 갈래입니다. 그래서 흔히 '주자학'이라고도 불리지요. 성리학에서는 만물의 존재가 이理와 기氣 두 요소로 이루어졌다고 봐요. 아주 단순하게 말하자면 이는 '정신'에 가깝고, 기는 '물질'에 가깝다고 할까요.

조선의 성리학은 이황과 이이 대에 이르러 큰 발전을 합니다. 이때 비로소 조선의 것에 가까운, 조선의 성리학이 만들어졌다고 볼 수 있으니까요. 하지만 두 사람의 관점은 조금 다른데 이황이 '이'를 더 중요하게 보았다면, 이이는 '기'를 더 중심으로 보았지요.

이런 차이가 생긴 것은 두 사람이 처한 정치 현실이 달랐기 때문입니다. 이황은 훈구파 손에 사림파가 큰 화를 입던 시기에 활동하였지요. 이황에게 있어 현실은 부정한 훈구파가 장악한 '기의 시대'였습니다. 그래서 이황에게 기는 이에 의해 극복되어야 할 대상이었지요.

하지만 사림이 집권한 시점에서 활동한 이이는 달랐습니다. 이이는 현실을 무조건 부정하고 극복할 것이 아니라 현실을 긍정한 바탕 위에 개혁의 길로 가야 한다고 보았습니다. 이이가 주장했던 양병설, 여러 개혁 정책들도 바로 그런 판단에서 나온 '실천' 방안이었지요.

두 사람의 다른 상황, 다른 관점이 주는 차이를 책으로 느껴 보세요.

성학십도

이황이 〈무진육조소〉를 올리고 3개월이 지난 뒤에 바친 그림입니다. 정확히는 성리학의 핵심과 요점을 그림과 함께 쉽게 설명해 주는 책이지요. 각 그림 아래에는 이황 자신의 의견도 적어 놓았습니다.

여기에 등장하는 십도+圖, 곧 열 가지 그림은 "우주의 원리를 이해하라"는 태극도부터 "새벽부터 밤늦게까지 공부하리"는 숙흥야매잠도까지 모두 제목만 읽어도 그 내용을 쉽게 알 수 있습니다. 옆 쪽에 나와 있는 10편의 그림과 제목을 차근차근 재미있게 읽어 보세요.

성학집요

선조 8년(1575)에 당시 홍문관 부제학으로 있던 이이가 올린 책입니다. 임금이 닦아야 할 학문을 정리한 것으로 모두 13권 7책으로 이루어져 있습니다. 유학의 기본 입문서인 《대학》의 본뜻을 따라서 여러 성현들의 말을 인용하고 설명을 붙인 책이지요.

이이는 《성학집요》에서 유학의 가르침을 통해 자기완성을 이루고 더 나아가 가정, 사회, 국가를 편안하게 하는 데 필요한 것들을 간결하게 엮어 두었습니다. 그래서 국왕의 학문 발전에 큰 도움을 주었을 뿐만 아니라 일반 선비들이 학문을 닦는 데도 아주 중요한 책이 되었지요. 또한 정치 개혁의 방향을 찾는 데에도 오래도록 소중한 지침서가 되어 주었답니다.

임진왜란을 기록한 《징비록》과 《난중일기》

징비록

《징비록》은 서애 유성룡이 임진왜란 7년 동안을 기록한 책입니다.

여기서 '징비'란 《시경》에 나오는 "미리 징계하여 후환을 경계한다"는 구절에서 따온 것입니다. 말하자면 처절했던 임진왜란을 겪은 뒤, 후세에 길이 남길 쓰라린 반성의 기록으로 이 책을 쓰게 되었다는 것이지요. 그래서 유성룡은 이 책 안에 임진왜란의 원인과 경과, 자신의 잘못과 조정의 실책, 백성들이 임금과 조정에 가진 원망 들까지 모두 담고 있습니다. 그에 견주어 침략을 지시한 도요토미 히데요시나 일본군의 만행을 직접으로 나무라는 격앙된 목소리는 찾기 어렵습니다.

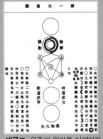

태극도 우주의 원리를 이해하라.

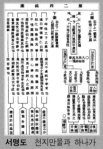

서명도 천지만물과 하나가 되어라.

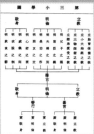

소학도 일상의 일에 충실하라.

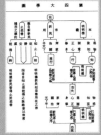

대학도 몸과 마음을 닦는 것부터 시작하라.

성학십도

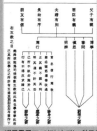

백록동규도 인간이 되는 학문을 해라.

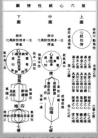

심통성정도 마음을 바르게 하라.

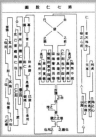

인설도 인을 본체로 삼아라.

심학도 잃어버린 본심을 찾아라.

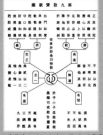

경재잠도 늘 삼가고 몸과 마음을 깨끗이 하여 경계하라.

숙흥야매잠도 새벽부터 밤늦게 까지 공부하라.

유성룡의 붓끝이 가장 먼저 가리킨 것은 '내부의 적'이었지요. 곧 조선 지배층의 허물을 낱낱이 파헤침으로써 날카로운 자기반성을 끌어내고 후세를 설득하려 한 것입니다. 바로 이 점에서 《징비록》은 미리 징계해 후환을 경계한다는 본래 뜻에 맞게 시대를 격해 교훈을 줍니다.

난중일기

누구나 다 알고 있듯이, 충무공 이순신이 임진왜란 동안 쓴 전쟁 일기입니다. 국난을 극복해 낸 수군 사령관으로서 이순신은 엄격한 진중 생활을 《난중일기》에 담담하게 기록하고 있지요. 처음에는 따로 제목이 붙어 있지 않았습니다만, 정조 때 《이충무공전서》를 편찬하면서 《난중일기》라는 이름을 붙인 뒤로 쭉 그 이름으로 불리게 되었지요.

《난중일기》는 여러 면에서 중요한 가치를 지니고 있습니다. 임진왜란을 가장 구체적으로 알려 주는 전쟁 일기로 전란 전반을 살피는 사료로써 가치가 매우 뛰어납니다. 당시의 정치, 경제, 사회, 군사 같은 여러 부분의 연구에도 큰 도움을 주지요. 또한 충무공의 꾸밈없는 마음과 충심을 보여 주어 배울 것도 많고, 문장이 간결하고도 진실성이 넘쳐서 예술품으로도 아주 뛰어나답니다.

전쟁 중에 지휘관이 직접 전쟁 상황을 기록한 사례는 매우 희귀합니다. 그 때문에 유네스코 세계기록유산 등재를 추진하고 있답니다. 최종 등재 여부는 2013년 6월 우리나라에서 개최될 '세계기록유산 국제자문위원회(IAC)'에서 결정된다고 하니, 함께 기대해 보세요.

가사 문학 《사미인곡》, 도참서 《토정비결》, 소설 《홍길동전》

사미인곡

송강 정철이 쓴 이 책은 대표적인 가사 문학으로 알려져 있습니다. '가사 문학'이란 고려 말부터 조선 초기에 걸쳐 발생한 시가 형식을 뜻하는데, 시가와 산문의 중간 형태라고 할 수 있지요.

정철은 임금에 대한 간절한 충성이나 바람을, 한 여인이 지아비를 사모하는 마음에 빗대어 짓는데 그것이 바로 《사미인곡》이지요. 그 속편에 해당하는 것이 《속미인곡》이고요. 무엇보다 《사미인곡》은 우리말이 지닌 자연스러운 호흡과 다양한 어휘를 잘 살려 한시보다도 기교가 뛰어난 국문 시가로 평가받고 있습니다.

토정비결

토정 이지함이 쓴 도참서입니다. '도참'이란 앞날의 길흉을 예언하는 것을 말합니다. 그래서 정월 초순이면 으레 이 《토정비결》을 보면서 그해 신수를 알아보는 일이 조선 민간의 흔한 풍경이었지요.

《토정비결》은 4언 시구로 이루어지고 그 밑에 한 줄 번역이 있어 읽기 쉽습니다. "북쪽에서 목성을 가진 귀인이 와서 도와주리라", "꽃이 떨어지고 열매를 맺으니 귀한 아들을 낳으리라"는 희망적인 구절이 많지요. 좋지 않은 내용도 "이 달은 실물수가 있으니 잃어버리지 않도록 조심하라", "화재수가 있으니 불을 조심하라"는 식으로 경각심을 일깨우는 정도입니다. 그래서 절망에 빠진 사람도 희망을 갖게 하고, 매사에 최선을 다해 조심스럽게 생활하도록 격려한 것으로 평가됩니다.

홍길동전

《홍길동전》은 허균이 지었다고 전하는 고전 소설입니다. 재상가 서자로 태어나 천대를 받던 홍길동이, 집을 나와 활빈당이라는 의적 무리를 이끌다가 율도국이라는 가상의 나라를 세운다는 내용입니다.

《홍길동전》은 당시 사회 제도가 지닌 문제점, 특히 적서차별 같은 불평등을 없애고 부패한 정치를 개혁할 의도로 지은 최초의 '사회 소설'이라고 볼 수 있지요. 따라서 당대 현실을 왜곡 없이 그대로 드러낸다는 점에서 굉장히 사실적이며, 한층 더 앞선 역사의식을 보여 줍니다.

당쟁의 피바람

입이 닳도록 당파를 짓지 마라, 짓지 마라, 그렇게 경고도 하고, 질책도 하고, 심지어 호소도 해 보았건만 하나도 소용이 없구나. 저들은 내가 임금으로도 보이지 않는가 보다. 아, 훈척 정치의 먹구름을 아침 햇살처럼 녹이며 진정 아름다운 정치를 이룩하려던 마음은 다 어디로 갔는가?

당쟁은 운명이라고?

　조선 시대에 정치를 뒤흔들었던 사건들을 말해 보자. 조선 시대를 전기, 중기, 후기로 나누었을 때 전기 초반에는 '왕자의 난'이나 '계유정난' 같은 왕실 내부의 정변이, 전기 후반에는 '무오사화', '기묘사화' 같은 사화가, 그리고 중기 이후부터는 '당쟁'이 중요한 정치 변동이 되어 세상을 뒤흔들고 피바람을 일으켰다 할 것이다.

　앞서 말한 대로 선조 시대는 조선 전기에 일어났던 여러 가지 잘못과 문제점을 반성하면서 시작되었다. 그 반성을 바탕으로 진정으로 이상적인 나라, 백성이 편안히 살 수 있는 나라를 만들고자 임금부터 신하까지 한껏 노력했던 시대이기도 했다. 그리고 그 노력의 해답이 바로 '선비'가 중심이 되는 나라였다. 좀 고지식하기는 해도 이 땅에서 가장 깨끗하고, 가장 유능하며, 가장 나라와 백성에 대한 책임감이 강한 선비 집단이 정치를 한다면, 그야말로 가장 이상에 가까운 정치가 실현되리라 보았기 때문이다.

그러나 선비 집단은 정권을 잡기가 무섭게 내부 분열에 빠지기 시작했다. 분열은 갈수록 심해져서 결국은 상대의 피까지 요구하는 당쟁이 치열하게 전개된다. 왜 그렇게 되었을까?

그 경위를 따져 보기에 앞서, 당쟁의 의미와 성격에 대해 잠깐 짚고 넘어가기로 한다.

두 극단론이 있다. 이른바 '식민 사관'을 형성했던 일제 강점기의 역사학자들은 당쟁이 무의미하고 무차별적인 권력 투쟁이며, 조선은 당쟁 때문에 스스로 약해져서 무너졌다고 보았다. 심지어 당쟁이란 한국인의 민족성 속에 녹아 있는 '충동'에 따른 것이라고도 했다. 다시 말하면 한국인은 스스로 통치할 능력이 없고, 그래서 독재 군주가 되었든 일본인이 되었든 누군가의 강압적인 지배를 받을 수밖에 없다는 것이다.

이런 막무가내 '소설' 같은 학설에 반발한 민족주의 사관에서는 반대로 당쟁을 미화하는 경향이 있다. 당쟁이란 나라를 운영하기 위한 진지한 정책 토론의 한 과정이며, 서구의 근대적인 정당 정치와 흡사한 선진 정치 제도였다는 것이다.

결론을 말하자면, 두 가지 극단론 모두 문제가 있다. 당쟁은 한국인의 운명이며, 한국인은 그냥 두면 끝없는 당쟁으로 스스로 파멸한다는 말은 상식을 뛰어넘어도 한참 넘는다. 오늘날 우리나라에 그래도 안정적인 민주 정치가 이루어지고 있는 것을 봐도 간단히 부정할 수 있다. 물론 좀 시끄럽기도 하고, 가끔씩 터무니없을 때도 있지만.

더구나 우리 조상들이 말과 글로 싸우는 동안 일본인들은 무엇을 하고 있었던가. 수백 년 동안 이어진 전국 시대 내내 칼과 조총으로 싸우지 않았던가? 그 뒤 제법 안정되었던 에도 시대에도 암투는 계속되었고, 지방은 여러 번藩, 봉건 영주가 다스리는 넓은 땅으로 나뉘어 서로를 견제하고 불신하는 상황이 이어졌다.

사실 일본인들이 한민족을 유독 '당쟁하는 민족'이라 생각한 것은 같은 민족끼리 싸우는 일이 우리나라에서만 유난했기 때문은 아니었다. 그것은 어느 민족, 어느 나라나 마찬가지니까. 그보다는 오히려 그 다툼이 군주에게까지 영향을 미친다는 점에 놀랐기 때문이었다. 일본인들은 아무리 치열하게 싸우더라도 천황의 권위를 넘보지는 않는다. 적어도 겉으로는 천황을 거역하거나 해치는 일은 결코 있을 수가 없었다. 마찬가지로 다이묘大名, 일본의 봉건 영주이자 최고 무사 계급끼리는 싸울 수 있지만, 다이묘의 가신들인 사무라이가 주군과 싸우는 일도 있을 수가 없었다.

그런데 조선에서는 당쟁의 틈바구니에서 인조반정처럼 왕이 내쫓기기도 하고, 일개 당파가 임금의 권위를 불신하거나 심지어 위협하는 경우도 많지 않은가? 가령 효종부터 숙종 대까지 이어지는 노론 무리, 또는 세도 정치 시대의 안동 김씨 세력을 생각해 보라. 세상에 이럴 수가! 이것은 한국인이니까 가능한 야만스러운 짓이며, 한국인은 정말 당쟁에 미쳐서 아무것도 보이지 않는가 보다고 일본인들은 생각했던 것이다.

그러나 군주에게 맹목적인 충성을 강요하고, 군주를 무슨 신과 같이 여기는 성향은 일본이 독특한 것이지 결코 세계사에서 일반적인 일은 아니었다. 조선과 중국의 통치 이념인 유교에는 분명히 군주의 전제 권력을 비판하고 견제하는 논리가 들어 있다. 서양에서도 신하들과 민중의 권리를 내세워 왕의 권한을 제한하는 '마그나 카르타' 같은 협약을 만들기도 했고, 때로는 아예 혁명을 일으켜 왕을 죽이기도 했다. 결론적으로 '당쟁 민족설'은 다시 생각해볼 가치조차 없다.

그렇다고 조선의 당쟁과 근대 민주주의 체제의 정당 정치를 똑같다고 보는 생각도 지나치다. 근대 정당 정치는 그야말로 정책을 놓고 '쟁점'이 생기면서 정당이 충돌한다. 세금을 더 걷을 것인가, 줄일 것인가? 무상급식을 할 것인가, 말 것인가? 그렇게 서로 다른 쟁점이 정당의 충돌로 이어지는 것이다.

하지만 당쟁은 가끔 특정한 쟁점 때문에 불거지기도 하지만, 기본으로는 개인의 알력과 불화에서 출발한다. 그리고 쟁점 때문에 정당이 나뉘는 것이 아니라, 친인척 관계나 사제 관계라는 끈 때문에 동인이나 서인, 노론이나 소론 들로 나누어졌다.

물론 사상에 어느 정도 차이점은 있었다. 가령 이황과 조식의 문인들이 중심이 된 동인은 군주의 권위를 더 인정하려 했고, 이이와 성혼의 문인들이 중심이 된 서인은 신하의 자율성을 더 인정하려 했다. 앞서 이이와 이황의 사상을 소개할 때, 이황은 군주가 솔선

수범하면 저절로 바른 정치가 이루어진다고 여겼지만 이이는 좋은 군주에게는 좋은 신하가 필요하며, 만약 좋은 군주를 얻을 수 없다면 좋은 신하라도 있어야 한다 주장했다고 설명했다. 그런 경향이 제자들에게도 계승된 것이다. 또 정책에서도 서인은 신분제 개혁에, 동인은 토지 개혁에 더 적극적인 성향을 띠었다.

하지만 전체로 보면 당파들 사이에 뚜렷한 차이점이 없었다. 그저 친분과 인연으로 뭉친 집단끼리 서로 "우리야말로 군자의 당이며, 저쪽은 소인의 당!" 하면서 자신들이 정권을 잡아야 올바른 정치를 할 수 있다고 주장했을 뿐이다. 그래서 자기 스스로 어느 당에 속했다는 태도를 보이지 않는데도 누구누구의 제자나 친족이라는 이유로 OO당파라 인식되는 경우도 많았다.

가령 이순신은 당파 싸움에서 멀리 떨어져 있는 무신이었고, 스스로 어느 당파에 가담해 활동한 일도 없었지만, 유성룡의 후원을 받았다는 이유만으로 동인으로 여겨졌다. 결국 조선 후기가 되면 결혼도 자기 당파 안에서만 하고, 당파가 다르면 말조차 붙이지 않는 지경에까지 이르게 된다.

이렇게 보면 우리 조상들이 벌인 당쟁이 참으로 원시적이고 대책 없는 권력 싸움일 뿐이라는 생각에 부끄러울 수도 있겠다. 하지만 꼭 그럴 필요는 없다. 정책을 놓고 갈라진 근대 정당이라는 것도 원래 처음에는 어떤 이익을 둘러싸고 이루어진 것이기 때문이다.

가령 영국 정당은 군왕 주변에서 여러 혜택을 받았던 '왕당파'와, 그런 혜택에서 소외되어 있던 '개혁파'의 대립에서 비롯되었다. 미국 정당도 공업이 발달한 북부와 농업이 발달한 남부의 서로 상반되는 이해관계 때문에 성립된 것이다. 이들 정당은 서로 자신들에게 유리한 쪽으로 국가 정책을 이끌기 위해 대립하고, 경쟁했다. 그러다가 분파의 이해관계를 넘어서 전 국민의 이익을 표방하는 '국민 정당'으로 거듭난 것은 겨우 19세기 말이나 되어서였다. 그런 점에서 처음부터 "나라와 백성을 위하여!"를 외치며 분파의 이익을 초월했던 조선의 당파는 어떤 점에서는 더 '선진'이었다고도 할 수 있다.

세대 간 마찰이 동서의 분열로

이제는 선조 시대가 시작되면서 한마음으로 의기투합했던 선비들이 여러 당파로 갈라지게 된 경위를 살펴보자. 처음에는 이른바 '노인당과 젊은이당의 대립'이 불거져 나왔다.

여기서 노인과 젊은이의 대립이란, 오래 묵은 훈척 정치 시대를 어떻게 청산할 것이냐를 놓고 나이가 많은 신하들과 젊은 신하들 사이에 생긴 논쟁과 대립을 뜻한다. 경연 자리에서 "윤원형이 그렇게 악행을 일삼을 때 왜 바른말을 하는 사람이 하나도 없었던 말인가?"라는 말이 나와 파문이 일었다는 이야기에서도 이미 그 싹이 보인다.

"늙은이들이 참 가소로워. 윤원형이 권력을 휘두를 때는 아무

소리도 못 했으면서! 이제 와서 자기네들도 선비입네, 새로운 정치에 힘을 보태네 하고 있으니."

"누가 아니라나? 지난 정권에서 당상관 이상의 벼슬을 한 자들은 모조리 쓸어 내 버려야 해!"

"당하관이었다고 그 죄가 어디 가겠나? 이미 세상을 떠난 지 오래인 남곤, 심정, 윤원형, 이런 인간들만 죄를 주면 뭐하나? 지금 살아 있는 폭정의 끄나풀들에게 철퇴를 내려야지!"

이렇게 과격한 주장을 일삼는 젊은이들은 자기들끼리 몰려다니며 나이 든 선배들을 비판하는 데 갈수록 열을 올렸다. 이를 보는 나이 든 관료들의 심정이 편할 리가 없었다.

"도대체가! 자기들이 그 암울한 시대를 겪어 보고서 하는 말인가? 그래도 우리가 끝까지 견디며 정의의 숨결이 끊기지 않도록 버텼으니 망정이지 우리가 간도 쓸개도 내버렸으면? 아직도 윤원형이, 아니, 제2의 윤원형이 활개치고 있을걸?"

"머리에 피도 안 마른 것들이 입만 산 게지요! 임금은 외면하고 대비는 으르렁거리는 판에 신하들이 누굴 믿고 움직였어야 한다는 건지. 저 사육신은 정의롭지 못해서 정변 세력이 주는 벼슬을 일단은 받았다고 한답니까?"

"뭔가 조치를 취해야 해요! 이러다가는 간신히 이루어진 선비 정권이 안에서부터 무너질 판입니다!"

그리하여 영의정 이준경이 나서서 이른바 젊은이당의 '경거망동'을 단속하기 시작했는데, 그 와중에 엉뚱한 데로 불똥이 튀었다. 바로 이황과 기대승이었다.

사실 과격한 젊은이들은 자신들의 정신적인 우상으로 두 사람을, 그중에서도 특히 이황을 내세우고 있었다. 이황이 다른 노유학자들에 비해 무엇보다 화합을 강조했다는 점, 이황 스스로도 잠시나마 윤원형 정권 때 벼슬살이를 했으니 오히려 젊은이들의 배척 대상이 되는 것이 더 타당하다는 점은 전혀 고려되지 않았다. 젊은이들은 학처럼 고고하게 앉아 욕심을 버리고 도덕을 받들 것을 권하는 이황에게 매료되었으며, '그에 비하면 저 거드름이나 피는 늙은이들은……' 하고 생각했던 것이다.

이준경은 분명 선비가 중심이 되는 정치를 염원한 사람이었다. 그래서 선조를 도와 훈척 정치 시대를 청산하려 애썼고, 초야에 묻힌 선비들에게 문호를 개방해 적극으로 끌어들였으며, 조광조 같은 사화 희생자들의 복권도 앞장서 추진했다. 하지만 그와 동시에 조광조 무리의 지나치게 과격한 행동이 선비들의 화를 불렀다는 생각도 갖고 있었다. 그래서 당시 젊은이들의 격한 태도에 매우 분개했으며, 그 배후로 의심되는 이황과 기대승까지 불신했다. 이준경은 사석에서 이황을 "산속에서 깍깍 지저귈 줄이나 아는 잡새"라고까지 불렀다고 한다.

이황은 이렇게 분란이 빚어지자 조용히 짐을 꾸려서 선조가 말리는데도 다시 시골로 내려갔다. 그리고 기대승에게도 그렇게 하도록 권했다. 하지만 괄괄한 기질의 기대승은 물러서지 않았고, 마침내 김개라고 하는 사람과 정면으로 충돌하였다.

김개는 명종 말년에 윤원형을 두둔하는 말을 했다고 해서 젊은 이들에게 배척받고 있었다. 그런데도 '내가 대체 뭘 그렇게 큰 잘못을 했다는 것이냐!' 하는 분한 생각에 젊은 선비들과 그 뒤에 있다고 여겨지는 이황, 기대승을 증오하고 있었다.

그래서 선조 2년(1569) 김개는 조광조를 비판하면서 은근히 "깨끗한 척하는 오늘날의 위선자들"을 들먹이며 이황과 그 둘레 사람들을 공격한다. 기대승은 격분하여 "이는 퇴계 선생과 나, 그리고 박순, 윤근수, 윤두수 들을 해치려는 음모!"라고 소리쳤다. 그래서 한동안 조정은 벌집 쑤신 듯 시끄러웠는데, 나이 많은 대신들은 "기대승이란 자가 평소에 정승들을 업신여기는 말을 많이 했다" 하면서 김개를 편드는 사람이 적지 않았다.

이 사건은 일단 김개가 벼슬을 잃고 내쫓김으로써 기대승과 젊은이당의 승리로 돌아가는 듯 보였다. 하지만 불씨는 꺼지지 않았고, 물밑에서 대립과 다툼은 계속 이어졌다. 결국 2년 뒤인 1571년에는 이준경이, 다시 1년 뒤인 1572년에는 기대승이 벼슬을 그만두었다. 기대승은 그해에 고향으로 내려가다가 도중에 숨을 거두었고, 이듬해에는 이준경이 죽었다. 이로써 선조 초기의 '노인당 대 젊은이당' 대결은 일단 마무리된 셈이었다.

하지만 이 분란은 모처럼 온 나라 사람들의 뜻을 모아 새롭게 이루어진 개혁 정권도, 자칫하면 내부 알력으로 무너질 위험이 있다는 것을 여실히 드러내고 말았다. 당사자 가운데 하나라고 할 수 있던 이준경도 죽음의 자리에서 이를 안타깝게 여겼다. 그래서 상소를 올려 선조에게 경고를 한다.

"요즘 사람들은 딱히 잘못한 점이 없고 법에 어긋난 일이 없더라도 자기와 한마디만 서로 맞지 않으면 배척하고 용납하지 않습니다. 수양과 독서에는 힘쓰지 않으면서 그럴듯한 소리나 늘어놓고, 겉멋을 부리는 일을 훌륭하게 여기며 그런 사람들끼리 무리를 짓고 있습니다. 군자는 함께 어울려도 괜찮겠습니다만, 소인이 무리 짓는 일은 경계해야 옳습니다. 이 일을 전하께서 공평하게 듣고 보시며, 이런 폐단을 제거하는 데 힘쓰셔야 합니다." 《조선왕조실록》 선조 5년, 7월 7일

이를 두고 이른바 '당쟁'의 조짐을 경계한 첫 번째 목소리라고 한다. 그러나 군자는 함께 어울려도 괜찮다는 말은 "우리야말로 군자의 당이며, 너희 당은 소인배의 당이다!" 하면서 서로 배척할 논리를 포함하고 있었다. 그래도 노인과 젊은이의 대립은 지난 정권의 청산이라는 의의나마 가지고 있었지만, 의의는커녕 아예 이를 뛰어넘어 거의 모든 선비들이 편을 갈라 서로 욕하고 해치려 드는 본격적인 당쟁의 시대가 코앞에 다가와 있었다.

"자네, 김효원이라고 아는가?"
"음, 김효원? 잘 알지. 요즘 잘나간다는 젊은이 아닌가? 젊은 나이에 학식과 문장이 대단하다던데."

"흥, 잘나가기는! 그자가 과거에 급제하기 전에 무슨 짓을 하고 다녔는지도 아는가?"

"응? 그건 모르는 일인데? 무슨 짓을 하고 다녔단 말인가?"

"저 윤원형의 식객이었네! 윤원형 집에서 먹고 자며 글방 선생 노릇 하던 자야!"

"뭐라고? 어찌 그런 일이! 생김새는 멀쩡한 사람이 참. 그래서, 당시 무슨 악행에 가담한 일이라도 있나?"

"그건…… 당시야, 아직 과거도 보지 않은 애송이였으니, 뭐. 아무튼 보이지 않는 데에서 무슨 짓을 했는지는 모르는 일이고! 윤원형이 집에 드나들었다는 것만 봐도 알 만하지 않나?"

"그거야 그렇지. 요즘처럼 더러운 역사를 청산하려는 기운이 높은 터에……."

"자네도 그렇게 여기지? 좋네. 이 말을 다른 이들에게도 널리 퍼뜨려 주게나!"

이처럼 김효원의 험담을 하고 다니던 사람은 심의겸이었다. 일찍이 갓 입궐한 선조가 쓸쓸함을 달래려고 유모를 입궐시키려 할 때 맹렬히 반대했던 사람이자, 윤두수와 함께 "윤원형이 날뛸 때 왜 아무도 바른말을 하는 사람이 없었단 말입니까!" 하고 분개했던 사람이기도 했다.

심의겸은 위선적인 사람은 아니었으나, 성미가 급하고 남의 허물을 쉽게 보아 넘기지 못했다. 그러나 다른 문제라면 몰라도 윤원형 시절에 뛰어난 절개를 보이지 않았다고 개탄하는 일은 어울리지 않았다. 심의겸 역시 윤원형이 자리를 지킬 때 벼슬자리에 있었으며, 특히 의정부 사인이라는 직책을 맡아 한동안 윤원형의 비서 비슷한 일까지 했기 때문이다. 게다가 심의겸의 신상에는 한 가지 약점이 있었다. 다음 대화를 살펴보자.

"요즘 김효원 자네 관운이 막혔나 보네. 이번 인사이동 때도 자네 이름은 없더군! 과거에 급제할 무렵만 해도 세상에 보기 드문 인재라는 평판이 자자했는데 말일세."

"누가 아니래나. 무엇보다 내가 덕이 없어 그런 것이겠지. 내 뒷담화를 일삼는 사람이 있어서 더 그런 건지도 모르겠네만."

"심의겸, 그 인간 말이로군! 생각하면 내가 다 기가 막히고, 분통이 터지네그려. 그래, 자기는 얼마나 깨끗하길래 자네를 물고 늘어진단 말인가? 그자는 외척 아닌가? 응?"

"그렇지. 명종 임금의 왕후이신 인순왕후 마마의 친동생이니 말일세."

"제대로 하려면 저 심통원이가 내쳐질 때 함께 쫓겨났어야 할 인간이, 별 되도 않는 이유를 들어 자네 같은 인재를 매장하려 하다니. 이대로 참을 수는 없네! 홍문관에 있는 우리 친구들을 모아서……."

"아서, 아서게나! 그 사람 주변에 힘 있는 이들이 적지 않으니, 지금 맞서면 다치는 건 우리뿐일세. 좀 더 시간을 두고 보세나."

그랬다. 심의겸은 "명종 임금의 왕후이신 인순왕후 마마의 친동생", 곧 외척이었다. 그리고 자신이 외척의 일원이라는 점을 일종의 자격지심으로 여기고 있었다. 그래서 더더욱 남의 잘못을 꼬집고, 정치를 원칙대로 해야 한다며 과격하게 행동했던 것인지도 모른다. 하지만 어느 시대나 과격함은 그만한 반작용을 부르기 마련이다. 게다가 이때는 노소의 대립을 가져왔던, 이른바 때 묻은 원로대신들이 거의 죽거나 은퇴하고 없었다. 따라서 더 이상 제거하고 청산할 '구악의 잔당'이 없는 상황에서는 공격의 화살이 서로에게 돌려질 수밖에 없었다.

원한을 삭이고 있던 김효원은 선조 8년(1575)에 마침내 '복수'할 기회를 잡았다. 그때 김효원은 '이조전랑'이라는 벼슬에 있었는데, 품계가 높지는 않았으나 정부의 인사권을 쥐고 있는 중요한 직책이었다. 그런데 자신의 후임으로 심의겸의 동생인 심충겸이 거론되자, "이조전랑이라는 막중한 자리를 외척에게 준다는 일은 천부당만부당합니다!" 하며 강력히 반대하고 나선 것이다. 심충겸도 왕년의 김효원처럼 당당히 장원 급제를 한 장래가 촉망되는 인재였다. 하지만 이렇게 김효원에게 한번 '밟히고' 나서는, 십여 년 동안 하급직을 전전하며 제 뜻을 펼치지 못하게 된다. 이로써 심의겸과 김효원은 확실히 원수가 되었다.

두 사람만의 대립이었다면 별 문제가 아닐 수도 있었겠다. 하지만 조정이 '심의겸 편'과 '김효원 편'으로 갈리면서 서로 개 닭 보듯이 하는 추세가 날이 갈수록 심해졌다. 이때 심의겸이 한양의 서쪽 동네인 정릉방에 산다 하여 그를 따르는 무리를 '서인'이라 하고, 김효원은 반대로 동쪽 건천동에 산다 하여 그 무리를 '동인'이라 불렀다. 바로 거기에서 동인과 서인이라는 당파의 이름이 비롯되었다는 이야기는 유명하다.

심의겸도 본래 이황에게 학문을 배운 적이 있었기 때문에, 처음에는 학맥에 따른 동인과 서인의 구분이 뚜렷하지 않았다. 그저 심의겸과 김효원의 친인척, 동기, 동향 사람들로 분당이 이루어져 있었다. 그러나 시간이 갈수록 동인은 주로 이황과 조식의 학맥을 이은 사람들이 중심이 되었고, 서인은 이이, 성혼에게서 내려가는 학맥을 주로 이어받았다.

"나는 이이의 당이다!"

율곡 이이는 자신이 서인의 우두머리처럼 여겨지는 상황이 당황스럽고 안타까울 뿐이었다. 이이 자신이야말로 누구보다도 붕당의 위험성을 경계하고, 동서 분당을 막기 위해 사방으로 뛰어다녔던 사람이기 때문이다.

그러나 선조 12년(1579) 5월, 동서 분당 사태를 막아야 한다며 이이가 올린 상소가 문제가 되었다. 상소에서 "요즘은 동인이 우세하여 서인을 압박하고 좋은 직책을 독점하고 있습니다. 분당을 없애시려면 동인과 서인이 직책을 골고루 가지도록 배려하는 것부터 시작해야 합니다'라고 말한 것이 결국 서인 편을 든 게 아니냐는 비판이 나왔다. 그 상소의 앞부분에는 "과거에는 서인이 우세하여 동인을 괴롭혔는데, 그것은 명백한 잘못입니다"라는 말이 분명히 있음에도, 당파 의식에 찌든 눈으로는 율곡이 서인만을 위하는 것으로 읽힌 것이다.

또 선조 14년(1581)에 동인인 정인홍의 탄핵에 따라 심의겸과 김효원 중 서인인 심의겸만을 파직하려는 논의에 이이도 동참했다. 김효원도 함께 파직해야 형평성이 맞다고 따지기에 앞서, 당쟁의 불씨를 먼저 일으킨 쪽인 심의겸을 처벌하는 게 더 옳다고 보았기 때문이다. 그러나 동인 쪽에서 이 기회에 정철을 비롯한 서인의 대표 인물들까지 함께 탄핵하려 들자 그것은 반대했다. 그러자 앞서 심의겸 파직에 동참한 것은 빠지고, 이 문제만 두고 "이이는 역시 서인이다"라는 평가가 나오고 말았다.

선조는 애써 이뤄 놓은 선비들의 조정이 두 조각으로 갈라지는 꼴을 보며 참담할 뿐이었다. 선조 8년(1575) 10월에는 논란의 불씨를 제공한 김효원과 심의겸을 각각 부령 부사와 개성 유수로 보내 한양에서도, 서로에게서도 멀리 떨어져 있게 하였다. 그렇게 함으로써 당쟁의 불을 꺼 보려 했지만, 사태는 이미 걷잡을 수 없었다.

'입이 닳도록 당파를 짓지 마라, 당파를 짓는 자들은 나의 신하가 아니라고 간주하겠다! 그렇게 경고도 하고, 질책도 하고, 심지어 호소도 해 보았건만 하나도 소용이 없구나. 저들은 이미 당파 싸움에 눈이 어두워 내가 임금으로 보이지도 않는가 보다. 그건 차라리 괜찮다. 하지만 저들은 나라도, 백성도 안중에 없지 않은가! 아, 훈척 정치의 먹구름을 아침 햇살처럼 녹이며, 진정 아름다운 정치를 이룩하려던 처음 마음은 다 어디로 갔는가?'

선조는 즉위 초에 큰 어른처럼 조정에 버티고 앉아 전체 신하 집단을 이끌었던 이준경 같은 사람이 그리웠다.

'아니, 차라리 한명회나 윤원형 같은 자라도, 조정이 이리저리 갈래갈래 찢어지지 않게 질서를 잡아 줄 힘만 있다면 괜찮지 않을까? 너무 지나친 생각일까?'

하지만 지금의 조정은 영의정이고 대사헌이고 없고, 그저 동인 쪽이냐 서인 쪽이냐는 구분만 있을 뿐이었다. 심지어 영의정에 아무리 나이가 많고 학식이 뛰어난 사람이 올라도 상대 당파에서는 소인배에 지나지 않다면서 무시하고 비난만 일삼는 상황이었다.

'이 땅에서 가장 깨끗하고 맑은 사람들이 선비라고 했으면서, 그 선비들로 조정을 채우니 어째서 이렇게 되는가? 아니, 너무 깨끗한 게 문제였던 걸까?'

그랬을지 모른다. 선을 사랑하고 악을 미워하는 마음이 너무 강하다 보니, 현실을 현실로 보는 융통성이 없어졌을지도. 그래서 남의 사소한 잘못을 너그럽게 보아 넘기는 관용이 부족해져서 한번 그릇되다고 여긴 상대에게는 가차 없어졌는지도 모른다. 그것이 당하는 입장이 되면 '나는 깨끗하고 순수하다고 자부하건만, 왜 이런 어처구니없는 모욕을 당해야 하지? 소인은 군자의 적이라는데,

그렇다면 나를 음해하는 저들이야말로 극악무도한 소인배가 아닐까?' 하는 생각이 들어 역시 조금의 양보도 없는 반격을 하게 되는 것이다. 그렇게 오고 가는 공방은 점점 치열해져 결국 서로에게 상처와 원한을 남기고 말았다.

날이 갈수록 더해지는 당파 싸움은 가장 중립적이어야 할 역사마저 편향되게 만들었다. 《조선왕조실록》에서 선조 시대를 다룬 부분은 두 번 써졌다. 하나는 《선조실록》으로, 이는 광해군 시절 동인에게서 갈라져 나온 북인이 정권을 잡았을 때 쓴 것이다. 그래서 동서 분당의 책임을 기술할 때 서인이 더 문제였던 투로 썼다. 그뿐 아니라 등장하는 사람들을 논평하면서 서인은 부정적으로, 동인은 긍정적으로 써 놓았다. 다음 예를 살펴 보자.

> 백유양(동인): 경연에 출입하면서 보이는 태도가 의젓했으니, 비록 배포는 큰 편이 아니지만 청렴강직한 사람이었다.
> 이산보(서인): 말은 그럴듯하지만 마음은 실로 음험하고 편파적이어서 자기 당파가 있는 줄만 알고 임금이 있는 것은 모른다. 임금 앞에서 천연덕스레 거짓을 아뢰니, 이런 짓을 하는 자가 무슨 짓인들 못 하겠는가. 《조선왕조실록》 선조 18년, 4월 16일

그러나 인조반정으로 서인이 정권을 잡은 뒤에는 《선조실록》이 너무 편향되었고 전쟁 통에 자료도 많이 빠졌다 하여 새로 《선조수정실록》을 만들게 된다. 여기서는 반대로 서인을 높이고 동인을 낮

추는 경우가 많았다.

> 백유양: 반역자 정여립과 교제하면서 조금이라도 그의 눈에 들기 위해 자기 아들을 정여립의 조카사위로 삼기까지 했다. 집안에서 정여립 가문이 비천함을 들어 혼인을 꺼려 했으나, 가문이 무슨 소용이냐면서 힘이 있는 자와 잘 사귀어야 한다는 식이었다.
>
> 이산보: 김우옹(동인)이 경연에서 이이의 행적을 비방하자 이산보가 승지로서 옆에 있다가 이이의 고매한 행실을 적절하게 칭송하니, 임금께서 무릎을 치면서 경탄하셨다. 김우옹이 거짓으로 아뢸 적마다 임금께서 곧장 산보에게 "이 말이 어떠한가?" 하고 물으면 산보가 낱낱이 반박하니 김우옹이 부끄러움을 못 이겨 사직하였다. 《선조수정실록》 선조 18년, 4월 1일

당쟁을 무마해 보려는 노력이 수포로 돌아가고, 갈수록 동인이고 서인이고 할 것 없이 모든 신하들이 자신의 말을 듣지 않음을 알면서, 선조의 시선은 한 사람에게 집중되었다. 바로 이이였다. 앞서 보았듯 선조와 이이는 처음에는 서로를 이해하지 못했고 불편해했다. 그러나 분당이 점점 심해지는 상황에서 주위를 둘러보니 어느새 두 사람만이 진심으로 당쟁을 막기 위해 온 힘을 기울이고 있었다.

또한 이런저런 개혁 정책들, 백성의 세금을 가볍게 해 주는 개혁

이나 물가 조절을 위해 경제 기구를 개편하는 개혁, 서자들에게도 과거를 볼 수 있도록 문을 열어 주는 개혁, 국방력을 늘리기 위한 군제 개혁 같은 것들이 모조리 당쟁의 소용돌이에 부딪쳐 "서인 녀석들이 내세우는 정책을 우리가 찬성할 수는 없지!", "동인 놈들이 저런 개혁 주장을 하는 걸 보면 뭔가 꿍꿍이가 있을 거야!" 하는 식으로 좌초를 거듭하며 흐지부지 무너지자, 처음부터 한결같이 빠르고 근본적인 개혁을 주장해 온 이이의 가치가 새롭게 눈에 들어오는 선조였다.

그래서 선조는 재위 14년(1581) 무렵부터는 이이를 전폭적으로 신임한다. 그리고 당쟁을 해소하려는 이이의 노력을 서인만을 위한 '꼼수'로 곡해하는 동인들을 달래고, 때로는 꾸짖기도 하며 이이를 두둔해 주었다. 이이도 우유부단하다고 여겨 왔던 선조의 참모습을 발견하고 충심으로 간언을 올렸다.

"우리 조선이 세워진 지 이제 200여 년입니다. 바야흐로 왕조 중엽이 되어 쇠퇴가 시작되는 시기이니, 지금 나라를 새로이 세울 각오로 폐단을 없애지 못하면 천명이 이어지기 힘들 것입니다.

생각해 보면, 옛날 임금들을 두루 살펴보더라도 전하와 같은 임금은 매우 드뭅니다. 전하께서는 욕심이 적으시고, 심신을 맑게 수양하시며, 백성을 사랑하시고, 선비에게 겸손하시니 진정 큰일을 하실 수 있는 임금이십니다. 그러므로 오늘날

분발하여 개혁을 추진하셔야 하며, 추진이 늦어진다면 큰 위험이 닥칠 수 있을 것입니다.

……세상 사람들이 새로운 일을 추진하는 것을 두고 일을 벌이기 좋아한다거나, 예전 관습을 따르는 것이 더 편하다고 합니다만, 소신은 공연히 세상을 시끄럽게 하려고 이러는 것이 아닙니다. 다만 오래 쌓인 폐단과 고질적인 문제를 바로잡지 않으면 안 되기 때문입니다. 만약 사람들 말처럼 편한 대로 그냥 내버려 둔다면 한 가지 폐단도 고치지 않은 채 앉아서 망하기를 기다릴 따름이니, 어찌 이 나라를 보존할 수 있겠습니까? 바라건대 전하께서는 전하의 시대에 비상한 대업을 이룩하겠다는 뜻을 가지소서. 그래서 점차로 바른 정치를 이루셔서, 선비들의 존경을 잃지 마시고 가엾은 백성들을 구제하소서!"《조선왕조실록》선조 14년, 7월

이런 개혁 과제 중에는 국방 개혁도 있었다. 선조는 재위 16년(1583) 1월에 당시 병조 판서였던 이이를 불러 이렇게 말한다.

"우리 조선의 국방력은 사실 고려 때보다 못하오. 오랫동안 평화를 누린 나머지 국방 정책도 현실에서 벗어나 버렸으며, 군 기강 또한 해이해진 지 오래요. 과인은 종종 그 생각이 날 때마다 남몰래 걱정하였으며, 이 일을 바로잡을 적당한 인재를 얻지 못해 한탄하였소.

경은 개혁과 변혁을 끊임없이 주장해 왔는데, 그것은 경이 평소 마음에 개혁의 뜻을 소중히 품고 있었기 때문이오. 이제 경이 참으로 기발한 계책을 세워 지금까지의 악습을 모조리 깨 버리고, 올바른 군대 양성의 계획을 세운다면 국가의 큰 다행이 아니겠소?

《서경》에 '군사 행정을 잘해야 한다'라고 하였고, 유자도 '나라의 큰일은 제사와 군대이다'라고 하였소. 순자 또한 '군대가 크게 정리되면 천하를 제어할 수 있고, 작게 정리되면 가까운 적을 다스릴 수 있다'고 하였소. 군대 문제야말로 나라를 다스리는 자가 절대로 소홀히 할 수 없는 것이니, 경은 그 점을 노력해 주시오. 또 경이 지금 병이 심하다 들었소. 하지만 병을 조리하면서라도 일은 볼 수가 있는 것이니, 부디 사직은 하지 말아 주시오." 《조선왕조실록》 선조 16년, 1월 22일

흔히 이이가 임진왜란을 예측해서 병력 10만 명을 양성해야 한다는 '10만 양병설'을 제창했다고 전해진다. 하지만 아무도 받아들이는 사람이 없었고, 나중에 가서야 그때 이이의 말을 들을 걸 그랬다고 후회했다는 이야기가 한동안 상식처럼 퍼져 있었다. 요즘에는 10만 양병설의 문헌 근거가 적다는 이유로 이 이야기를 허구라고 치는 시각이 많은데, 구체적으로 10만이라는 숫자를 내놓지는 않았을지 몰라도 이이가 병조 판서를 맡아서 근본적인 국방 개혁과 대규모 양병을 추진한 점은 이처럼 뚜렷한 사실이다. 그리

고 그 주장은 선조의 전폭적인 지지와 신임에 따른 것이었지, 결코 이이 홀로 외롭게 광야에서 외치는 소리는 아니었다.

그러나 이처럼 대담한 개혁이 '서인의 우두머리'로 여겨지는 이이를 중심으로 추진되고 있다는 조짐은 동인을 초긴장 상태로 몰아갔다. 그들은 일치단결하여 '이이 죽이기'에 나섰고, 이이를 공격하는 상소가 줄을 이었다.

"지금의 이 분란을 일으킨 장본인이 누구입니까? 심의겸입니다! 그런데 심의겸은 성혼과 친하며, 성혼은 또 이이와 친합니다. 이들이 모두 한통속이며, 맑은 선비들을 모함하고 주상 전하를 잘못된 길로 이끌어 가고 있음은 하늘이 알고 땅이 아는 사실입니다!"

이렇듯 과격한 상소가 줄을 잇자 선조는 그들 중에서 특히 도가 지나친 말과 글을 일삼은 박근원, 송응개, 허봉을 귀양 보내는 것으로 불길을 잡으려 했다. 하지만 오히려 역효과였다.

"이이가 대체 뭐길래 정당한 비판조차 허용되지 않는 것입니까? 선비는 목에 칼이 들어와도 옳다고 생각하는 말을 해야 마땅하며, 올바른 임금은 선비의 말을 막아서는 안 됩니다. 전하께서는 한 사람의 손에 조정의 권한을 송두리째 쥐어 주고는, 선비를 탄압하고 박해했던 훈척 정치의 폐단을 재현하시려는 것입니까?"

동인이 일제히 들고일어나서 세 사람의 귀양은 부당하다고 항의했다. 멀리 떨어진 지방에서도 잘못이라는 과격한 상소가 올라왔고, 다시 서인 쪽에서도 맞서서 과격한 주장을 하였다. 심지어 학업에 정진해야 할 성균관에서조차 유생들끼리 동인과 서인으로 편을 갈라 서로 욕하고 주먹까지 휘두르는 판이었다.

이대로는 조정이 돌이킬 수 없을 만큼 갈라질 것이며, 자칫하면 선비들 다수가 임금에 대한 믿음을 잃어버릴지도 모른다는 생각에 이이는 사직하겠다고 여러 차례 선조에게 말했다. 선조는 이를 말리는 한편 이이를 성토하는 동인들과 정면으로 맞섰다.

"참으로 답답하오. 전에 이이의 학식이 뛰어나고 사람됨이 올바르다며 칭찬을 아끼지 않던 경들이 아니오? 그런데 몇 해 만에 말이 이리도 달라질 수 있단 말이오?"

"그때는 그 간사함을 미처 알아보지 못했습니다. 그리고 이이 한 사람이야 큰 문제가 아니더라도, 이이와 성혼이 당을 만들어 밤낮으로 음모를 꾸미며 바른 선비들을 해치려 하니 저희가 말씀드리지 않을 수가 없습니다!"

"이이와 성혼이 당을 만들었다? 그렇게 말하는 경들은 만들지 않았고? 좋소. 나도 이제부터 이이, 성혼의 당이오. 그들을 끝내 해치고 싶다면 과인 역시 해치도록 하시오!"

선조는 이렇게 폭탄 발언까지 던졌다. 실로 입이 딱 벌어질 만큼 올곧은 임금의 이이 신임에 동인들도 한동안 말을 잇지 못했다. 그러나 이런 발언도 임금조차 못 믿겠다는 동인 내부의 일부 극단론자들에게는 전혀 먹히지 않았다. 결국 이이가 눈물을 흘리며 선조 앞에 엎드렸다.

"선비는 자신을 알아주는 사람을 위해 죽는다고 했습니다. 전하께서 이토록 저를 믿어 주시니 이제 죽어도 여한이 없사옵니다. 부디 저의 사직을 허락해 주소서!"

결국 어쩔 수 없다고 여긴 선조는 이이를 병조 판서 직에서 해임했다. 어쩌면 평화에 찌들어 나약할 대로 나약해진 조선의 국방력을 다시 추슬러 강국으로 거듭나게 하고, 임진왜란을 맞아 최선의 방어책이 마련될 수도 있었을 기회는 이렇게 물거품이 되었다.

그래도 선조는 이이와 그의 개혁 정책을 완전히 포기한 것은 아니었다. 동인 쪽의 터질 듯한 불만이 사그라지는 낌새를 보고, 이번에는 이이를 이조 판서로 임명했다. 이이와 선조는 인사 문제를 논의하는 명목으로 종종 마주하며, 개혁을 어떻게 계속해 나갈 것인가를 몇 시간이고 토론했다.

그러나…… 선조 17년(1584) 1월 16일, 이이가 죽었다.

실록은 이날 이후 선조가 "누워도 자리가 편치 않고, 뜬눈으로 밤을 새웠다"고 적고 있다. 선조가 즉위한 뒤 그를 도와 나라를 새롭게 바꿔 갈 수 있으리라 여겼던 큰 선비들, 퇴계 이황, 고봉 기대승, 미암 유희춘, 그리고 이제 율곡 이이까지 모두 세상을 저버렸다. '이제 나는 누구와 무엇을 해야 할 것인가?' 하고 절로 한숨이 나오고, 앉으나 서나 근심이 떠나지 않는 선조였다.

그리고 본인은 싫든 좋든 서인의 우두머리로 여겨지던 이이가 죽자, 조정은 완전히 동인이 장악하게 되었다. 서인의 다른 주요 인물인 성혼, 박순, 정철 들은 모두 반강제로 사직하거나 거듭되는 탄핵 때문에 바늘방석에 앉은 것이나 마찬가지가 되었다. 이산해,

정여립 들은 본래 서인에 기울어 있었으나 이 기회에 동인으로 갈아탔다.

선조는 이런 상황이 결코 바람직하지 않다고 보았으나, 이이가 없는 상황에서는 어쩔 수 없다고 생각했다. 또한 이이는 분명 당파를 초월해서 옳은 일을 하려는 '진정성'이 있었지만, 다른 서인의 우두머리들은 오직 당파성으로만 생각하고 움직이는 것이 동인들과 비슷하다고도 여겼다. 따라서 선조는 이이에게 그랬듯 몸을 던져 그들을 보호해 줄 필요는 없다고 생각했다.

최초의 큰 실책, 그리고 비극

돌이켜 보면 이것은 선조의 실책이었다. 논란의 핵심이었던 이이가 없어진 이상, 동인들에게도 자제를 요청하고 서인들에게도 당파심을 억제하라고 강력히 주문할 수 있었다. 그렇게 함으로써 임금이 정국의 주도권을 쥐고 찢어질 대로 찢어진 선비 정권의 재단합을 추진할 기회이기도 했던 것이다.

그러나 이이를 잃은 고통이 너무나 컸던가? 선조는 동인의 거침없는 서인 핍박을 내버려 두었다. 그 결과, 절대 위기에 내몰린 서인 쪽에서 결정적인 반격을 준비하는 일을 막을 수 없었다. 물론 '지금은 일단 동인들이 바라는 대로 해 주고, 기회를 봐서 다시 서인들을 등용하여 균형을 맞추자'는 생각이 선조에게 있었는지도 모르지만, 사태는 그렇게 안이하게 볼 만한 국면을 이미 넘어서 있었다.

선조 22년(1589) 10월, 동인에게 눌려 죽기 직전이었던 서인의 기세가 단숨에 우세로 돌아설 사건이 마침내 터졌다. 바로 '정여립의 난'과, 이를 처리한 '기축옥사'였다.

1589년 10월 2일 황해도 관찰사 한준, 안악 군수 이축, 재령 군수 박충간, 신천 군수 한응인이 연명하여 비밀 상소를 올린다. 상소에 따르면 황해도 안악과 재령에서 역모가 발생했고, 전라도에서도 호응하려 했으며, 전라도 역모의 괴수는 다름 아닌 정여립이라는 것이었다. 《선조실록》에는 그 정도로 써 있으나, 좀 더 서인의 입장을 대변하는 《선조수정실록》에는 훨씬 자세히 적혀 있다.

이해 겨울 말에 정여립은 서남 지방에서 일시에 군사를 일으키기로 하였다. 먼저 한강에 얼음이 얼어 원군이 올라오지 못하는 때를 기다려 곧바로 한양을 침공한다. 그 뒤 무기고를 불태우고 식량 창고를 빼앗은 다음 도성 안에서 2차 병력이 내응하도록 한다. 그리고 자객을 보내어 대장 신립과 병조 판서를 먼저 죽이고, 임금의 어명을 사칭하여 각 도의 군사, 행정 담당관들을 죽이도록 계획하였다. 또 언관에게 청탁하여 전라 감사와 전주 부윤을 비판해서 파면시키고 그 틈을 타서 거사하기로 하였다. 《선조수정실록》 선조 22년, 10월 1일

그뿐 아니라 정여립이 단순한 역모가 아니라 황해도와 전라도에서 일종의 '신흥 종교 공동체' 같은 것을 만들어 운영하면서, 오랫동안 준비한 끝에 아예 조선을 뒤엎고 새로운 나라를 세워 왕이 되려 했다고도 길게 서술하였다.

이 정여립 난의 진실이 무엇인지는 역사학자들 사이에 논란이 많다. 반란은 아예 있지도 않았고, 서인들이 정여립을 이용해 동인들을 공격하려고 꾸며 낸 사건이었다는 해석도 있다. 최근에는 그런 해석이 많은 편이다. 반면 《선조수정실록》의 묘사에서 추정하여, 정여립은 단순한 반역을 시도한 게 아니라 성리학이 중심이 되는 국가 체제 자체를 뒤엎으려 했다고 보는 시각도 있다.

정여립은 자신의 뜻을 따르는 남녀 청년들을 '대동계'로 조직해서 글공부뿐만 아니라 무예와 기술도 익히게 하고, 신분을 따지지 않고 활동하게 했다. 따라서 정여립의 난이란, 남녀와 신분의 차별이 철폐된 이상향을 만들어서 조선을 전혀 새로운 나라로 탈바꿈시키려 했던 혁명이자 문화운동이라는 것이다. 이를테면 청나라 말에 일어난 '태평천국 운동'이나 조선 말 '동학 농민 운동'과 같은 것이었다고 보는 것이다.

자료가 몹시 부족하므로 지금 확실히 어느 쪽이 옳다고는 말하기 어렵다. 반란이 아예 없었으며 모든 것은 온전히 서인들의 음모였다고 보기도 무리고, 당시 좁은 조선 땅에서 그렇게 전혀 새로운 사상과 문화를 내세우는 대규모 운동이 '비밀'리에 그만큼 진행될 수 있었다는 것도 믿기 어렵다.

다만 한 가지 추측해 본다면, 정여립이 홍문관 수찬에 발탁된 뒤 선조를 만나서 한 다음 말을 유의해 보고 싶다.

"박순은 간사한 자들의 괴수이며, 이이는 나라를 그르친 소인배입니다. 성혼은 간사한 무리를 위해 상소를 올려 전하를 홀리려 했습니다. 호남은 박순의 고향이고 해서(황해도)는 이이가 살던 곳이니, 반역의 고장입니다. 그 지방 유생들의 상소는 모두 두 사람의 사주에 의한 것으로써 공론이라 할 수 없습니다."

이때가 4월이고, 그 뒤 "정여립이 율곡 이이가 죽기 전 절교했다지만, 오히려 그 직전에 이이를 격려하는 편지를 보냈다"는 서인 쪽의 지적과 동인 쪽 반박으로 조정이 시끄러워졌다. 결국 정여립은 벼슬을 그만두고 고향에 내려갔는데 그러다가 변이 터진 것이다. 여기서 주의해 볼 점은 정여립이 황해도와 전라도를 '반역의 고장'이라고 극언했다는 것과, 그 뒤 난이 터진 배경도 황해도와 전라도라는 점이다.

순전히 추정이지만, 이 일로 난이 있기까지 정여립을 따르는 세력과 황해도와 전라도 유생들 사이에 심각한 다툼이 일어난 것이 아닐까 싶다. '반역향'으로 낙인이 한번 찍히면 그 고장 유생은 과거 응시가 금지된다. 따라서 해서와 호남 유생들 입장에서는 정여립이 자신들의 목에 칼을 들이댄 것이나 마찬가지였을 것이다. 그래서 규모가 얼마나 되었는지는 모르지만, 정여립이 만들었다는 대동계 계원들과 유생들 사이에 어쩌면 피가 튀는 싸움까지 벌어지지 않았을까. 이 소란을 무마하는 과정에서 '정여립', '반역'이라는 말이 관청에 어지럽게 들어오고, 그러다 보니 어수선한 속에서 "정여립이 반역을 일으켰다!" 하는 이야기가 오해 반 곡해 반으로 성립된 것이 아닐까 싶은 것이다.

아무튼 확실한 것은 서인 쪽이 이를 동인의 압박을 물리치고 거꾸로 동인을 압박할 기회로 삼았다는 점이다. 당사자인 정여립은 일이 터지자마자 관군에게 둘러싸인 상태에서 자결해 버렸다. 혹은 살해되고 자살로 위장되었으리라는 추측도 있다. 관군은 황해도에서 반란군을 이끌었다는 이기, 이광수도 그 자리에서 처형해 버리고는 아들 정옥남만을 잡아 올려 심문했다. 이른바 주동자들을 다 죽인 다음에 아직 청소년에 지나지 않는 관련자를 심문한들 정확한 그림이 나올 리가 없었다. 그러나 서인 쪽에서는 "언관에게 청탁하여 전라 감사와 전주 부윤을 비판해서 파면시키고 그 틈을 타서 거사하기로 하였다"는 말을 들고나와 정여립이 독자적으로 역모를 꾸민 게 아니라 조정 세력과 결탁했고, 그 세력은 다름 아닌 동인들이라는 각본을 들이밀었다.

"역적을 토벌하는 의리는 지극히 엄중하여 조금도 소홀히 할 수 없는 것입니다. 원흉은 다섯 가지 형벌에 처한 뒤 처형하고, 그 친족은 연좌율로 다스리며, 그 제자나 친구도 저마다 크고 작은 죄에 따라 처벌해야 합니다. 이는 처벌받는 사람들이 모두 역모에 참여했기 때문은 아닙니다. 다만 평소 역적과 가까운 사이였다면 어찌 됐든 약간의 견책과 처벌을 해서 악을 미워하는 의리를 엄격히 하지 않을 수 없으니, 이는 곧 또 다른 반역의 싹을 없애고 앞으로 생길 화를 막으려는 것입니다.

　지금 역적과 생사지교를 맺어 심복이나 형제와 같은 사이로는 이발, 이길, 백유양 들이 있고, 절친할 뿐 아니라 친척이기도 한 사이로는 정언지, 정언신 들이 있습니다. 이들이 역적과 친밀하고 다정한 사이였음은 길 가는 사람들도 다 아는 사실입니다. 그런데도 이들은 조정의 녹을 먹고 대궐에 드나들며 길거리에서 소리치는 것이 여전하니, 그 의기양양한 기세가 평소와 조금도 다름이 없습니다. 그 가운데 단 한 사람도 스스로 반성하며 죄주기를 바라는 자가 없으니, 인심이 심히 분하게 여깁니다." 《조선왕조실록》 선조 22년, 10월 28일

이 상소는 양천회라는 생원이 썼다고 알려졌는데, 나중에 서인의 우두머리 격이던 정철이 동인들을 모함하느라 대신 쓰도록 한 것으로 밝혀졌다. 앞서 동인들이 썼던 "심의겸은 외척이자 붕당의 원흉이다. 그러므로 심의겸의 친구인 성혼, 성혼의 친구인 이이 역시 문제가 있다"는 논리를 역이용한 셈이었다. 그 뒤 우의정 정언신, 이조 참판 정언지를 비롯해 정여립과 가까웠다고 지목된 여러 동인 관료들이 파직되고 귀양을 갔다. 그리고 정철은 정언신 대신 우의정에 올라 옥사를 주도하니 이것이 바로 기축옥사다.

선조는 본래 이 사건을 크게 확대하지 않으려 했다. 소수의 동인

인사들만 처벌하고, "역적이 조정 신하였으니 그와 평범하게 서로 만나 교분을 나누는 일은 자연스럽지 않은가? 만약 이번 기회를 타서 평소 당색이 같지 않은 사람들을 모조리 역적으로 몰아 배척한다면 그 해독은 이루 말할 수 없을 것이다"라는 선언으로 사태의 확장을 막으려 했다. 그리고 정암수를 비롯한 호남 유생들이 상소를 올려 동인의 주요 인물들을 열거하고 처벌이 필요하다고 하자, "나의 신하들을 모조리 역적으로 몰아 조정을 텅 비게 만들려 하는가!" 하고 분노하며 상소를 올린 유생들을 조사해 적절히 처벌하라고 했다.

흔히 기축옥사를 가리켜 "서인이 동인을 모조리 학살하려 했던 피의 숙청"이라고 한다. 심지어 이때 목숨을 잃은 동인이 1천 명에 달한다는 이야기도 있지만 그 정도까지는 아니었다. 기축옥사에서 목숨을 잃은 동인 관료는 11명인데 이발, 이길, 이급, 이진길, 유덕수, 백유양, 조대중, 유몽정, 유종지, 최영경, 김빙이다. 그리고 이들도 심문을 받던 중에 옥사한 것이지 처형된 것은 아니다. 정개청, 정언신, 윤기신은 귀양을 갔다가 그곳에서 죽었다.

선조는 "선비들이 중심이 되는 정치"라는 원칙과 "인재를 함부로 버리지 않는다"는 방침을 계속 지켜 나가고 있었다. 그동안 동인이 너무 설쳤으니 이젠 서인에게도 숨통을 틔워 줄 겸 동인을 어느 정도 억누르겠지만, 결코 서인의 한풀이에 장단을 맞춰 동인을 한꺼번에 쓸어버릴 생각은 전혀 없었다. 그런데도 11명이나 옥사한 것은 정철을 비롯한 서인들이 심문한답시고 지나치게 잔인한 고문을 가했기 때문이었다.

억울하다고 볼 수밖에 없는 사례도 있었다. 최영경은 실제로 있었는지조차 불확실한 '길삼봉'이란 인물이라는 터무니없는 누명을 쓰고 투옥되었다. 조대중은 전라도 도사로 지방을 다니다가 사귀던 기생과 헤어지는 게 아쉬워 눈물을 흘렸는데, 그것이 정여립을 그리며 흘린 눈물이라는 모함을 받아 투옥되었다. 김빙 역시 눈물 때문에 화를 당했다. 김빙은 기축옥사를 처리하는 과정에서 심문하는 쪽에 참석해 있다가, 문득 분 바람 때문에 눈물을 흘렸다. 평소 눈병이 있는 데다 날씨가 몹시 추워서 어쩔 수가 없었던 것이다. 그런데도 죄인을 동정하는 눈물이라는 오해를 받았다.

정철의 이런 지나친 처사에는 선조도 질리고 만다. 그래서 2년 뒤 정철이 "중전마마께서 왕자를 생산하지 못하시니, 이제는 그만 포기하시고 후궁의 몸에서 난 왕자, 되도록 광해군 마마를 세자로 삼으소서" 하고 진언을 드리자 그것을 빌미로 정철을 파직하고 귀양을 보내 버렸다. 정철을 거들어서 동인들을 잔혹하게 심문했던 백유함, 이춘영, 유공진 들도 귀양길에 올랐다. 그리고 최영경을 비롯하여 기축옥사에서 억울하게 죽거나 처벌받은 사람들은 차례로 사면해 주었다.

그러나 기축옥사는 선조가 왕이 되어 선비들만의 정권이 세워진 이래 처음으로 "선비들이 다른 선비들을 역적으로 몰아" 다수를 죽인 사건이었다. 이것은 졸졸 흐르던 당쟁의 물줄기를 콸콸 쏟아지는 폭포수로 바꿔 놓았다. 그때까지 동과 서 사이에 끊임없이 공방이 벌어졌다고는 해도, 한두 사람을 지목해 탄핵하는 정도였지 상대 당파 전체를 공격하는 일은 없었기 때문이다.

아무리 선조가 사태를 확대시키지 않고 적절히 무마하려 노력했다지만, 당하는 입장에서는 원한이 맺히지 않을 수 없다. 이발 집안 삼 형제가 모조리 곤장을 맞다가 죽고, 팔순 노모와 여덟 살짜리 아들까지 심문 과정에서 함께 맞아 죽었다. 백유양과 아들 백진민도 부자가 함께 옥사하고 말았다. 그 친인척들과 친구들은 두고두고 이를 갈았을 것이다. 그리고 원한은 다른 원한을 부른다. 지방에서는 동인과 서인이 편을 갈라 서로 해치다 못해 죽이기까지 하는 사건이 꼬리를 물었다. 이는 지방 행정의 혼란과 불안을 가져왔다. 그래서 그 직후에 임진왜란이 일어났을 때 그토록 빠르게 지방 방어선이 무너진 이유가 되기도 했던 것이다.

당시 일본에서는 오다 노부나가가 전국 시대를 평정한 뒤 암살되고, 그 뒤를 도요토미 히데요시가 이었다. 도요토미는 1590년 반대 세력을 물리치고 일본을 통일, 일본을 다스리는 최고 지위에 올랐다. 그리고 전국 시대에 사방팔방으로 갈라져 있던 힘을 하나로 모아 조선을, 더 나아가 중국을 넘볼 계획을 착착 진행시키고 있었던 것이다.

하지만 같은 시간에 조선은 오랜 평화로 녹슬어 버린 국력을 추스르기는커녕 날로 격화되는 당쟁 때문에 도리어 힘이 나뉘는 상황이었다. 당쟁은 이웃 일본의 동향을 제대로 파악할 주의력까지 잃게 만들었다. 물론 이 모든 일이 선조의 잘못이었다고는 할 수 없다. 그러나 당시 왕위에 있던 사람으로서 좀 더 현명하게, 좀 더 강력한 지도력을 발휘해 대처했더라면 어땠을까 하는 아쉬움은 분명 남는다. 다만 선조의 입장에서 생각해 보면, 선조는 동과 서의 물고 뜯는 공방을 보며 이렇게 생각했을 법하다.

'선비들이야말로 가장 깨끗하고 욕심이 없는 사람들, 자신보다는 나라를 위하고 자기 집안보다도 백성의 살림을 우선하는 사람들이라니……. 그 말을 믿고 선비를 최우선으로 대우하는 정치 체제를 만들었건만, 그 결과가 이것인가? 진저리가 난다. 나는 이제 누구를 믿고 누구와 정치를 해야 하는가?'

그런 환멸 때문에 선조는 이이가 죽은 뒤로 더욱 과격해져서 결국 서로 간에 피바람까지 일으키는 당쟁의 격화기에 오히려 그만큼 더 소극적인 대응을 한 것은 아니었을까.

그러나 아직이었다. 선조의 환멸이 더 커질 상황, 이 나라와 백성에게 훨씬 참담한 상황은 이제 막 시작되려 하고 있었다. ✤

조선 시대 당쟁의 역사

선비들의 세상이 왔습니다. 앞서 보았듯 사림 세력은 '사화'라는 정치 대립에서는 패했지만, 마지막에 가서는 최종 승리를 차지했습니다. 시련의 와중에 성리학 명분을 쌓았고, 향촌 사회를 기반으로 선조 때에는 정권도 장악하지요. 훈구 세력은 자연스럽게 도태됩니다.

그러나 사림이 정권을 차지한 다음에도 그들이 바라던 유교 이상 국가는 쉽사리 오지 않습니다. 본문에 거듭 나오듯 내부 갈등으로 당쟁이 일어나면서 사림이 분열되기 때문입니다. 그리고 이 당쟁이야말로 조선 후기 내내 끝없는 문제점과 갈등을 일으키는 원인이 되지요.

과연 당쟁이 어떻게 시작되어 어떻게 흘러갔는지 다음 표를 따라가며 알아봅시다.

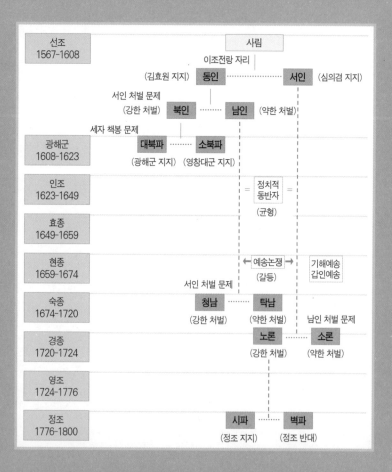

동인과 서인

사림이 처음으로 동인과 서인으로 나뉜 것은 선조 8년(1575) 때 일입니다. 그 계기는 본문에도 나오듯 관리 인사권을 쥐고 있는 이조전랑 벼슬자리를 둘러싸고 시작된 심의겸과 김효원의 대립이지요. 당시 이조전랑이었던 김효원이 자신의 후임으로 심의겸의 동생 심충겸이 거론되자 외척이라는 이유로 심충겸을 거부하면서 시작이 됩니다.

이때 대체로 나이가 지긋한 사대부들은 심의겸을 지지했고, 젊은 사대부들은 김효원을 지지했습니다. 당시 두 사람의 지지 세력을 심의겸 쪽은 집이 한양 서쪽 정릉동에 있다고 서인西人, 김효원 쪽은 한양 동쪽 건천동에 있다고 동인東人이라 불렀다는 것은 다 아시지요?

이이와 성혼 학파가 주로 서인을, 서경덕과 조식, 그리고 이황 학파가 동인을 이루었는데 수는 동인이 훨씬 많았지요.

동인에서 갈라진 남인과 북인

이이가 사망한 뒤로 동인이 정치에서 우위를 차지합니다. 그러는 사이 1589년에 '정여립 모반 사건'이 일어나지요. 당시 서인의 대표 격이었던 정철은 동인들을 대거 관련자로 몰아 처절한 기축옥사를 주도합니다. 당연히 동인들은 정철과 서인에게 이를 부득부득 갈았지요.

그리고 반격의 기회가 2년 뒤에 찾아옵니다. 정철이 공빈 김 씨 소생인 광해군을 세자로 책봉해야 한다고 주장했다가 선조의 노여움을 사파직당하니까요. 방계 출신으로 왕이 된 선조는 늘 정통성이 부족하다는 열등감에 사로잡혀 있었던지라 세자만큼은 적자로 세우고 싶었던가 봅니다. 결국 이 사건으로 서인 대신 동인이 정권을 잡습니다.

그런데 정권을 잡은 동인은 서인 처벌 문제를 둘러싸고 다시 둘로 갈라집니다. 무거운 처벌을 주장하는 강경파 북인北人과, 관대한 처벌을 주장하는 온건파 남인南人으로 말입니다. 이들은 학통으로도 북인은 남명 조식의 문하로, 남인은 퇴계 이황의 문하로 갈리었습니다.

북인의 분열

임진왜란 동안 많은 의병장을 배출한 북인은 명분에 있어 남인과 서인을 누르고 조정을 장악해 정권을 잡습니다. 그 와중에 1600년 의인왕후 박 씨가 세상을 떠나자 선조는 2년 뒤 인목왕후 김 씨를 두 번째 왕비로 맞이합니다. 자신이 방계 출신 임금이라는 것을 치명적인 약점으로 생각해 왔던 선조는 인목왕후가 1606년에 적자 영창대군을 낳자 마음이 급속도로 영창대군에게 기울고 맙니다.

그러자 이 문제를 둘러싸고 집권 북인이 둘로 갈라지지요. 정인홍을 중심으로 한 대북大北은 광해군을 지지했고, 유영경을 중심으로 한 소북小北은 영창대군을 지지했던 것입니다. 하지만 1608년 선조가 재위 41년 만에 죽고 16년 동안 세자 자리에 있던 광해군이 왕위에 오르자, 정권은 자연스레 대북파가 잡게 됩니다.

서인과 남인의 대립

1623년 광해군이 왕위에서 쫓겨납니다. 서인의 주도에 남인이 힘을 보태어 광해군을 몰아낸 '인조반정'이 성공한 것이지요. 그 뒤로는 대체로 서인이 주도적인 위치를 지키는 가운데 남인이 이를 견제하는 '양당 균형 체제'였다고 할 수 있습니다. 이 체제는 인조의 뒤를 이은 효종 때까지 그대로 유지됩니다.

그러나 효종이 죽고 아들 현종이 왕이 된 다음에 서인과 남인이 극단으로 대립하는 사건이 벌어집니다. 바로 '예송논쟁'이지요.

임진왜란과 병자호란이 끝나고 난 뒤 조선 후기의 성리학은 예학을 중심으로 발달했습니다. 이 예학에 따르면 자식이 부모보다 먼저 죽었을 때 부모가 자식을 위한 상복을 몇 년 입을 것인가가 큰아들이냐, 작은아들이냐에 따라서 달라집니다. 그래서 당시 효종의 새어머니 자의대비가 죽은 아들(효종)을 위해서, 그리고 15년 뒤에는 죽은 며느리(효종 비)를 위해서 상복을 얼마 동안 입을 것인가를 두고 예송논쟁이 벌어진 것이지요. 이는 단순한 예법의 문제라기보다는 성리학의 원칙과 임금의 종통을 둘러싼 이념 논쟁이자 정치 논쟁에 가깝습니다.

1차 논쟁에서는 서인이, 2차 논쟁에서는 남인이 승리합니다. 이로써 서인과 남인의 균형은 깨지고 권력은 남인에게 넘어가게 됩니다.

청남과 탁남으로 분열된 남인

두 번째 예송논쟁에서 승리한 남인은 현종의 뒤를 이은 숙종 초기에 다시 둘로 갈립니다. 송시열을 비롯한 서인의 처벌을 두고 강력한 처벌을 주장하는 청남淸南과 약한 처벌을 주장하는 탁남濁南으로 분열된 것이지요. 이들을 맑음과 탁함으로 나눈 이유는 학문에 몰두한 재야 출신을 맑은 물淸로, 권력을 쥔 쪽을 흐린 물濁로 분류했기 때문입니다.

허목과 윤휴는 학문으로 이름을 떨친 재야 출신으로 청남으로, 허적과 권대운은 정권을 차지한 기득권 세력으로서 탁남으로 불리었습니다.

서인의 분열

숙종이 즉위할 무렵 정권을 잡고 있던 남인들은 숙종 6년 '경신환국(1680)'으로 서인에게 그 자리를 내주게 됩니다. 여기서 '환국'이란 급격하게 정권이 바뀌는 것을 뜻합니다.

남인을 몰아낸 서인은 남인을 처벌하는 문제를 놓고서 그만 갈라지고 말지요. 송시열, 김익훈 중심의 강경파 노론과 이에 반대하는 윤증, 한태동 중심의 소론으로 말입니다. 대체로 나이 많은 보수 세력이 노론,

젊고 개혁적인 세력들이 소론이 되었다고 보면 될 것입니다.

그 뒤 인현왕후가 쫓겨나고 희빈 장 씨가 중전이 되는 숙종 15년 '기사환국(1689)'으로 남인이 정권을 잡았다가, 장 희빈이 밀려나고 인현왕후가 왕비로 되돌아간 숙종 20년 '갑술환국(1694)'으로 서인이 다시 집권합니다. 이후 남인은 서인에 밀려 오래도록 정당으로 기능을 못 하고, 그 뒤 당쟁은 주로 노론과 소론 사이에서 진행됩니다.

영조와 정조의 탕평책

숙종의 아들로서 이복형 경종의 뒤를 이은 영조는 탕평책을 내세워 노론과 소론을 고르게 등용하고자 했습니다. '탕평책'이란 어느 쪽으로도 치우치지 않고 당파 간의 균형을 지키는 정책을 뜻합니다. 할아버지의 뒤를 이어 왕이 된 정조도 탕평책을 유지하며 노론과 소론뿐 아니라 남인과 서얼까지도 관직에 올리는 개혁 정치를 펼쳤습니다.

그러나 정조의 탕평책에 권력을 잡고 있던 노론은 반대를 표시했습니다. 자신들의 반대파들을 '시류에 영합하는 자들(시파)'이라고 부르며 목소리를 높였고, 그들을 비판하는 쪽에서는 '자기들의 이익만 고집하는 편벽한 무리(벽파)'라고 부르며 대립했습니다. 벽파에는 주로 노론이 많았고 시파에는 소론과 남인, 그리고 일부 노론이 포함되었지요.

조선의 당쟁은 지배층의 권력 싸움이라는 부정적인 인상을 지울 수 없습니다만, 이런 붕당 정치를 통해서 견제와 비판으로 정치를 활성화시킨 긍정적인 면도 분명 있습니다. 그러나 정조가 죽은 뒤 순조의 장인 김조순이 안동 김씨 세도 정치를 열면서 250여 년 동안 이어 온 사림 정치는 결국 끝을 맺고 맙니다.

세상에서 가장 깨끗한 선비들이 나라를 다스렸건만 결과는 조금 참담하기도 합니다. 그러고 보면 본문에서 "이 나라와 백성에게 훨씬 참담한 상황"으로 일컫는 임진왜란 이야기가 곧 나오겠군요. 그 어떤 당쟁보다도 사람이 사람을 죽이는 전쟁은 백성들에게 가장 큰 시련일 테니까요.

그럼 다시 본문 이야기 속으로 들어가 볼까요?

사상 최악의 침략, 임진왜란

선조가 히데요시의 사람됨을 묻자 황윤길은 "눈빛이 부리부리한 것이 대담하고 지략을 갖춘 것으로 보입니다" 하였으나, 김성일은 "그 눈빛이란 쥐와 같으며 보잘것없는 인물일 뿐이니 두려워할 필요가 없습니다" 하고 대답했다. 조선 사상 최악의 재난은 과연 대비할 수 없었을까?

전쟁은 피할 수 없었을까?

선조 25년(1592) 4월 13일, 부산 첨사 정발은 부산 앞바다 절영도에서 한창 사냥을 즐기고 있었다.

"첨사 나리, 저기, 저기 좀 보십시오?"

"에잇, 뭐냐? 네놈이 외치는 바람에 기껏 조준하고 있던 꿩이 날아가 버리지 않았느냐! 뭐길래 그러느냐? 별일이 아닌데 떠들었다면 용서하지 않을 것이다!"

"저, 저기 말입니다요. 저편 바다에……!"

정발이 실눈을 뜨고 보니, 수평선이 온통 새까맸다. 눈을 비비고 다시 보니, 수백 척은 훨씬 넘어 보이는 배들이 수평선을 뒤덮으며 부산 앞바다로 다가오고 있었다.

"뭐, 저런 걸로 호들갑을 떠느냐? 왜선들이다. 조공을 바치러 오는 거겠지. 두어 시진쯤 되면 도착할 테니 사냥을 마저 하고 들어가자."

"하오나, 조공이라고 하기에는 그 숫자가……."

"그럼 뭐냐, 감히 싸움이라도 건다는 게냐? 하하, 이 부산포가 까짓 왜구들 분탕질에 놀아날 만큼 호락호락한 곳이 아니다! 아무 걱정할 필요가 없느니라."

그래도 뒤통수에 달라붙는 두려움은 어쩔 수 없었던지, 정발은 사냥을 대충 접어 버리고 부산진 성곽으로 걸음을 재촉했다. 진에 돌아와 보니 보통 위급한 사태가 아니었다. 수평선을 온통 새까맣게 물들이며 다가오던 배들은 조공선이 아니라 조선을 침략하는 전투선이었던 것이다. 고니시 유키나가가 이끄는 1만 8천여 명을 비롯한 일본군 선발대는 무려 5만 명이 넘었다. 그에 견주어 부산진을 지키던 병력은 다 긁어모아야 고작 6천. 그나마 당장 동원할 수 있는 병력도 1천 정도에 지나지 않았다.

정발은 사색이 되어 동래에 있던 경상 좌수사 박홍에게 첩보를 띄우고, 외지에 나가 있던 병력에게도 급히 소환령을 내리며 여기저기 뛰어다녔다. 적이 이용하지 못하도록 부산포에 정박되어 있던 배들은 모조리 가라앉히고, 적병이 진입하는 길에도 쇠못을 뿌리면서 나름대로 갖은 준비를 다했다. 그사이 적군은 몇 시간 전까지 정발이 한가롭게 사냥하던 절영도에 배를 대고는 부산진의 동태를 살피고 있었다. 한밤중에 사자를 보내 "명나라를 치러 가는 길이니 길을 비켜 달라"고 요구하기도 했다. 말도 안 되는 요구였고, 정발에게 길을 비키고 말고 할 권한이 있을 리도 없었다.

마침내 날이 어슴푸레 밝아 오자, 일본군은 일제히 배에서 내려 부산진 성으로 개미 떼처럼 몰려들기 시작했다. 정발은 직접 칼을 휘두르며 용감하게 싸웠으나 역부족이었다. 일본군은 자랑하는 조총으로 조선군의 대열을 흐트러뜨리고는, 일본도를 빼 든 채 고함을 지르며 한꺼번에 달려들었다. 병력에서, 무기에서, 그리고 사기에서 모두 다 뒤지는 조선군은 도저히 견딜 도리가 없었다. 불과 몇 시간 만에 부산진이 함락되고, 정발은 천여 명의 부하들과 함께 전사한다.

일본군은 여세를 몰아 가까운 다대포와 서생포까지 손에 넣었고, 다음 날인 15일에는 동래로 진격했다. 경상 좌수영에 있던 박홍은 달아나 버렸다. 동래 부사 송상현은 동래성의 병력만으로 일본군에 맞섰지만, 정발과 같은 운명을 피할 수 없었다. 이제 교두보를 확보한 일본군은 세 갈래 길로 나뉘어 물밀 듯한 기세로 북상하기 시작했다. 목표는 당연히 한양이었다.

아마 임진왜란이 없었더라면 선조가 오늘날 이토록 인기 없는 조선 왕이지는 않을 것이다. 특히 이 전쟁을 두고 선조를 비판하는 근거 중 가장 먼저 떠오르는 것은 "왜 사전에 대비하지 못했는가?"이다. 소규모 기습도 아닌 대규모 침략인데 일본의 움직임을 예측하는 게 그토록 어려웠을까? 준비만 든든히 갖추고 있었다면 전쟁을 피하는 것까지는 어렵더라도, 그토록 처참하게 당해 자칫하면 나라가 영영 망할 지경까지 이르지는 않았을 것 아닌가? 하지만 사실 그런 비판은 좀 일찍부터, 그러니까 선조보다는 선조를 앞선 여러 선대 임금들부터 먼저 들어야 옳다.

세종 1년(1419)에 대마도를 정벌한 이래 조선은 일본과는 멀지도 않고 가깝지도 않은, 이른바 좀 냉담한 교린 정책을 취해 왔다. '교린'이란 명나라 같은 큰 나라에는 몸을 낮추는 사대를 하고, 규모가 비슷한 이웃 나라와는 서로 친근함을 유지하되 그렇다고 침략이나 업신여김은 당하지 않도록 한다는 뜻이다. 그런데 교린국이라면 서로 사신을 주고받으며 교역 관계를 가져야 마땅한데, 조선은 성종 이후로는 일본의 사신을 받기만 하고 이쪽에서는 보내지 않고 있었다. 일본 쪽에 뭔가 통보하고 싶은 일이 있으면 대마도에 연락해서 간접으로 했다.

물론 거기에는 이유가 있었다. 일본이 전국 시대의 혼란에 빠져 있어서 일본 정부와 정상적인 외교를 할 수 없었다는 점, 일본을 우리와 '동등한' 교린의 대상으로 보느냐, 아니면 우리보다 '열등한' 교화의 대상으로 보느냐가 분명하지 않았다는 점, 조선이 대외 관계에서 자율성을 띠는 일을 명나라가 좋아하지 않았다는 점 들이다. 그러나 무엇보다 연산군의 폭정을 비롯해 중종반정, 기묘사화, 훈척 정치 들이 이어지면서 조선이 주변을 돌아볼 여유가 없었다는 것이 가장 큰 이유였다.

그렇게 하다 보니 일본 사정에는 어두워질 수밖에 없었다. 심지어 15세기에 신숙주가 일본을 다녀와서 쓴 《해동제국기》가 백 년이 넘어서까지 일본을 이해하는 유일한 지침서로 여겨지고 있을 정도였다. 그러니 조선의 최고위층조차 일본에 대한 지식의 수준이 어이없을 정도로 낮았다. 임진왜란이 끝난 뒤에 유성룡이 쓴 《징비록》을 보더라도 전국 시대를 평정한 오다 노부나가를 그에 앞서 막부를 운영했던 쇼군 가의 성씨인 미나모토源와 혼동하여 똑같이 원源씨라고 적고 있다. 게다가 도요토미 히데요시는 평平씨에다 원래 중국인이라는 허무맹랑한 내용도 적혀 있었다. 천황과 칸바쿠關白, 천황을 보좌하는 최고 관리, 또는 쇼군將軍, 막부의 우두머리을 구별하지 못하는 것도 보통이었다.

명나라의 경우에는 전혀 달랐다. 성종 이후로 조선의 외교에서 가장 중대한 과제 중 하나로 '종계변무宗系辨誣'라는 것이 있다. 명나라에서 《대명회전》이라는 책을 펴낼 때, 조선을 소개하면서 태조 이성계가 고려 말의 권신이던 이인임의 아들이라고 잘못 기재했다. 임금의, 그것도 나라를 개국한 태조 임금의 가계를 잘못 기재했으니 보통 일이 아니었다. 따라서 이를 바로잡아 달라고 중국에 끊임없이 요청하는 노력이 바로 종계변무였다.

하지만 명나라 조정은 대국의 체면 어쩌고 하며 좀처럼 바로잡아 주지 않았기 때문에 이 문제는 역대 임금들의 숙원 사업이 되었다. 마침내 선조가 재위 21년(1588) 이를 성공시키자 선조의 위상이 신하들 사이에서 크게 올라갈 정도였다. 하지만 정작 이웃 나라 일본의 최고 실권자들 계통은 전혀 엉뚱하게 알고 있으면서도 고칠 생각조차 하지 않고 있었으니, 일본의 입장이었다면 분통이 터질 만도 했다.

이렇게 일본 사정에 어둡다 보니, 외교에서나 전략에서나 적절한 대응을 하기가 어려웠다. 이를테면 선조 21년(1588)에 일본이 사신을 보냈을 때, 조정에서는 이 사신을 받아들이느냐 마느냐로 크게 논쟁이 벌어졌다. "이들이 최근에 제 임금을 시해했으니, 그 무도함을 징계하는 뜻에서 사신을 거부해야 한다"는 것이 쟁점이 되었던 것이다. 이는 오다 노부나가가 1582년에 부하에게 살해된 사건을 두고 하는 말이었다. 하지만 노부나가는 일본의 임금이 아니라 유력한 군벌일 뿐이었으니, 완전히 터무니없는 오해로 외교 문제를 만들고 있었던 셈이다.

이런 조선의 무성의함과 무지함은 일본인에게 '반한反韓 감정'을 일으킬 수밖에 없었다. 게다가 척 보니 조선은 수백 년간 칼 대신 붓을 든 양반들이 통치하면서 나라 전체가 평화에 찌들어 나약해져 있지 않은가. 그래서 적을 알고 나를 알아야 한다는 병법의 기본조차 무시한 채, 코흘리개 때부터 칼을 잡도록 가르치는 이웃나라의 동태를 신경도 쓰지 않고 있었다. 그러니 일본에서 손만 뻗치면 먹어 치울 수 있는 먹이라는 생각을 가져도 이상할 것 하나 없었다. 이렇듯 성종 이후 계속된, 일본을 '무시하는' 성향이 하도 심했으므로 그런 와중에 선조가 미리 알아채고 외교나 전략에서 임진왜란을 예방하는 일은 사실 불가능했다고 봐도 좋았다.

그러면 국방력 차원에서는 어땠을까? 이것 역시 선조 당대가 아니라 그 이전부터 쌓여 온 문제가 심각했다.

조선은 본래 '병농일치제'를 따라 천민을 제외한 모든 성인 남성이 병역 의무를 지도록 되어 있었다. 병농일치제는 평소에는 백성들이 저마다 농업을 비롯한 생업에 종사하다가 복무 시기가 돌아오면, 또는 복무 시기가 아니더라도 전쟁이 일어나면, 농기구나 붓을 던지고 군대에 들어가 군사 훈련을 받아 군인으로 복무하는 체제다. 전문 직업군이 아니기 때문에 일본의 사무라이들처럼 병사 개개인의 전투력은 높지 않았다. 하지만 무기의 위력이 그다지 세지 않았던 옛날에는 병력의 규모가 무엇보다 중요했으므로, 병농일치제는 필요한 때 한꺼번에 많은 병력을 확보할 수 있다는 점에서 유리했다.

그러나 이런 기본 방식이 성종 이후부터는 점점 이상해지기 시작했다. 우선 양반들이 "글공부하고 나라 운영하는 데도 바쁜데, 병역이라니, 에헴!" 하고 핑계를 대며 슬쩍 병역 의무에서 빠져 나갔다. 그리고 평화가 오래 계속되자 "농사일에 바쁜 사람들을 굳이 전부 불러내서 별로 할 일도 없는 병영에 대기시켜 두어야 하나? 대부분 그냥 생업에 종사하라 하고, 대신 그동안 생산한 물품으로 소수 정예병들을 키우는 게 낫지 않을까?"라는 생각이 고개를 들었다. 결국 '방군수포제'라 하여 병역에 종사하는 대신 일정한 군포를 납부하면 되는 제도가 이루어졌다.

그러나 이는 가뜩이나 전투력이 낮은 조선의 군대를 더욱 약하게 했을 뿐이었다. 정예병을 기르네 뭐네 했지만 부패가 판을 치던 훈척 정치의 와중이었다. 군포는 대부분 권세 있는 벼슬아치들의 주머니에 들어갔고, 군대의 수준은 예전이나 별다를 게 없었다. 오히려 군포를 낼 능력이 없는 허약자나 부랑자들이 군인이 됨으로써 더 부실해지기까지 했다. 공직자 기강이 해이해지다 보니 장부에만 군인의 이름이 올라가 있을 뿐, 실제 병력은 없는 경우도 늘어 갔다. 그래서 임진왜란 때 일본군이 무섭게 올라온다는 소식에 다급하게 한양의 수비군을 소집했지만, 분명 장부에는 있는데도 실제로는 사람이 없어서 병력을 고작 300명도 모을 수 없었다는 웃지 못할 일이 벌어지기도 했다.

군사 전략과 전술에도 문제가 있었다. 본래 조선의 군사 전략은 '진관 체제'를 중심으로 이루어져 있었다. 진관 체제란 각 지방마다 행정의 중심이 되는 큰 고을을 군사 기지인 '진'으로도 편성하여, 그 고을의 사또가 여차하면 지방 방어군의 지휘를 맡도록 하는 체제다. 이렇게 하면 가령 부산에 적군이 상륙했다면 부산 첨사의 지휘에 따라 부산 일대의 병력이 총동원해서 막아 내고, 만약 적이 워낙 막강해서 부산이 무너졌다면 그 다음 고을인 진주가 또 총력으로 막아 내고…… 하는 식으로 적의 진격을 늦춰서 힘을 빼는 사이 중앙에서 지원군이 도착해 적을 무찌를 수가 있다.

그러나 명종 10년(1555)에 '을묘왜변'이 일어나면서 진관 체제의 문제점이 심각하게 논의된다. 그때까지 일본이나 여진의 침입은 고작해야 수십, 많아야 수백 명의 적들이 기습해서 노략질을 하고 달아나는 식이어서 한 고을에서도 충분히 대응할 수 있었다.

하지만 임진왜란의 전조라고도 할 수 있는 을묘왜변은 규모가 달랐다. 전라도에 침입한 수천 일본군은 영암과 진도를 휩쓸었으며, 그 와중에 전라 절도사 원적까지 전사하였다. 앞서 말한 방군수포제의 폐단으로 각 고을에 스스로 방어할 병력이 충분하지 않았던 것이다. 게다가 기본으로 문관인 고을 사또들은 군사 지휘에 어두웠기 때문에 대규모 침공에는 제대로 대응할 수 없었다. 그래서 16세기 중엽 이후로는 일찍이 세종 시대에 김종서가 창안했다고 하는 '제승방략' 체제로 전환한다는 결정이 내려졌다.

제승방략이란 적이 침입하면 여러 고을에 있는 병력을 모두 일정한 지점으로 집결시키고, 그와 동시에 중앙에서 총지휘관이 내려와 그 총지휘관의 지휘에 따라 적을 무찌르는 전략이었다. 그렇게 해서 넓고 고르게 지키기에는 병력이 모자라는 현실을 극복하고, 유능한 지휘관 밑에서 일사불란하게 작전이 진행되도록 하자는 생각이었다.

하지만 그 말은 침공을 처음 당한 고을은 불가피하게 짓밟힐 수밖에 없고, 적이 어느 정도 내륙으로 침입한 뒤에야 비로소 힘을 집중시켜 맞설 수 있다는 뜻이었다. 더구나 현실로 봐도 여러 고을의 병력을 한곳에 모으고 중앙의 지휘관이 파견되는 여러 움직임이 딱딱 맞게 이루어지기도 힘들었다. 가령 병력은 집결했는데 아직 지휘관은 오지 않았다, 그런데 적이 이미 진격해 왔다면 적들이 우리 장수가 올 때까지 공격을 기다려 줄 리가 없지 않은가? 동네 축구 시합을 하는 것도 아닌데 말이다.

임진왜란 때 바로 그런 문제점이 현실로 나타났다. 일본군의 침공 소식을 들은 조정은 먼저 순변사 이일을 파견해서 대구에서 적을 막도록 했다. 그런데 이일의 도착이 늦어지는 바람에 미리 집결해 있던 병력은 일본군에게 겁을 먹고 이리저리 도망치고 말았다. 뒤늦게 도착한 이일은 지휘할 병력이 온데간데없음을 알고 멍하니 있다가 결국 자신도 도망쳐 버렸다.

또 어찌어찌 병력 집결과 지휘관 도착이 때맞춰 이루어졌다고 해도, 그 군대가 싸움에서 패한다면? 그 뒤로는 손도 발도 못 내밀고 무너지고 말 것이었다. 조정이 이일 다음으로 기대를 걸었던 신립이 탄금대에서 패했을 때, 바로 그렇게 되었다.

그래서 이런 문제를 내다보고 군사 개혁을 해야 한다고 목소리를 높였던 사람들이 있었다. 앞서도 이야기한 율곡 이이는 방군수포제의 문제점을 지적하며, 대규모 전쟁에 대비하려면 병영에 지금보다 더 많은 병력이 항시 주둔해 있게 해야 한다는 양병설을 펼쳤다. 또 양반들이 권리만 누리고 책임을 피하는 것을 개탄하면서 적어도 병력을 기르기 위한 세금이라도 내라고 했다.

유성룡도 제승방략 체제의 약점을 지적하면서 진관 체제를 복원해야 한다고 주장했다. 이 두 사람이 머리를 맞대고 서로의 개혁안을 보완하고 추진했다면 큰 성과를 보았을 것이다. 그러나 당쟁이 그것을 방해했다. 유성룡조차 이이의 양병설은 뭔가 다른 꿍꿍이가 있는 불순한 주장이라며 비난을 퍼부었다. 유성룡은 나중에 그 일을 깊이 후회한다.

그렇다면 선조는 어땠을까? 모두가 알다시피, 선조 대에서 임진왜란이 터지기 전부터 이미 백 년 이상 속으로 곪고 찌들어 온 국방 체제의 모든 폐단을 시원하게 개혁하지는 못했다. 하지만 노력은 했다. 그리고 앞선 임금들의 노력에 비하면, 선조의 노력은 상당히 평가받을 만한 것이었다.

"그때(을묘왜변) 쳐들어온 왜적이 얼마나 되었소?"

"배 70척에 군사가 약 6천 명쯤 되었습니다."

"수만 명이 쳐들어올 가능성은 없소?"

"왜구들이 쓰는 배는 그다지 크지 않습니다. 한 척에 100명밖에 실을 수 없습니다. 100척이라 해도 1만 명이니 1만 명 이상 쳐들어오기는 어려울 것입니다."

"혹시 우리의 변방 고을을 점령한 다음, 그곳을 근거지로 해서 배가 오고 가며 추가 병력을 계속 받아들여 침략군의 규모를 늘리면 어쩌겠소? 큰일이 아니오?"

"우리가 그것을 가만히 보고 있겠습니까? 그런 일은 절대로 없을 것입니다."

"전에는 몰라도 지금은 저들이 우리 사정을 잘 모르니, 잘해야 전라도를 공략할 것이며 그 위쪽으로 쳐들어올 리는 없습니다. 안심하소서."

"무슨 근거로 우리 사정을 모른다고 하시오? 과인이 저들이 보낸 사신들을 살펴보니 우리나라 사정을 속속들이 알고 있는 것 같았소. 만약 우리가 지금 전라도 방위에 주력하는 줄을 알고, 딴 도로 침략해 오면 어찌할 것이오?" 《조선왕조실록》 선조 22년, 8월 1일

임진왜란이 일어나기 3년 전, 선조가 신하들과 나눈 대화이다. 이 대화에서 선조가 임진왜란이 일어날 상황을 놀랄 만큼 정확히 예상하고 있으며, 우리 방어 전략의 허점도 꿰뚫고 있음을 알 수 있다. 그러나 신하들은 어이없을 정도로 느긋했다. 그들의 머릿속에서 일본은 예나 지금이나 '왜구'일 뿐이었다. 왜구는 아무리 많은 규모로 쳐들어온다고 해도 한바탕 노략질이나 하고 돌아갈 뿐이지, 절대 이 땅을 점령하거나 정복하려 하지는 않는다고 그들은 믿었다. 따라서 수만 명씩이나 쳐들어올 이유도 없고, 그들이 알기에는 쳐들어올 수단도 없었다.

당시 조선의 최고 정책 결정자들이 보기에는 왜구보다 오히려 북방 여진족의 침략이 더 문제였다. 여진족들은 바다가 아닌 강물로 가로막혀 있었고, 그래서 겨울이 되어 강물이 얼고 자기네들 먹을거리가 궁해지면 곧바로 말에 올라 조선으로 쳐들어오곤 했기 때문이다.

그나마 임금인 선조 혼자만 이렇게 신하들의 메아리나 호응이 없는 위기의식을 갖고 있었다. 하지만 이 대화 직후에 바로 정여립의 난이 터지는 바람에 선조는 그런 의식을 정책으로 연결시킬 기회를 놓쳤다. 그래도 임진왜란이 일어나기 13일 전에는 "바다 섬들에 정박시켜 둔 배들을 거둬들이고, 만약 적들이 쳐들어오면 수군 장수들은 바다에서 싸우지 말고 뭍에 올라와 대응하라"고 지시하고 있다.

이 지시는 그동안 선조의 '어리석은 지시'라고 해석되어 왔다.

임진왜란의 추이를 보면 육군은 계속 맥을 못 추었던 반면 수군은 이순신 장군의 지휘 아래 눈부신 성과를 거두지 않았는가. 그런데 거꾸로 수군더러 육지에서 싸우라고 했으니, 어찌 어리석지 않은 가! 임금의 인식이 이 모양이니 그렇게 형편없이 당했지! 이런 식으로 말이다.

하지만 앞서 있던 선조와 신하들 사이의 대화를 생각해 보면 그 진짜 의미를 알 수 있다. 선조는 일본의 배들이 규모가 작고 수도 많지 않아서 대규모 병력을 수송하기에 문제가 있다는 신하들의 보고를 믿었다. 사실은 전혀 달랐지만, 어쨌거나 우리 배가 저들에게 이용될 가능성을 염려해 섬에 정박시킨 배들을 거두라고 한 것이다. 같은 뜻에서 정발은 부산포에서 우리 배들을 불태워 버렸다. 그리고 선조는 육지나 바다나 우리 군의 병력이 워낙 부족한 현실에서 그나마도 나눠 싸우면 죽도 밥도 안 될 것 같으니까, 수군도 상륙하여 육군과 힘을 합쳐 적을 격파하라고 한 것이다.

또 이순신 장군의 해전 승리가 임진왜란을 승리로 이끌었음은 분명하지만, 그것이 해전에서 적을 많이 죽였기 때문은 아니었다. 지금의 해군이야 자체 능력만으로도 적을 패배시킬 힘을 갖고 있지만, 당시 수군은 그런 능력보다는 적이 배편으로 병력을 나르거나 군량을 보급하는 것을 차단하는 것이 더 주된 역할이었다. 사실 이순신조차도 수군의 힘만으로 부산에 설치된 일본군의 본거지를 파괴하지는 못했다. 다만 이순신군은 바다를 지켜 일본군이 뱃길로 전라도에 진입하지 못하게 막았다. 거기에다 해전에서도 적선들을 가라앉혀 이미 상륙해 있던 엄청난 일본 대군을 먹일 식량 보급을 끊음으로써, 결국 전쟁에서 이길 수 있었던 것이다.

그러나 당시의 선조로서는 그렇게까지 어마어마한 군대가 쳐들어올 줄은 꿈에도 생각 못했다. 1만 명 이상은 절대 불가능하다는 말을 누이 들었는데, 실제로는 한꺼번에 5만이 쳐들어왔으니! 그러니 수군을 총동원해서 바다에서 적을 막는다는 생각까지는 미칠 수가 없었던 것이다.

선조는 다른 쪽으로도 할 수 있는 노력을 다 기울였다. 선비들이 정권을 잡고 난 뒤 무인들을 줄곧 업신여기는 분위기 속에서 그래도 선조는 전공을 세운 무인들에게 과분할 정도의 상을 내려 사기를 북돋웠다. 그리고 사소한 꼬투리를 잡아 벼슬에서 밀어내려는 언론의 횡포에서 이순신을 비롯한 여러 장수들도 보호해 주었다. 앞에서 보았듯 총통을 개량한 사람에게 큰 상을 내렸고, 일본 사신이 조총을 예물로 바치자 즉시 연구하도록 하였으며, 무과 시험 과목에도 조총 사격 과정을 새로 만들었다. 아마 시간이 1, 2년만 더 있었더라도 조선 군대가 일본군의 조총에 그토록 혼비백산하지는 않았을 것이다.

또 선조는 앞에서 본 대로 우리 국방 태세의 근본 문제였던, '정보 부족'도 타개하려고 했다. 바로 재위 23년(1590), 성종 6년(1475)에 교류가 끊긴 이래 무려 115년 만에 다시 일본에 통신사를 보내 그곳 사정을 알아 오라고 시킨 것이다.

정사는 서인 황윤길, 부사는 동인 김성일이었다. 기축옥사가 일어나 흉흉한 와중에 일본 수도를 향해 보낸 일행이었다. 두 사람은 1년가량 일본에 머물며 도요토미 히데요시를 만나기도 하고 두루 상황을 살피고 돌아왔다. 선조가 일본이 침공할 기미가 있느냐 묻자 황윤길은 조만간 침략해 올 가능성이 높다고 대답했으나, 김성일은 "그런 기미는 보지 못했습니다"라고 대답했다. 또한 선조가 히데요시의 사람됨을 묻자 황윤길은 "눈빛이 부리부리한 것이 대담하고 지략을 갖춘 것으로 보입니다" 하였으나, 김성일은 "그의 눈빛이란 쥐와 같으며 보잘것없는 인물일 뿐이니 두려워할 필요가 없습니다" 하고 대답했다. 이렇게 두 사신의 의견이 정반대로 나타나자, 동인과 서인은 서로 상대편 사신이 잘못 본 것이라며 헐뜯고 싸우기에 바빠 올바른 판단을 내릴 수가 없었다.

잠깐 다녀온 것이라면 몰라도 1년 동안이나 머물렀다면, 일본의 수상한 동태를 파악하기에는 모자라지 않았을 텐데 왜 김성일이 그런 주장을 했는지는 지금도 수수께끼다. 나중에 유성룡이 왜 그런 말을 했냐고 묻자 김성일은 "나도 저들이 언젠가는 쳐들어올 것으로 봤다. 그러나 황윤길이 너무 지나치게 말을 하니 자칫 인심이 요동칠까 봐 그렇게 말했다"고 대답했다. 하지만 이치에 닿지 않는 변명이다. 전란을 대비하는 일과 인심이 흉흉해지지 않게 하는 일, 둘 가운데 어느 쪽이 중요한가?

그렇다면 김성일은 다만 동인으로서, 서인인 황윤길에게 반대하기 위해 그렇게 말했던 것일까? 앞뒤 사정을 따져 보면 그렇게 생각하는 것이 자연스럽지만, 그래도 국가 존망의 위기를 앞에 놓고 그처럼 경솔하게 처신했을 것 같지는 않다. 다만 한 가지 추정을 해 본다면, 김성일도 일본의 침략을 예상했지만 그렇게까지 대규모일 줄은 몰랐고, 만약 온다 하더라도 당시 조정 사람들이 거의 믿었던 대로 전라도로 공격해 올 것이라고 추측했으리라는 것이다.

황윤길과 김성일이 한양에 돌아왔을 때는 이순신이 전라 좌수사에 임명된 지 막 한 달쯤 지난 뒤였다. 혹여 김성일은 일본이 전라도로 쳐들어오면 이순신이 막아 낼 것이고, 그러면 이순신이 포함된 동인의 위상이 높아져서 정여립 사건 때문에 침체되어 있던 전라도의 사기도 올라가리라 생각했던 게 아닐까? 그래서 입을 다물었던 것인지도 모른다.

어쨌거나 김성일은 전쟁이 터지자 목숨을 아끼지 않고 전쟁터를 달림으로써 나름대로 '죗값'을 치렀다. 하지만 그래도 김성일이 좀 더 신중하게, 좀 더 중대한 가치를 놓고 판단했더라면 조선 사상 최악의 재난은 웬만큼 대비할 수 있었으리라.

결국 이렇게 살펴보면 선조의 임진왜란 대비는 특별히 모자라거나 어리석은 점이 없었다. 하지만 실제 침공은 그 누구도 예상치 못한 규모였으며, 그것에 제대로 대비하기에는 오랜 세월 동안 악화되어 온 폐단과 모순이 지나치게 컸다. 물론 상황이야 어찌 됐든, 국난 당시에 최고 통치자의 자리에 앉아 있었다는 이유만으로도 선조에게 충분히 책임을 물을 수밖에 없다. 하지만 무턱대고 "어쩌다 저런 사람이 왕이 되어서", "선조만 아니었다면" 하는 식으로 비판하는 것은 매우 부당해 보인다.

짓밟히는 산하

부산 일대가 단 이틀 만에 일본군의 본거지가 되는 동안, 한양에서는 그 사실을 전혀 모르고 있었다. 청천벽력 같은 침략 소식이 창덕궁에 전해진 것은 전쟁 개시 후 나흘이 지난 4월 17일, 경상좌수사 박홍의 보고를 받고 난 뒤였다. 이 일만 봐도 당시 지방의 전쟁 준비 태세가 얼마나 엉성했는지 알 수 있다. 봉화라도 제대로 올렸다면 적어도 몇 시간 안에는 침공 사실이 알려졌을 것이다. 너무 당황한 나머지 깜빡 잊었는지, 아니면 다른 누군가가 올렸다고 생각했는지 정발도, 송상현도 봉화를 올리지 않았다. 결국 조선 조정은 초기 대응에 필요한 귀중한 시간을 잃고 말았다.

전쟁 소식을 접한 조정에서는 서둘러 순변사 이일을 대구로 내려보내려 했다. 이일은 한양에서 병력을 어느 정도 차출해서 내려가려 했는데, 도무지 병사들을 모을 수가 없었다. 그래서 사흘이 지나도록 우물거리고만 있는 것을, 답답해진 선조가 어서 몸만이라도 내려가라고 떠밀었다. 하지만 대구에 집결했던 병력은 이미 저절로 흩어진 뒤였다. 다만 진주에서 밀양 부사 박진과 우병사 김성일이 분전하여 적의 장수를 사살하는 전과를 올렸을 뿐이다.

이제 유일한 희망은 전부터 조선 최고의 명장이라는 명성을 얻고 있던 신립이었다. 선조 25년(1592) 4월 26일, 신립은 8천 병력을 이끌고 충주 탄금대에 진을 친 뒤 몰려오는 일본군을 기다리고 있었다.

몇만 대 8천이라는, 병력부터 뒤지는 전투였으나 신립은 나름대로 자신이 있었다. 예전에 신립은 이일이나 유성룡처럼 국방 문제에 관심이 많은 사람들과 조총을 가지고 토론한 적이 있었다. 그때 이일과 유성룡이 조총의 위력을 겁낸 반면 신립은 그렇게 걱정할게 없다고 보았다.

보통 활보다 총의 사거리가 훨씬 멀다고 생각하겠지만, 당시의 조총은 아직 발달 수준이 낮아서 그렇지 못했다. 물론 일본이나 중국에서 쓰던 활보다는 멀리까지 쏠 수 있었다. 하지만 조선이 자랑하는 맥궁은 사거리가 300미터로 사거리가 겨우 200미터인 조총을 훨씬 앞섰다. 게다가 조총은 활에 비해 한 번 발사한 다음 다시 쏘기까지 시간이 걸렸다. 그래서 조총을 발사할 때 나는 천둥 치는 듯한 소리의 심리적인 압박감만 제외하면, 조총을 딱히 두려워할 필요가 없다고 신립은 보았던 것이다.

정말 두려운 무기는 조총보다 일본도였다. 일본도는 잘 구부러지거나 부러지지 않으면서도 물건을 잘 베었다. 서양의 군사학자들이 "일 대 일 접전에서는 근대 이전의 세계 최강 무기"라고 했던 일본도를 능숙하게 휘두르며 덤벼드는 일본군에게 조선군은 당할 수가 없었다. 따라서 일본군과 우리 보병들이 직접 칼을 맞대고 싸우기 전에, 먼저 활과 기병대를 써서 적군을 꺾어야만 했다.

그러나 신립 휘하 병사들은 불안하기만 했다. 당시 일본군과 맞설 최적의 장소는 탄금대가 있는 충주가 아니라 남쪽의 조령이라는 데 모두의 의견이 일치했다. 그곳의 높은 언덕에 진을 치고 느긋하게 기다리다가, 좁은 길로 올라오는 일본군을 상대한다면 충분히 방어할 수 있으리라 여겼던 것이다. 그러나 지금 병사들이 진을 친 곳은 탄금대였다. 적에게 조금이라도 밀리면 곧바로 병사들이 등 뒤 달래강의 시퍼런 물길 속에 떨어질 수밖에 없는 곳이 아닌가? 그래서 오늘날에도 많은 사람들이 신립이 '어리석게도' 조령 대신 탄금대를 결전지로 선택했기 때문에, 조선이 조기에 일본군을 막지 못했다고 이야기한다.

하지만 신립에게는 그럴 만한 까닭이 있었다. 여기서도 또 제승방략 체제의 문제점이 나오는데, 본래는 몇만 병력이 모여야 할 병사들이 실제로는 8천밖에 모이지 않았던 것이다. 게다가 여기저기서 끌어와 급하게 만든 군대인지라 서로 화합하지도 못했고 훈련도 제대로 되어 있지 않았다. 한마디로 오합지졸에 가까운 군대였다. 신립은 절망했지만, 옛날 한신의 이야기를 퍼뜩 떠올렸다.

한신은 중국 장수로 한나라가 천하를 통일하게 만든 일등 공신이다. 하지만 그런 한신도 조나라와 싸울 때는 신립처럼 오합지졸밖에 동원할 수 없는 처지였다. 그러자 한신은 일부러 강을 뒤에 두고 배수진을 쳤다. 모두들 병법의 기초도 모르는 어리석은 짓이라 생각했지만, 결과는 승리였다. 병사들의 개별 전투력이나 사기가 높지는 않았지만, 배수진 때문에 생긴 "여기서 밀리면 죽는다"는 위기의식이 평소 이상의 힘을 발휘하게 만들었기 때문이다.

그래서 신립은 여기서도 같은 결과를 기대하고 일부러 탄금대에 배수진을 친 것이다. 하지만 신립의 기대는 여지없이 깨졌다. 신립은 먼저 다가오는 적들에게 기병대를 돌격시켰다. 하지만 마침 내린 비로 땅은 젖어 진창인 데다 풀까지 뒤엉켜 있어서, 말들은 빠르게 뛰지도 못하고 자꾸 넘어졌다. 이렇듯 기동력을 잃은 기병대는 일본군의 밥이나 다름없었다.

게다가 신립이 가볍게 여긴 조총, 분명 사거리는 대단치 않은 무기지만, 그러나 그것이 한꺼번에 발포되어 강산을 뒤흔드는 엄청난 소리를 내니 조선 병사들의 마음도 따라서 뒤흔들렸다. 병사들은 정신없이 강물로 뛰어들어 달아나기 시작했고, 걷잡을 수 없이 무너지는 군대를 신립이라고 달리 어쩔 도리가 없었다. 결국 신립은 자결했고, 신립의 시신은 수많은 조선 병사들의 시신과 함께 달래강에 둥실 떠올랐다.

모든 것을 걸다시피 했던 신립군의 패전 소식은 하늘이 무너지는 것과 같았다. 선조는 주먹을 부르쥐고 아아, 탄식하고는 한참을 말이 없다가 결국 이렇게 말했다.

"파천播遷을 준비해야겠소."

파천. 임금이 수도나 궁궐을 떠나 피신하는 것을 말한다.

오늘날 임진왜란과 관련해 선조를 부정적으로 보는 두 번째 근거는 바로 이것, 곧 선조가 국난을 맞아 "백성들을 내버려둔 채 자기 혼자 살겠다고 도망을 쳤다"는 것이다. 감정적으로 생각한다면 수긍이 간다. 최고 통치권자가 책임지고 적을 막기는커녕 자기만 살겠다고 비겁하게 달아나다니! 하지만 좀 더 냉정하게 생각할 필요가 있다.

오늘날이라면 설령 대통령이 적군의 손에 살해된다 해도 나라가 망하지는 않는다. 국무총리, 국회의장, 또 그 밑의 누구, 이런 순서로 직무를 대행하면 된다. 대통령은 중요한 자리이기는 하지만 어디까지나 주권자인 국민의 뜻에 따라 공무를 수행하는 대리자이지, 그 자신이 주권자는 아니다. 그렇기 때문에 대통령의 생사가 국가의 존망을 좌우하지는 않는 것이다.

그러나 옛 군주제에서는 달랐다. 당시의 임금은 그야말로 국가나 다름없었다. 최고 통치자인 동시에 주권자인 것이다. "세상에 단 하루라도 임금이 없을 수는 없다"는 말이 있는데, 그만큼 옛사람들은 아무리 무능하거나 나약한 임금이라 해도 임금이 있어야만 비로소 나라도 있다고 생각했다. 물론 임금이 연산군처럼 무도한 폭군이라면 바꿀 수도 있지만, 어디까지나 '바꾸는' 것이지 임금 제도 자체를 '없애는' 것은 아니었다. 임금 개인에 대한 충성과 국가에 대한 충성도 잘 구별되지 않았다. 오늘날 민주주의에 익숙해 있는 우리 눈으로 볼 때는 이해가 잘 되지 않겠지만, 옛사람들에게 임금 없는 세상은 결코 상상도 할 수 없는 것이었다.

따라서 그런 임금이 적에게 붙잡혀 목숨을 잃는다면 곧바로 나라가 멸망한 것과 마찬가지가 된다. 실제로 그런 일이 벌어졌다면, 만약 선조가 파천하지 않고 한양에서 버티다가 조총에 벌집이 되어 쓰러졌다면, 왕가의 핏줄을 이은 누군가를 대신 내세워 조선이 멸망하지 않았음을 주장하지 않는 한 왕조는 그 자리에서 끝나는 것이었다. 그런데 당시 임해군, 광해군 같은 왕자들도 선조와 함께 있었다.

왕조 따위야 무너지면 어떠랴, 중요한 것은 백성이 아니겠느냐고 생각할 수도 있겠다. 하지만 달리 생각해 보자. 1910년에 우리나라가 국권을 상실하고 일본의 식민지가 되었을 때, 그래도 백성과 국민은 그대로 있었으니 국권 상실도 별일이 아니라고 말할 수 있는가? 나라 잃은 백성, 정부 없는 국민은 안심하고 생업에 종사할 수가 없다. 인권의 그림자도 없던 과거에는 자칫하면 이민족들의 노예가 되고 노리개가 될 가능성도 높았다. 누가 그런 생지옥에서 백성을 구해 주겠는가?

그러므로 냉정히 생각하면, 앞서 이일이 한양에서 병력을 모으려 할 때도 300명을 채 모으지 못했던 한양에서 노도처럼 밀려드는 수만 명 일본군과 맞선다는 것은 자살 행위나 마찬가지였다. 그리고 당시 임금은 자살하기에는 지나치게 중요한 존재였다.

당시라고 임금이 달아나서는 안 된다는 '감정적인' 반대가 없지는 않았다. 오히려 반대가 더욱 많았다. 조정 신료들은 저마다 "파천은 불가하옵니다!"라고 목소리를 높였다. 우승지 신잡은 "기어코 전하께서 파천하시겠다면 신은 종묘 앞에서 자결하겠습니다!"라고 했는가 하면, 수찬 박동현은 "전하께서 일단 도성을 나서시면 그때부터는 안전을 보장할 수 없습니다. 전하의 가마를 메던 가마꾼들도 가마를 내팽개치고 달아날지 모릅니다"라고 했다. 아무리 위급 상황이라고는 해도 평소라면 무엄하다 하여 최소한 귀양살이를 했을 발언들을 임금에게 아무렇게나 턱턱 쏟아 내는 신하들을 보며 선조는 기가 막혔다.

그렇게 투지가 대단한 사람들이었으면 왜 진작 일본을 좀 더 경계해야 한다고, 국방력을 좀 더 높여야 한다고 말하지 않았는가? 어째서 매일 당파 싸움만 하면서 헛된 세월을 보냈는가!

한양에 살던 일반 백성들도 궁궐 앞에 몰려들어 파천만은 안 된다고 외치고 있었다. 기어코 선조가 한양을 빠져나가자 그들은 분노하여 궁궐을 태워 버리기까지 했다고 한다. 백성들은 국난을 당하여 임금이란 자가 어찌 혼자만 살려 하느냐고 분노하였다. 게다가 임금이 있어야 어떻게든 군사들이 한양을 지키려 할 것인데, 임금이 빠져나가면 자신들은 여지없이 일본군에게 짓밟힐 수밖에 없다는 생각에 그토록 필사적으로 파천을 반대했던 것이다. 안타까운 일이었으나, 다시 말하지만 그런 안타까움과 왕으로서의 체면 때문에 자살을 감행할 수는 없었다.

사실 조선 시대에 도성까지 외적이 쳐들어오는 일은 이번이 처음이었다. 그렇기에 신하들이나 백성들이나 공황 상태에 빠지고, 파천이라는 말에 감정적으로 대응할 만도 했다. 그러나 고려 시대를 살펴보면, 거란족이 도성에 쳐들어왔을 때 영명한 군주로 이름이 높았던 성종은 파천한 것도 모자라 나라의 땅을 갈라 주고 공격을 모면하려고까지 했다. 꿋꿋한 개혁 군주로 알려진 공민왕도 홍건적을 피해 도성을 떠나 안동까지 도망쳤다. 심지어 고려 왕조는 몽골의 침공을 맞이해 강화도로 피신해 거의 40년 동안이나 머물러 있기도 했던 것이다.

'중국의 경우를 보더라도, 한고조 유방은 초나라 항우와 싸워 여러 차례 패배했다. 어떤 때는 자기와 닮은 장수를 미끼로 남겨 놓고 자신만 달아나기도 했고, 어떤 때는 쫓아오는 항우군이 두려운 나머지 조금이라도 수레의 속력을 높이겠다고 자기 자식들을 수레 밖으로 내던지기까지 했다. 그러나 그렇게 구차하게라도 살아남았기에 결국 최종 승리를 거둘 수 있었다. 그 뒤 천하를 안정시키고 문물을 꽃피움으로써 위대한 군주로 역사에 남았던 것이다. 지금 누가 한고조를 비겁하고 나약한 군주였다고 비판하는가? 마찬가지다. 지금 상황이 어쩔 수가 없으니 일단 살고, 나중에 이 원한과 치욕을 갚자는 것인데 왜 모두들 알아주지 않는가?'

선조는 고독했다.

일찍이 어린 나이에 자신의 의지와는 무관하게 임금이 되어 을씨년스러운 명종의 빈소를 지키면서 느꼈던 고독에서부터, 유능한 신하들을 당쟁의 와중에 하나둘씩 잃어버리고 아무도 자신의 마음이나 개혁 의지를 알아주지 않는 지금까지 이어진 고독, 그리고 이제는 모든 책임을 왕에게만 미루면서 현실적으로 불가능한 것을 끊임없이 요구하는 신하와 백성들에 둘러싸인 고독까지 덧붙여졌다. 선조의 마음은 한없이 어둡고, 무거웠다.

그러나 급박한 현실 앞에 결국 파천 반대를 외치던 신하들의 목소리는 슬슬 잦아들었고, 선조는 어두운 얼굴로 파천에 앞서 꼭 내려야 할 중요한 조치들을 의논했다. 이원익을 평안도로, 최흥원을 황해도로 보내서 민심을 안정시키고, 아울러 병력을 모집해 전쟁 준비를 독려하게 했다. 이제 곧 조정이 북쪽으로 떠날 것인데, 북쪽에도 남쪽처럼 적을 맞이할 준비가 안 되어 있거나 거꾸로 민란이라도 일어난다면 큰일이기 때문이었다.

그리고 무엇보다 광해군을 세자로 봉했다. 본래 세자 책봉이란 좋은 날을 받아 천지신명과 종묘사직에 고하면서 온갖 절차와 예식을 거창하게 치르는 중대한 행사인데, 지금은 그런 여유가 있을 리 없었다. 다만 간소하게나마 세자를 세웠다는 것은, 혹시 선조가 적군에게 당하더라도 나라가 망하지 않고 왕조가 이어지는 대안을 마련했다는 뜻이었다.

그렇다면 왜 미리 세자를 세우지 않고 이제야 '벼락치기'로 세웠을까? 앞서 보았듯 선조는 조선 사상 최초로 직계 왕자가 아닌 방계 왕족 출신으로 임금이 되었다. 그러다 보니 신하들이 은근히 자신을 얕잡아 보는 게 아닐까 하는 자격지심 비슷한 것을 느끼고 있었다. 그래서 자신의 후계자만은 누가 봐도 흠잡을 데가 없는 정실 왕비 소생의 맏아들로 세우고 싶어 했다. 하지만 불행히도 의인왕후 박 씨는 좀처럼 자식을 낳지 못했다.

후궁인 공빈 김 씨가 낳은 임해군과 광해군, 순빈 김 씨가 낳은 순화군 같은 몇몇 아들이 있기는 했지만, 선조는 후궁의 자식을 세자로 삼는다는 게 영 마땅치가 않았다. 더구나 그중에서 맏아들이 되는 임해군은 성격이 격하고 절제가 없어서 왕의 재목이 아니라는 평가를 많이 받았다.

게다가 정철이 광해군을 세자로 세우라고 건의했다가 귀양을 간

일에서도 알 수 있듯, 세자 책봉을 둘러싸고 누구는 임해군, 누구는 광해군을 앞세워서 당쟁의 연장전을 벌이고 있다는 점도 선조가 쉽게 책봉을 결정짓지 못하게 했다. 그러나 이제는 이것저것 따질 상황이 아니었다. 임금이 죽더라도 나라가 망하지 않았다는 증거, 이른바 '왕세자'라는 대안을 미리 세워 두어야 했다. 그래서 임진왜란 도중에 비로소 광해군은 세자로 책봉되는 것이다.

눈물의 피난길, 검은 강, 그리고 별빛

선조 25년(1592) 4월 30일, 결국 선조는 도성인 한양을 벗어나 북쪽으로 피난길에 올랐다. 상황은 참담했다. 추적추적 비가 내리는 가운데 경기도 북부의 벽제관에 도착해 점심을 먹는데, 선조와 의인왕후의 수라만 최소한으로 마련되었고 세자 광해군은 반찬도 없이 밥을 먹어야 했다. 이제는 끝장이라고 생각한 궁궐의 하급 관리들과 일꾼들이 너도나도 도망쳐 버렸기 때문이다. 임금을 호위하는 병사들조차 슬슬 눈치를 보다가 재빨리 근처 숲 속으로 사라져 갔다. 임진강을 건널 무렵에는 따르는 인원이 고작 몇십 명에 불과했다.

그래도 안심할 수가 없었다. 일본군은 바람처럼 빠르게 북상하여 5월 2일에 한양을 점령해 버렸다. 조금만 더 지체했더라면 선조는 아예 빠져나갈 수가 없었을 것이다. 그러면 임진왜란도 그때

끝났을지 모른다. 일본군은 멈추지 않고 선조를 쫓아 북상을 계속했다. 개성에 도착해 있던 선조도 다시 길을 재촉해, 5월 3일에 개성을 나섰다.

하지만 좋은 소식도 있었다. 5월 7일에 이순신이 옥포에서 첫 해전을 벌여 일본 수군을 격파했다는 소식이 전해진 것이다. 선조는 가뭄 끝에 단비를 만난 듯 여기며 이순신에게 '가선대부'라는 작위를 내렸다. 그 뒤에도 이순신은 계속해서 승전보를 보내 왔다.

이렇게 되자 선조의 피신도 그냥 피신이 아닌 일종의 전략적인 후퇴의 성격을 갖게 되었다. 이순신이 전라도 해안을 굳게 지키면서 적의 보급로를 끊어 곤란하게 만드는데도, 일본군은 멈추기는커녕 "조선의 임금을 죽이거나 사로잡는다"는 전쟁 목표를 이루기 위해 한양에 머물면서 잠시 재정비할 여유도 없이 선조를 따라 추격에 추격을 거듭했던 것이다. 따라서 일본군의 보급로는 더 길어졌고, 배편으로 물자 보급을 받아야 할 필요성은 더 절실해졌다. 그러나 그 뱃길은 이미 이순신이 틀어막고 있으니 일본군은 자칫 함정에 빠질 수 있었다. 이 점을 깨달은 선조는 더 빨리, 더 멀리 달아나려고 애썼다.

그러나 그런 점을 몰라주는 고을의 백성들은 개성에서나, 평양에서나 "우리를 내버리고 어디를 가십니까?" 하며 소란을 피웠다. 궁녀들이나 수비 병사들이 폭행을 당하는 일까지 생겼다. 사상 최악의 난리를 만나 절망과 분노에 휩싸인 민심은 '겁쟁이 임금'을 욕하거나, 선조의 총애를 받고 비리를 저질렀다는 의혹을 받았던 인빈 김 씨의 오빠 김공량을 처단하라고 목소리를 높였다.

신하들도 잊을 만하면 파천은 잘못이었다고 서로를 탓하거나 선조에게 볼멘소리를 했다. 기진맥진이 된 선조는 평양에서 또 파천 논쟁이 벌어지자 "정 그렇다면 내가 이 자리를 물러나겠다. 세자를 새로운 임금으로 세우고 잘들 해 봐라!" 하면서 이른바 '선위 파동'을 일으킨다. 그제야 간신히 논쟁을 잠재울 수 있었다.

보급 문제가 심각해진 데다 의병들도 곳곳에서 일어나면서 일본군의 추격 속도는 차차 느려졌다. 하지만 아직도 전세는 크게 불리했다. 선조는 외교에 능한 이덕형을 일본군에 보내 강화 교섭을 하게 했지만 실패했다. 그러자 이번에는 명나라에 보내 구원병을 청하도록 했다. 그리고 6월 14일 평안도 영변에서는 세자인 광해군에게 영의정을 비롯한 일부 신하들을 데리고 함흥으로 가서 그곳 민심을 위로하고 전쟁 수행을 격려하라고 시켰다. 말하자면 정부의 일부를 '쪼갠' 것이다.

6월 22일, 선조는 드디어 평안도 북서쪽 끝인 의주까지 이르렀다. 6월 11일에 떠나온 평양은 이미 일본군 손에 들어가 있었다. 여기서는 더 도망칠 곳도 없었다. 있다면 요동, 다시 말해 중국뿐인데, 아무리 어려워도 나라 밖으로까지 나간다면 그것은 임금이 죽은 것이나 비슷한 결과가 될 수 있었다. 그때까지도 "조선이 일본과 짜고 우리를 치려는 게 아니냐?" 하고 애먼 의심을 하며 이덕형의 애간장을 태우고 있던 명나라가 과연 선조를 어떻게 대우할지도 알 수 없었다.

이른바 사면초가. 당장 며칠 후 자신이 어찌 될지, 나라가 어찌 될지를 기약할 수 없는 절체절명의 상황. 그런 가운데서도 아직도 스스로 반성할 줄 모르고 남의 탓만 하느라 정신이 없는 신하들을 한심한 듯 바라보며, 선조는 시를 읊었다.

> 나라의 운명이 어지러운 오늘,
> 누가 이광필, 곽자의의 충성심을 보이겠는가.
> 큰 계획에 따라 서울을 버렸으니,
> 다시 찾을 희망은 오직 여러분에게 달렸는데.
> 관산의 달을 보니 통곡이 일고,
> 압록강 매운바람에 저미는 가슴이여.
> 그대들은 오늘이 지난 뒤에도,
> 또다시 동인이니, 서인이니 하겠지.

이광필, 곽자의는 당나라가 안록산의 난을 겪으며 거의 멸망 위기에 처했을 때 떨치고 일어나 무너져 가는 나라를 떠받친 충신이자 명신이었다. 오늘날 이런 사태가 벌어진 것은 분명 임금인 선조 자신의 탓도 크겠지만, 문만 숭배하고 무를 천시하면서 나라의 기운을 온통 당쟁에 써 버린 신하들 탓도 있지 않겠는가?

하지만 이 나라가 다시 살아난다면, 그것도 결국 임금이 아니라 신하들이 잘해서 살아나는 것이 되리라. 아니, 무엇보다 과연 그렇게라도 모두들 힘을 합쳐 바닥까지 기울어진 나라를 되살릴 수나 있는 것일까……

선조는 자꾸만 비관하게 되는 것을 어쩔 수 없었다.

그때 선조에게 누군가 다가왔다. 쳐다보니 어의 허준이었다. 허준은 김이 무럭무럭 나는 탕약 사발을 받쳐 들고 있었다. 먹을 것도 구하기 어려운 지경인데 약재를 잘도 구했군, 싶었다.

"어의도 고생이 많소."

"당치 않으시옵니다, 전하. 어서 드시옵소서. 식을수록 약효가 떨어지옵니다."

"알겠소."

탕약을 비운 선조는 자기도 모르게 살짝 얼굴을 찡그리며, 허준에게 말했다.

"평소보다 입맛이 쓰구려. 아무래도 제대로 약재를 갖출 수 없었던 모양이지?"

"그 반대이옵니다. 이 주변의 산을 돌아다녀 보니 남쪽에서는 구할 수가 없던 약초가 많았사옵니다. 그래서 한양에서 드시던 것보다 오히려 제대로 된 탕약을 올릴 수가 있었나이다."

"허허, 그렇구려! 사실 돌아보면 약이 될 재료는 어디에나 널려 있는데, 보통 사람들의 지식이 짧으니 보고도 약인 줄 몰라 병을 고치지 못하는 수가 많을 것이오. 안타깝게도."

"그렇사옵니다. 하지만 약보다는 평소에 드시는 음식이 건강을 유지하옵는 데는 더 중요한데, 형편이 이러하여 제대로 드시지를 못하니 걱정이 이를 데 없사옵니다."

"어의는 언제 봐도 성실하시오."

"황공하옵니다, 전하."

"아니오. 나라 꼴이 이렇다 보니 대신이라는 자들도 달아나지 않으면 자기 앞가림만 생각하고 있는데……. 어의는 본래 양반 집안 출신이었지?"

"그렇사옵니다. 양반의 서자로 태어났사옵니다."

"어의의 총명함과 성실함을 볼 때 정실 자식으로 태어나 과거를 보았으면 저기 저 대신들 이상이 되었을 것을. 예전에 이조 판서 이이가 서자들도 과거를 볼 수 있게 하자고 제도 개혁을 주장했다오. 그런데 반대가 심해 무산되었소. 뭐라더라, 이이가 자기 피붙이 중에서 서자들을 출세시켜 주려고 꾸미는 수작이라나. 당파밖에 모르는 인간들 눈에야 그리 보였겠지. 그때 일이 잘되었더라면 늦게라도 어의에게 길이 열렸을 텐데 말이오."

"아니옵니다. 소신도 젊은 시절에는 한때 방황도 했습니다만, 지금은 이 일을 천직으로 아옵니다. 어떤 일보다 자랑스럽게 생각하옵니다."

"으음, 하긴 사람을 살리는 '인술'이라 했으니. 그러고 보면 노상 이치가 어떻고, 기운이 어떻고 하는 저 선비라는 인종보다 오히려 기술로 사는 사람들이 더 깨끗하고 훌륭한 것도 같소. 사람 됨도 저들이 업신여기는 무인이나 기술관들이 더 나은 경우가 많더군."

"어찌 그렇겠습니까. 기술이 뛰어난 사람이 많아도 그들을 올바로 이끌 사람이 없으면 효용이 없을 것이옵니다. 그리고 그런 사람이 자기 욕심만 앞세우면 백성들은 고통스러울 것이옵니다. 하오나 소신의 어리석은 생각에는, 선비 분들이나 저희나, 모두 같은 일을 하고 같은 것을 바라본다고 보옵니다."

"그게 무슨 뜻이오?"

선조는 허준과의 흥미진진한 대화에 어느새 참담한 처지도 잊은 채 무릎을 바짝 당기며 질문했다.

"저희 같은 의관은 병을 고쳐 사람을 살립니다. 선비들도 바른 정치를 하여 사람을 살립니다. 무인들도 사람을 죽이는 일을 하는 듯하나 실제로는 우리 백성을 살리기 위해 그러는 것입니다. 농민도 곡식을 일궈 우리를 살아가게 하고, 상인도 물자를 유통시켜 우리를 살아가게 합니다. 우리 모두는 사람을 살리는 일을 하므로 가치 있게 사는 것이며, 밥을 먹을 자격도 있는 것입니다. 그런데 만약 자기 자신의 부귀에만 집착하여 사람을 살리는 뜻을 잃거나……."

"사람을 살리는 일보다는 공허하고 하찮것없는 일에 얽매이고 집착한다면, 잘못 사는 것이겠군!"

"그렇사옵니다. 그것이 사람의 본분입니다. 그리고 모든 신하와 백성이 본분을 잃지 않고 살아가도록 권하고 이끄는 일, 그것이 전하의 본분이십니다."

"으음!"

선조는 이황의 맑은 시냇물 같은 가르침이나, 기대승의 높은 봉 우리 같은 가르침, 이이의 험한 듯해도 한편 포근한 산골짜기 같은 가르침을 들으며 느꼈던 즐거움을 뛰어넘는 또 다른 즐거움을 허준과의 대화에서 느낄 수 있었다.

아니, 누군가 이런 색깔을 띠고 말하는 사람이 있었는데. 내용과 표현은 다르지만. 그래, 유희춘, 그 사람이었다. 그러고 보니 이 허준이란 친구도 유희춘의 추천으로 궁중에 들어왔다고 했지.

무엇보다 선비든, 무인이든, 왕이든, 신하든, 그 누구든 모든 이들의 본분은 바로 '사람을 살리는 일'이라. 그 본분을 지키지 못한다면 아무리 아름답고 고매한 이야기라 해도 쓸모가 없다…….

선조는 그 말을 곰곰이 생각하며 마음에 새기고 있었다. 그래, 백성을 살리려면 아름답고 고매한 이야기가 아니라 백성에게 직접으로 도움이 되는 쓸모와 실용을 먼저 생각해야 했다. 그것이 진정 백성을 살게 하는 정치의 본분일 것이다. 선조는 뭔가 빛이 보이는 것 같았다. 이 절망적인 지경에서 벗어날 수 있다면, 한양으로 돌아가서 임금으로서 무슨 일을 해야 하는지 알 것도 같았다.

한 나라의 지존으로 밤이슬을 온통 맞으며 검고 깊은 압록강 가에서 새우는 밤. 선조의 머리 위에는 어둠이 있었지만, 그러나 그 어둠은 찬란한 별빛으로 이 밤을 새는 사람들 모두의 머리 위도 환하게 비춰 주고 있었다. ❀

산 자와 죽은 자

종묘에 온 선조는 역대 임금들 위패 앞에 엎드려 통곡을 했다. 죄스러움과 분노와 설움이 복받쳐 저절로 통곡이 나왔다. 그리고 한양에 남아서 온갖 고난을 다 겪은 백성들에게 물자를 있는 대로 풀어 그 굶주림을 달랬다. 선조 자신도 배급소에 나가 손수 죽을 끓여서 백성에게 먹였다.

마침내 귀경, 하지만 웃을 수 없다

선조 26년(1593) 10월 1일, 선조는 마침내 한양으로 돌아왔다. 한양을 떠난 지 17개월 만이었다. 그러나 선조의 얼굴에는 웃음이 없었다. 겨우 1년 반 정도였는데 그사이 잔뜩 늘어난 주름살과 희끗해진 머리, 그리고 흐릿해진 눈빛이 십여 년은 더 늙어 버린 듯 보였다.

실제로 선조는 지쳤다. 그리고 아팠다. 조선의 왕들은 본래 만성으로 운동 부족에 시달렸다. 그래도 조선 전기의 왕들, 특히 강한 왕권을 누렸던 태종이나 세조 같은 왕들은 전쟁 연습을 핑계로 곧잘 사냥을 다녔다. 그러지 못했던 왕들도 병 치료를 핑계로 온천에 다니고는 했다.

하지만 선조는 출신이 마땅찮다는 자격지심과 선비들에게 모범을 보여야 한다는 의무감으로 한 번도 사냥이나 온천을 가지 않았다. 어린 나이로 궁궐에 들어온 뒤로는 왕실 어른의 장례 정도를 빼면 일 년 내내 궁궐 안에서만 지냈다. 젊을 때는 활쏘기라도 간간이 했으나, 그나마 신하들의 반대로 그만둔 지 오래였다. 운동 부족에, 기분 전환할 거리도 없으니 마음도 함께 울적해졌다. 자연히 기초 체력이 약해질 수밖에 없었다.

거기다 난리를 만나서는 거의 매일처럼 가마나 말을 타고 피난을 다녀야 했다. 먹을거리도 변변찮고, 무엇보다 주위에서 받는 억압감이 살인적이었다! 전쟁 결과에 대한 조바심, 달아나도 달아나도 끝없이 뒤따르는 적군을 향한 공포, 별 도움도 안 되면서 시도 때도 없이 괴롭히는 신하들의 등쌀, 적에게 붙잡힌 왕자들 걱정, 죽은 백성들의 시체와 울부짖는 어린아이들을 보며 찢어지는 가슴, 명나라 장수들의 오만불손함, 위협……. 명의 허준이 붙어 있지 않았다면 선조는 벌써 북쪽 땅에서 삶을 마감했을지도 몰랐다.

스스로도 머리가 희끗희끗해진 쉰네 살 허준은 자신보다 더 늙어 보이는 마흔두 살 선조의 굽어진 어깨를 바라보며 애잔한 마음이 들었다. 시대를 잘 만나셨다면 성군이 되실 분인데…….

선조는 만성 소화 불량에다 음식을 목으로 넘기지 못할 때도 많았으며, 요즘은 좀 뜸해졌지만 공황 발작을 일으키는 때도 있었다.

선조는 정릉동에 있는 성종의 형 월산대군의 옛 집(지금의 덕수궁)을 숙소로 정하고 그곳에 짐을 풀었다. 궁궐(경복궁)은 폐허로 변해 쳐다보기도 괴로웠다. 한양에 돌아온 선조가 가장 먼저 한 일은, 중국 사신들을 접대하는 모화관에 가서 명나라 서울을 향해 네 번 절하며 감사를 표시하는 일이었다. 기가 막혔다. 하지만 어쩔 수가 없었다. 적어도 육군은 명나라의 원군에 전적으로 기대고 있는 형편이었기 때문이다. 그리고, 만약 저들이 다른 마음을 먹는 날에는……. 그러면…….

모화관을 나선 다음에는 종묘로 갔다. 선조는 역대 임금들 위패 앞에 엎드려 통곡을 했다. 본래는 울지 않고 우는 시늉만 내는 것이 예법이었지만, 죄스러움과 원한과 분노와 설움이 복받쳐 저절로 통곡이 나왔다. 그리고 좀 진정한 다음, 한양에 남아서 온갖 고난을 다 겪은 백성들에게 가지고 온 물자를 있는 대로 풀어 구휼을 했다. 이를 관리하기 위해 임시로 관청을 설치하고 다섯 군데에 배급소를 세워 굶주린 백성의 허기를 달랬으며, 선조 자신도 배급소에 나가 손수 죽을 끓여 백성에게 먹였다.

얼마 후 지방에서 곡식을 실은 배가 한강으로 올라와 용산에 닿았다. 선조는 직접 용산에 나가 모여든 백성들에게 양식을 나눠 주었다. 몸도 성치 않으면서 굳이 그렇게 한 것은 주리고 지친 백성들에게 직접 도움을 주려는 뜻도 있었지만, 전쟁으로 엉망이 된 공직자 기강과 치안 상황이 걱정되어서이기도 했다. 용산에 곡식이 부려지자마자 관리들이 멋대로 갈취하거나, 도적들이 습격하여 빼앗아 갈지도 몰랐다. 그래서 임금이 직접 현장에 나가서 양식 나눠 주기를 감독하고 왕의 호위병이 양식을 지키는 일을 맡도록 했던 것이다. 이처럼 임금이 직접 몸으로 부딪쳐서 어떻게든 일이 돌아가게 해야 했던 경우는 한둘이 아니었다.

"전하, 도성에 돌아오신 것을 경하드리옵니다!"

파천 내내 옆에서 지켜 준 충직한 내관, 이봉정의 말에 선조는 메마른 웃음을 지었다.

"경하는 무슨 경하? 적들이 물러간 것도 아니고, 우리 힘만으로 이곳에 돌아올 수 있었던 것도 아니거늘."

"하오나, 전하……."

"지금 막 올라온 보고에 따르면 울산에 있는 왜적들이 경주로 올라와서 약탈했다고 하더구나. 이것이 강화를 하네 마네 하는 자들이 할 짓인가?"

"……."

"이런데도 우리가 할 수 있는 일이라고는 명나라 군대에게 연락해서 어떻게 좀 해 달라고 하는 것밖에 없으니! 게다가 저들의 태도도 수상하다."

"수상하다니요, 전하?"

"신하들 앞에서는 할 수 없는 말인데……. 그대는 괜찮겠지. 아무래도 저들이 이 나라 절반을 갈라 주고 전쟁을 끝내려는 모양이야. 하긴, 남의 나라 전쟁에 이만하면 할 만큼 했다 싶겠지."

"그, 그런! 정말 그렇다면 어쩌면 좋습니까, 전하?"

"어쩌겠는가? 우리에게는 반대할 힘이 없는데."

"아무리 저들이 대국이라 해도 우리 땅을 어찌 마음대로 왜적에게 떼어 주고 말고 한단 말이옵니까!"

"그럴 수야 없지! 그러니까 반을 떼 준다는 말은, 곧 지금 왜적들이 점령하고 있는 남쪽을 더 이상 공략하지 않고 자기네는 물러가겠다는 말인 것이지. 우리가 우리 힘으로 남녘을 되찾으면 좋겠지만, 알다시피 그런 힘은 없네. 아니, 오히려 저들이 치고 올라와서 남은 반 토막까지 빼앗는 쪽이 훨씬 더 현실성이 있겠지."

"아, 전하. 그러면 어찌해야 하옵니까?"

"……다시 한 번 양위讓位, 임금 자리를 물려주는 일를 준비해야겠다."

"네? 또, 또 양위이옵니까?"

"무슨 표정이 그러하냐? 임금이 자리에서 물러나겠다는데, 그렇게 머쓱한 표정으로 멀뚱멀뚱 바라볼 일이더냐! 무엄하도다!"

"황, 황공하옵니다. 전하!"

허둥대며 바닥에 엎드리는 이봉정을 곁눈으로 보며 선조는 이마에 내 천川 자를 그렸다. 그리고 깊은 생각에 빠져들었다.

그래, 지금 내가 할 수 있는 일이란 이 정도뿐이다. 이제는 효과가 없을지도 모르지만…….

선조는 임진왜란이 일어난 지 두 달 만에, 신하들의 격한 잘잘못 싸움을 말리다가 양위를 처음 끄집어냈다. 그 뒤 벌써 몇 차례나 왕위를 세자에게 물려주겠다는 양위를 들고 나왔다. 한 차례 언급하고 넘어간 것까지 치면 전쟁 도중 스무 번이 넘게 양위를 거론했다고 한다. 완강할 때는 당황한 광해군이 멀리서부터 달려와 엎드려서 "황공한 말씀을 거두어 주소서!" 하고 빌어야 했다. 선조는 병이 심해서 임금 노릇을 더는 할 수가 없다느니, 역대 임금들에게 죄스럽고 신하들 보기 부끄러워 어쩔 수가 없다느니 하며 주위를 모두 곤란하게 만들었다.

그러면서 전쟁이 끝난 다음에는 한 번도 양위를 언급하지 않았다. 그러니 진정성이 없는 거짓 꾸밈이나 일종의 허세라고 여겨지는 게 당연했다. 선조를 그나마 좋게 보려던 사람도 이 대목에서는 고개를 흔들고 만다. 전쟁을 책임지고 이끌어 갈 책임자가 왜 그렇게 경망스러운가. 선조는 속 보이는 정치 '쇼'로 신하들의 억지 충성을 이끌어 내고 자기 자리를 보전하려는 '꼼수'밖에 없는 인물이 아닌가?

그러나 양위 이야기를 꺼내는 순간 덜컥 먼저 드는 첫인상을 잠시 접고, 앞뒤 사정을 자세히 살펴볼 필요가 있다.

당시 사상 최악의 재난을 겪은 신하와 백성들은 그 울분을 국정 최고 책임자인 선조에게 돌리는 일이 많았다. 그래서 선조의 인기는 바닥에 떨어진 반면, 그와 반대로 함경도에서 분조 활동을 벌이고 있던 광해군의 인기는 좋을 수밖에 없었다. 하지만 광해군은 당시 아직 십 대 소년이었다. 또한 본래부터 세자로서 임금이 될 준비를 착실히 하지도 못했다. 어떻게 보면 십 대에 엉겁결에 궁궐로 불려와 임금이 된 선조와 비슷한 입장이었지만, 그때는 국난을 겪는 상황도 아니었고 이준경, 이황, 기대승, 유희춘 같은 충실한 보좌도 많았다.

광해군의 분조 활동이 '눈부셨다'고 하지만, 인원도 물자도 별로 없는 데다 행정 경험도 없던 광해군이 난리 통에 실질적으로 활약할 여지는 적어 보인다. 그저 백성들 틈을 돌아다니며 조정이 당신들을 버리지 않았다는 점을 거듭 말하고, 의병을 일으킬 것을 독려하는 수준이었을 것이다. 그래도 대중의 의식이란 선조에게 느낀 '실망'을 이 소년에 대한 기약 없는 '희망'으로 바꾸기 쉬웠다.

영남에서 의병장으로 활약한 정인홍, 곽재우 같은 '북인'들이 전쟁 후반기부터 광해군과 가까이 지냈던 점도 광해군은 용감한 전사인 듯, 선조는 비겁한 졸장부인 듯 여기는 데 보탬을 주었다. 당시 동인들은 정철을 비롯한 기축옥사의 '원흉'들을 어떻게 할 것이냐를 놓고 강경파인 북인과 온건파인 남인으로 갈라졌는데, 북인들 가운데 용맹한 의병장이 많이 나왔던 것이다.

명나라도 선조보다 광해군이 더 믿음직하다면서, 웬만하면 왕위를 넘기지 그러느냐고 툭하면 시비를 걸곤 했다. 그러나 어디까지나 조선 조정을 흔들어 보려던 의도였지 명나라의 진심은 아니었다. 나중에 정말로 광해군이 왕이 되자 명나라는 "왜 맏아들인 임해군을 내버려 두고 둘째가 왕이 되었느냐?" 하면서 다시 시비를 걸어 왔던 것이다.

그러니 이래저래 아직 준비가 부족한 광해군에게 대뜸 왕위를 넘기겠다는 것은 너무 무책임한 행동이 아닌가? 그렇다. 실제로 양위가 이루어졌다면 큰 혼란이 발생했을 것이다. 가뜩이나 어려운 상황은 더욱 암담해졌을 것이고, 사태의 책임을 둘러싸고 당파 싸움도 또다시 치열하게 번졌을 것이다. 무엇보다 일본군은 한양 환도 이전까지 임해군을 사로잡아 두고 있었다.

임해군은 워낙 재목이 아니었기에 그를 세자로 삼을 수 없다는 점은 당파를 초월하여 모두가 인정하고 있었다. 그러나 비록 후궁의 자식이라고는 해도 임해군은 어쨌든 선조의 맏아들이었다. 그리고 광해군의 형이었기에, 명분으로는 광해군보다 더 세자 자리에 어울렸다. 그래서 광해군이 왕위를 물려받을 경우, 일본 쪽에서 그것을 인정하지 않은 채 임해군에게 억지 왕관을 씌워 놓고 꼭두각시로 만들 위험이 있었던 것이다.

그런 점에서 당시 선조가 양위를 해서는 결코 안 되었다. 하지만 바로 그렇기에 양위는 선조가 쓸 수 있는 가장 큰 위협 무기가 되었다. 당파 싸움을 하던 신하들도, 기 싸움을 걸어오던 명나라도, 정작 선조가 양위하겠다고 나서면 황급히 만류에 나설 수밖에 없었다. 그리하여 주도권은 한동안 다시 선조의 손에 돌아왔고, 어쩌면 일본군보다 더 무서운 '같은 편'들의 말썽을 무마할 힘도 생겼던 것이다.

하지만 지금은 사정이 좀 달랐다. 2년 동안 전쟁이 계속되면서 일본군은 속전속결로 한반도를 차지하려던 계획이 수포로 돌아가 기운이 빠져 있었다. 명나라 역시 의외로 일본군을 격파하기가 쉽지 않음을 알고는 남의 나라 전쟁에서 슬슬 발을 빼고 싶은 생각에 젖었다. 그래서 일본과 명나라는 본격적인 싸움을 멈추고, 정작 당사자인 조선은 따돌린 채 자기들끼리 정전 협상을 진행하고 있었던 것이다.

명나라 대표인 심유경은 늘 태연하고 느긋해 보이는 게 속을 알수 없는 사람이었다. 그런 점에서는 좋은 외교관일지 모르나, 조선의 입장에서는 영 미덥지가 않은 인물이기도 했다. 조선을 위해서 전력을 다하기는커녕 같은 편에게도 속내를 내비치지 않는 사람인데, 그런 심유경에게 나라의 운명을 맡겼으니 어찌 조바심이 없었겠는가.

조선이 정보망을 총동원해 보니, 정전 협상에서 몇 가지 다양한 안이 나오고 있는 모양이었다. 최악으로는 한반도의 반을 갈라서 갖겠다는 일본의 요구를 명나라가 받아들이고 물러간다는 안에서부터, 전쟁에 개입한 대가로 명나라가 대동강 서쪽 땅을 챙긴다는 안, 애초에 "명나라를 '칠 테니' 길을 빌려 달라"고 했던 일본의 요구를 살짝 비틀어 "명나라를 '섬겨 조공할 테니' 길을 빌려 달라"는 요구로 받아들여 도요토미 히데요시를 일본 왕으로 봉하는 선에서 전쟁을 마무리한다는 안 같은 것들이었다.

어느 안이든 조선의 입장에서는 마땅치 않았다. 특히 조선 영토의 일부라도 일본의 점령을 묵인하거나 명나라가 직접 차지하는 날에는 앞날이 캄캄했다. 평화 협정을 진행하는 중인데도, 명나라 군대만 조심할 뿐 조선은 거리낄 게 없다는 식으로 번번이 적대 행위와 분탕질을 계속하는 일본도 도무지 믿을 수 없었다. 그래서 선조는 다시 한 번 양위를 들고 나온 것이다.

명나라로서는 이제 막 마무리하고 조선에서 발을 빼려던 참인데, 조선의 지도부에 별안간 공백이 생겨 혼란이 일어난다면 입장이 곤란해질 것이다. 하지만 워낙 여러 번 이 방법을 써먹었기에 명나라에서 코웃음만 칠 가능성도 높았다. 아니면 이 마당에 조선이야 혼란에 빠지든 말든 아랑곳하지 않을 수도 있었다. 그래도 달리 방법이 없으니 선조는 양위라도 들먹이는 것이었다. 명나라가 "너무 조선을 무시하고 마음대로 해서는 안 되겠는걸"이라는 경각심만 가져 준다면 그걸로 족했다.

선조의 애절함이 통했는지, 명나라와 일본의 협상은 결과적으로 조선에게 유리하게 마무리된 셈이 되었다. 결국 어느 쪽도 조선의 땅을 갖지 못했으니까. 하지만 그 때문에 조선은 또 한 번 피할 수 없는 전쟁을 겪고 만다.

심유경과 고니시 유키나가는 각각 다른 이야기를 가지고 본국에 돌아갔다. 심유경은 히데요시에게 왕위를 내리고 조공을 허락하는 선에서 일본이 군대를 물리기로 했다고 보고했고, 고니시 유키나가는 명나라가 일본의 한반도 영유권 절반을 인정했다고 보고했다. 이에 따라 두 나라는 한반도에서 물러난다. 물론 이때도 일본은 부산 일대의 거점에서 철수를 미루고 있었다.

하지만 서로 말이 다르다는 게 알려지자 명나라는 바로 심유경을 문책하고, 나중에는 처형해 버린다. 일본도 다시 전쟁에 나서게 된다. 이것이 바로 '정유재란'이었다.

선조는 어떤 점에서는 잘되었다고 생각했다. 이대로라면 언제 또 무슨 일이 터질지 몰라 불안했던 것이다. 그러나 이제 믿을 것은 오로지 이순신의 수군과 명나라 군사뿐이었다.

그대 왜 이순신을 파면했을까?

선조는 이왕 다시 전쟁을 할 바에는 내내 우세를 보여 온 수군의 힘으로 부산 일대 적의 근거지를 격파하고 일본군의 뿌리를 이 땅에서 뽑아 버리고 싶었다. 그래서 삼도 수군통제사 이순신에게 공격을 재촉했다. 그러나 이순신은 반응을 보이지 않았는데, 여기에는 사정이 있었다.

무엇보다 오랜 전쟁에다 전염병이 겹치는 바람에 병력이 심각하게 부족했다. 식량 사정도 나빠서 그나마 병영에 있는 병사들도 하루 몇 숟가락의 밥을 먹는 게 고작이었으니 싸울 기력이 없었다. 이순신은 이를 해결하기 위해 둔전을 일구어 직접 식량을 조달하고, 무과를 독자적으로 시행해 무관들을 뽑았다. 또한 병사가 도망치면 그 친족을 강제로 끌어와 전장에 내보내는 방법을 썼다. 하지만 조정에서는 그런 연좌제는 국법에도 없고 너무 가혹하다 여겨 금지시켰는데, 그 뒤로는 병력 충원이 더욱 어려워졌다.

그리고 육지에서 조총과 일본도를 가진 일본군이 조선군과 정면으로 맞서 우세했던 것과 반대로, 빠른 기동력과 우세한 화력을 가진 조선의 함대는 정면 대결에서 일본 함대에 견주어 훨씬 우위였다. 그러나 이를 파악한 일본군이 진지에 숨어 접전하지 않았기 때문에, 한산 대첩 이후부터는 이순신도 좀처럼 대승을 거두지 못하고 있었다. 그렇다고 수군만으로 육지에 있는 적을 소탕하기는 힘겨운 일이었다. 그래서 이순신은 계속해서 공격이 불가하다는 장계를 올리며 선조를 답답하게 만들고 있었다.

여기에 '요시라 사건'이 터졌다. 이중간첩 활동을 한 일본인으로 알려진 요시라가 당시 일본군을 지휘하던 가토 기요마사와 고니시 유키나가는 서로 앙숙이며, 그래서 가토가 일본에서 건너오는 때를 고니시 쪽에서 누설했으니 그때 수군으로 급습하면 무찌를 수 있다고 첩보를 준 것이다.

선조는 곧장 이순신에게 출동 명령을 내렸다. 그러나 이순신은 "우리가 많은 병력을 몰고 나가면 적군은 달아날 것이며, 적은 병력을 동원하면 오히려 역습당할 것입니다. 그리고 애초에 왜인들의 말은 믿을 수 없습니다" 하며 응하지 않았다. 성난 선조가 도원수 권율에게 직접 이순신의 한산도 기지로 가서 출격을 독려하라고 하자, 마지못해 출격했지만 이미 가토가 부산에 상륙한 뒤였다. 이를 확인한 선조는 이순신에게 분통이 터질 수밖에 없었다.

전쟁이 끝난 뒤, 이 사건은 요시라가 이중간첩 노릇을 한 것으로 알려졌다. 조선 수군을 유인하여 격파하기 위해, 또는 이순신을 모함하기 위해 꾸민 요시라의 거짓말에 조정이 놀아났다는 것이다. 유성룡도《징비록》에 그렇게 기록했으며, 오늘날 역사학자들도 대개 그렇게 보고 있다.

하지만 요시라는 별안간 나타난 인물이 아니었다. 게다가 일본

본토인도 아닌 대마도 출신으로, 임진왜란이 일어나기 전부터 우리 쪽에 정보를 전해 주던 사람이다. 요시라의 정보 덕분에 선조는 일본군의 동향과 명나라와의 협상 과정을 상당 수준까지 파악할 수 있었다. 그런데 그런 요시라가 왜 갑자기 이중간첩으로 돌아서서 선조와 이순신을 함정에 빠트리려 했을까?

물론 결정적인 한순간을 노려 꾸준히 신임을 쌓아 왔을 수도 있고, 그때까지는 진심으로 조선을 도왔으나 이를 파악한 일본 쪽의 협박으로 배신했을 수도 있다. 하지만 가토와 고니시가 앙숙인 것도 사실이었고, 가토가 바로 그 시점에 부산으로 건너온 것도 사실이었다. 그래서 가토의 동향이 거짓말이었다기보다는 가토와 고니시가 짜고 이순신을 유인하여 격파하려 한 것을 이순신이 미리 알고 걸려들지 않았던 것이라고도 해석한다. 하지만 과연 그럴까? 수가 많든 적든 정면대결에서 한 번도 이순신을 이겨 본 적이 없는 일본 수군인데, 과연 그런 유인이 성공할 수 있다고 보았을까?

이순신도 출정하지 않은 이유로 "많은 병력을 몰고 나가면 적군이 달아날 것이며, 적은 병력을 동원하면 오히려 역습당할 것"이라고 했다. 부산 일대는 이미 적의 소굴이며, 그곳에서 적을 꺾으려면 대규모 병력을 동원해야만 한다. 하지만 그래서는 기습전의 의미도 없고, 적은 또다시 숨어 버릴 것이다. 게다가 아군의 병력 상태가 좋지 못하니 함부로 모험을 할 수도 없다! 아마도 이것이 이순신의 생각이었을 것이고, 그것은 합리적이었다.

그러나 선조가 분노하여 한 말을 들어 보면 선조는 애초에 이순신에게 가토를 없애고 일본군을 전멸시킬 것을 기대했던 것은 아니었다.

> "이번에 이순신에게 어찌 가토의 목을 베기를 바란 것이겠소? 단지 함대를 몰고 나가 시위하며 해상을 순회하라는 것뿐이었는데, 끝내 하지 않았으니, 참으로 한탄스럽소!" 《조선왕조실록》 선조 30년, 1월 23일

선조는 가능하면 가토를 없애고 부산의 일본군을 섬멸하면 좋겠지만, 그게 어렵다면 적어도 이순신이 무적 해군의 위용을 과시하여 가토가 상륙을 포기하도록 만들기를 바랐다. 그래서 일본에서 부산 쪽으로 오는 병력 보급을 차단해 적이 전쟁 수행을 포기하도록 만들 생각이었던 것이다. 그러나 선조의 지시를 "반드시 가토를 없애고 적을 섬멸하라!"는 것으로 알아들은 이순신은 신중한 반응을 보였고, 결국 적의 상륙을 허용했다. 이런 식이면 우리 수군이 호남만 지키고 있는 동안 적들은 유유히 부산으로 부산으로 몰려들고, 끝내 다시 한양으로 밀고 올라올 수도 있지 않은가. 이때 선조는 어찌나 속이 상했던지 "우리나라는 이제 끝장이다!"라고 외쳤다고 한다.

선조와 이순신과의 의사소통이 서로 잘 맞지 않았던 것은 두 사람이 직접 얼굴을 맞대고 본 적이 한 번도 없었던 점도 작용했다. 선조는 유성룡의 추천에다 이순신이 올린 보고들을 두루 살펴서 그

가 재능 있는 장수임을 알아보았고, 그래서 주위의 반대도 무릅쓰고 전라 좌수사라는 직책을 맡겼다. 그러나 북으로 피난한 선조와 남에서 싸우던 이순신은 서로 만나 볼 틈이 없었다. 직접 만나 보지 않은 사람은 아무래도 깊이 이해하고 신뢰하기 어려운 법이다.

반면에 선조가 직접 만나 보고 어느 정도 신뢰를 품은 무인이 있었다. 바로 원균이었다. 성미가 괄괄하고 호언장담을 잘하는 편인 원균은 선조에게 "지혜는 좀 부족하나, 용맹한 장수"라는 인식을 심어 주었다. 그래서 선조는 이순신보다는 원균에게 인간적으로 더 친근감을 가졌던 듯하다.

게다가 이순신과 원균의 관계는 알다시피 별로 좋지 않았다. 임진왜란이 일어나자 원균은 경상 우수영을 포기하고 달아났다가 나중에 이순신과 합세해서 전투를 치른 적이 있었다. 그리고 그때 이순신이 적을 이긴 공로를 독차지했다고 비난했다. 이순신도 원균을 좋게 보고하지 않았다. 게다가 "원균이 십여 세밖에 안 된 아들을 공훈자로 올려 포상을 받으려 했다", "아들 사웅이는 이미 어엿한 청년이며 실제로 공로를 세웠는데, 이순신이 나를 모함한다" 하는 식으로 다소 치졸해 보이는 공방전까지 벌이니, 선조로서는 골치가 아팠다.

그 원균이 이제 "이순신은 겁이 많아 통제사 임무를 제대로 수행하지 못합니다. 제게 기회를 주시면 적들을 모조리 쓸어버리겠습니다!" 장담하며 요시라 사건으로 궁지에 몰린 이순신을 공격하고 나왔다. 주위의 신하들도 입을 모아 이순신을 그대로 두어서는 안 된다고들 했다.

　여기에 더해 이순신이 동인이므로 "서인들이 당파 싸움의 일환으로 이순신을 비난하고 없애려고 혈안이 되었다"는 설이 한동안 퍼졌으나, 꼭 그렇지는 않았다. 이순신을 가장 극렬히 비난한 사람은 동인인 김응남과 이산해였으며 역시 동인인 이덕형, 정탁도 말이 곱지 않았다. 심지어 그를 추천했던 유성룡조차 격앙된 분위기 속에서 이순신을 돕기보다 깎아내렸다.

　　김응남: "전에 정운은 이순신이 나가 싸우려 하지 않으니 노하여 베려 하자 이순신이 두려워 억지로 싸웠으니, 해전에서 이긴 것은 정운이 위협해서 그랬던 것입니다."
　　윤두수: "이순신은 왜구를 두려워해서가 아니라 나가 싸우는 일을 싫어하는 것입니다."
　　정탁: "이순신은 참으로 죄인입니다만, 위급할 때 대장을 바꿀 수는 없습니다."
　　유성룡: "성품이 강직해서 자기 뜻대로만 하려는 사람입니다. 신이 그를 천거하여 전에 공을 세워 정헌대부까지 이르렀습니다만, 너무 지나친 보상을 해 주신 것입니다. 장수는 승리하고 기가 살면 반드시 교만하고 게을러집니다. ……오랫동안 한산도에 머물면서 별로 하는 일이 없었고, 이번에도 적을 요격하지 않았으니 어찌 죄가 없다고 하겠습니까."
　　이산해: "전에 원균과 이순신이 함께 싸운 뒤에 보고를 천

천히 하기로 약속하였다 합니다. 그런데 이순신이 밤에 몰래 혼자서 장계를 올려 자기의 공만 내세웠기 때문에 원균이 원망을 품었습니다." 《조선왕조실록》 선조 30년, 1월 23일, 1월 27일

이순신을 처벌하기로 결정한 어전 회의의 기록을 살펴보면 그를 비난한 서인 대신은 윤두수뿐이다. 그나마 윤두수는 이순신을 전라충청 통제사로, 원균을 경상 통제사로 삼자고 말해 "지금 대장을 바꾸는 일은 온당치 않다"고 한 정탁과 함께 나름대로 이순신의 편을 들어주었다.

선조는 이 회의 직후까지는 일단 이순신을 용서하되 원균에게도 대등한 지위를 주자는 윤두수의 의견을 따르기로 했던 것 같다. 선조 30년(1597) 1월 28일에 원균에게 경상 통제사의 지위를 내리면서 "이순신과 합심하여 예전의 유감을 잊고 적들을 섬멸하라"고 지시하고 있기 때문이다. 그러나 《선조수정실록》에 따르면 사흘 뒤인 2월 1일에는 이순신을 감옥에 가두고, 원균이 대신 삼도 수군통제사를 맡으라는 지시로 바뀌었다.

사흘 사이에 무슨 일이 있었을까? 누군가 은밀히 이순신을 모함했을지도 모르고, 원균이 "이순신과 함께는 전쟁을 할 수가 없습니다. 제가 출동했는데 이순신이 뒤를 받쳐 주지 않으면 어쩐단 말입니까!" 하며 뻗대었을지도 모른다. 선조가 곰곰이 생각해 보니 이번의 '잘못' 말고도, 여러 가지 이순신에게 서운했던 점이 다시 떠올랐을지도 모른다.

할 수 없이 인정해 주기는 했지만 과거란 본디 중앙에서 임금이 주재하는 것이다. 그런데도 병력 모집에 필요하다는 이유로 전라도에서 스스로 무과를 실시하지 않았던가. 남쪽에 내려가 있던 광해군이 여러 차례 불렀는데도 결국 가지 않았던 점도 "이순신은 소극적일 뿐 아니라 교만하다. 한번 크게 혼을 내어 정신을 차리게 해야 한다"라는 결론에 이르게 했을지 모른다.

아무튼 이순신을 백의종군 시키고 원균을 통제사로 세운 일은 선조가 저지른, "도저히 변명이 안 되는" 실책 가운데 하나였다. 원균의 칠천량 패전 한 번으로 그동안 쌓은 성과가 모두 물거품이 되고, 조선의 해군은 회복 불가능할 정도로 망가졌으니 말이다. 선조도 7월에 이순신에게 통제사의 직위를 돌려주면서 "내가 경에게 무슨 말을 하겠는가? 무슨 말을 하겠는가?" 하며 이순신을 볼 낯이 없음을 스스로 시인하였다.

그래도 전화위복이라 할 만한 점은 있었다. 그동안 이순신과 상대하기를 꺼려 틀어박혀 있던 일본 수군이 이제야말로 그동안의 치욕을 갚겠다는 듯 일제히 몰려나왔으니까. 하지만 워낙 전력의 차이가 났으므로 선조는 절망에 빠진 채 광해군에게 중전인 의인왕후를 모시고 북쪽으로 피난을 가라고 했다. 그리고 자신은 한양에 남아서 갑옷을 입고 한강 나루의 방어선을 순찰하며 적의 동태를 살폈다. 이번에야말로 다시 적군이 몰려들면 종묘사직, 그리고 한양의 백성들과 운명을 같이할 각오였다.

가망이 없다고 본 이순신에게도 싸움을 피하고 육지로 올라오라고 했다. 그러나 이순신은 "신에게는 아직 열두 척의 배가 있나이다"라고 대답했다. 그리고 지형을 최대한 이용하고 기꺼이 죽겠다는 각오로 싸워, 기적과 같은 승리를 거두었다. 그 유명한 '명량 대첩'이었다.

명량 대첩의 승리에다 명나라가 다시 원군을 보내면서 일본군의 기세는 꺾였다. 그리고 결정적으로 선조 31년(1598) 8월, 도요토미 히데요시가 죽는다. 전쟁을 그만두라는 유언을 남기고. 일본군은 뿔뿔이 퇴각하기 시작했고, 그들을 섬멸하기 위해 이순신이 노량에서 출격하였다. 그리고 싸움에는 이겼으나 다시는 돌아오지 못하는 몸이 되었다는 말을, 선조는 담담한 표정으로 들었다. 그리고 이렇게 한마디만 했다.

"알았소."

착잡하면서도 애통한, 미안하고 후회스러운 기분에 젖어 선조는 그날 밤을 보냈다. 길고 고통스럽던 전쟁이 비로소 끝났다는 안도감은 좀처럼 들지 않았다.

'이럴 줄 알았다면 그렇게 조바심을 내며 이순신에게 재촉할 필요가 없었던 것을……. 미안하오, 통제사. 정말 미안하오. 지금쯤 저승에서 나를 원망하고 있소?'

며칠 뒤 신하들과 다시 만난 선조는 "이순신에게 벼슬을 더하고 부의를 전하니, 정부에서 책임지고 장사를 치르게 하시오. 또 그의 자식이 몇 명이든, 상을 마친 뒤에 모두 벼슬을 내리도록 하시오. 바다 위에도 이순신을 기리는 사당을 세워야 하니 비변사에서 의논하여 아뢰시오"라고 말했다.

악역을 자처한 선조

그렇게 7년 전쟁은 마침내 끝이 났다. 그러나 결과는 참담했다. 조선의 인구는 3분의 1이 사라졌고, 논밭 면적은 5분의 1로 줄었다. 궁궐에서 여염집까지 모두 쑥대밭이 되었고 사방에 거두지 못한 해골들이 널려 있었다. 논밭이 불타거나 돌보지 않은 탓에 잡초밭이 되어 살아남은 사람들은 극심한 배고픔에 시달렸다. 시체가 사방에 널려 있고 영양 상태가 좋지 않아 저항력이 떨어지니 전염병까지 돌았다. 이 지경이 되니 도덕의식이나 이성도 땅에 떨어져 버렸다. 사람을 덮쳐 잡아먹고 배고픔을 달래려는가 하면, 도적이 날뛰고, 당장 내일은 어찌 되든 남은 식량을 모두 술로 바꿔 퍼마셔 버리는 사람들도 있었다.

선조는 깊은 고민에 빠졌다.

'어떻게 해서든 기울어진 나라를 다시 일으켜 세워야 한다. 그러지 못하면 나라를 위해 싸우다 숨져 간 사람들을 볼 낯이 없지 않은가. 그러나, 그러나…… 나는 그들을 다시 한 번 배신해야 한다. 이를 악물고, 두고두고 악역으로 사람들의 손가락질을 받게 될 결정을 해야 한다!'

그 결정이란 바로 선조 37년(1604) 6월 25일에 발표한 대대적인 공신 책봉을 말한다. 이번 공신들은 특히 임진왜란 때 큰 공을 세운 신하들로, 호성공신과 선무공신으로 나누어 봉했다.

호성공신이란 선조가 서울에서 의주까지 파천했을 때 옆에서 따르며 줄곧 호위한 신하들로 대부분 문관과 기술관이었다. 선무공신은 말 그대로 무략을 선보인, 곧 전쟁터에서 큰 공을 세운 무인들을 뜻했다.

그런데 막상 선조가 내린 공신 명단을 본 사람들은 모두 깜짝 놀라고 말았다. 호성공신은 지나치게 후하고 많은 데 견주어, 선무공신은 소금처럼 짰기 때문이다. 무려 86명에 달하는 호성공신에는 허준 같은 의관이야 그렇다 쳐도 크게 활약도 하지 않은 내관이 24명, 심지어 말을 끄는 말구종까지 6명이나 포함되어 있었다. 거꾸로 선무공신은 일등 공신에 이순신, 원균, 권율이, 이등 공신에 김시민, 이억기 같은 5명이, 삼등 공신에 정기원, 권협을 비롯한 10명이 모두 다여서 고작 18명에 지나지 않았다.

목숨 걸고 싸우다가 순국해 적인 일본군마저도 그 기상을 기려 무덤을 만들어 주었다는 송상현도 명단에는 없었다. 육지에서 첫 승리를 거두었으나 정보가 잘못 전해져서 그만 처형당했던 신각도, 여러 차례 적을 격파하여 "바다에 이순신이 있다면 육지에는 정기룡이 있다"는 말이 나왔을 만큼 공로가 대단했던 정기룡도 공신에 들지 못했다. 칠백 의총의 조헌, 홍의장군 곽재우, 전라도를 사수한 고경명, 진주성에서 장렬히 전사한 김천일, 그리고 사명당 같은 의병장도 완전히 배제되었다.

그나마 이등 공신 이하도 처음에는 아예 명단에 없던 것을 거듭된 신하들의 건의에 따라 선조가 마지못해 공신으로 인정한 것이다. 이렇게 무신들을 노골적으로 푸대접하는 처사에 문신들조차 어이없어 할 정도였다.

곽재우나 정기룡의 공로가 한낱 말구종보다 못하단 말인가? 나라를 위해 목숨 걸고 싸운 사람들에게 제대로 보상해 주지 않는다면, 대체 정의는 어디에 있단 말인가?

그러나 선조는 항의하는 신하들에게 단호하게 말했다.

"이번 전쟁에서 우리 군사가 한 일이 뭐가 있소? 명나라의 도움이 없었다면 나라가 멸망했을 것이오. 다만 바다에서 이순신과 원균이 좀 잘 싸웠고, 육지에서는 권율이 행주산성에서 승리했을 뿐이오. 나머지는 볼 것이 없소."

인사의 달인이라고 할 정도로 신하들의 됨됨이와 행적을 꼼꼼히 챙기던 선조. 임진왜란의 시작부터 끝까지 상황을 철저히 파악하고 있었던 선조가 왜 이런 황당한 주장을 한 것일까? 그것은 어려서부터 역사를 열심히 공부했던 선조가 도달한 어떤 결론 때문이었다. 무인에게 힘을 주면 나라가 혼란에 빠진다는.

당장 중국을 보라. 오랫동안 중국을 지배했던 주나라가 약해지자 제나라, 진나라, 조나라같이 그때까지 주나라를 섬기고 신하 노릇 하던 나라의 군주들이 '패자'를 자처하며 일어났다. 약해진 주나라를 대신해 세상의 평화를 가져오겠다고 나선 것이지만, 실제로는 무력으로 다른 나라를 짓밟고 패권을 차지하느라 끝없는 전쟁을 일으켰다.

오랫동안 통일 왕조를 이뤘던 한나라가 혼란에 빠졌을 때도 그랬다. 동탁, 여포, 조조, 손권 들이 제각기 고개를 쳐들고는 한 지방을 차지해 군림하고, 더 나아가 천하를 손에 넣으려고 싸우고 또 싸워서 세상을 온통 전란으로 뒤덮었다. 당나라가 무너질 때도, 송나라가 약해졌을 때도 마찬가지였다.

어디 중국뿐인가. 당장 우리나라도 삼국을 통일한 신라가 약해지자 궁예, 견훤, 왕건 들이 저마다 왕을 칭하며 전란의 시대를 열지 않았던가? 사실 조선을 세운 태조 이성계도 왜구와 홍건적의 침략을 막아 낸 것을 바탕으로 힘과 명성을 키워, 결국에는 고려 왕조를 쓰러뜨리지 않았던가! 이렇듯 중앙의 힘이 약해지면 지방에서 군벌이 나타나 반란을 일으키거나 외적이 침입하게 되고, 그 위기를 진압하면 그 진압한 장수가 또 다른 군벌이 되어 왕조를 쓰러뜨리는 일이 역사에는 숱하게 있어 왔다.

그러므로 임진왜란이라는 최악의 침략으로 나라의 힘이 약해질 대로 약해진 지금, 군벌이 고개를 들 가능성은 처음부터 아예 싹을 잘라야 했다. 당장 전쟁 도중인 1596년, 장수들끼리 손을 잡고 몰래 힘을 길러서 '이몽학의 난'이라는 반란을 일으키지 않았던가! 이제 또 그런 일이 없게 하려면 전쟁 영웅은 최소한으로 줄이는 것이 필요했다.

어쩌면 정의에 어긋나는 일일 수도 있지만, 그래도 젊고 인기 있는 장군이나 의병장들이 공신이 되어 더욱더 큰 힘과 권력을 가지고 유력한 무인 가문이 되어 대대로 뿌리내리게 하는 일은 절대로 피해야 한다! 18명뿐인 선무공신조차 그때까지 살아 있었던 사람은 겨우 7명에 모두 노령이었고, 일등과 이등 공신 중에는 오로지 이등 공신인 권응수 한 사람만 살아 있었던 점도 선조의 그런 생각을 반영했다.

결국 이런 고충 때문에 선조는 많은 충신과 열사들을 푸대접했다. 그 결과 이순신을 해임했던 실책과 더불어 후대 사람들이 두고두고 선조를 비난하는 근거를 제공하였다. 사실 냉정하게 살펴보더라도 선조의 이런 선택이 최선이었는지는 계속 의문이 남는다. 무武를 너무도 가볍게 본 결과 그 난리를 치렀는데도, 다시 무를 억제하는 정책을 취하는 것이었으니 말이다.

게다가 조선의 군사력을 빠르게 강화하는 일을 꺼리다 보니 국방은 더더욱 명나라에게 기댈 수밖에 없었다. 그러니 명나라의 횡포에 가까운 요구에도 군소리 한마디 없이 시달려야 했다. 게다가 도움을 받았다면 또 모르되, 얼마 후에는 거꾸로 명나라가 후금(청나라)의 공세에 시달리는 꼴이 되어 버렸다. 그러자 "예전에 도와준 보답을 해라!" 하고 떼를 쓰는 바람에, 가뜩이나 모자라는 힘을 다 기울여 구원병을 보내야 하는 처지가 되었다. 그리고 이를 마땅치 않게 여겨 후금과 잘해 보려고 했던 선조의 후계자 광해군이 쫓겨나자, 임진왜란에 이은 또 한 차례의 국난이 강산을 피로 물들였다. 임진 '왜란'에 이어 병자 '호란'의 어두운 그림자가 그때부터 드리워졌던 것이다.

그러나 선조의 뜻은 흔들리지 않았다. 주변의 볼멘소리, 차가운 눈초리에도 개의치 않았다. 선조는 이미 '성군'이 되는 일은 포기했다. 그보다는 자신이 옥좌에 앉아 있는 동안 나라와 백성에게 뭔가 실질적으로 도움을 주는 일을 하는 것. 그것만이 이제는 늙고, 병들고, 지친 왕의 하나뿐인 바람이었다.🏵

실용에 주목하라

실용에 바탕을 둔 정치, 실질에 바탕을 둔 의학. 우리와 동떨어진 환경에서 자라난 외국의 철학이나 의학을 덮어놓고 따르는 것이 아닌, 이 땅의 기운과 자연스럽게 어우러져 나아가는 정치와 의학. 그것만이 사람을 제대로 살릴 수 있다. 바로 그런 생각이 《동의보감》에 담겨 있는 것이다.

"내가 내 백성을 죽였다!"

"하늘이 우리에게 화를 내리기를 거듭한 지 5년이며, 나라가 거의 망했다가 겨우 목숨을 잇는 것이 한 올의 실타래 같다. 선대 임금들께서 200년 동안 기르신 백성이 전쟁에 죽고, 역병에 죽고, 굶주려 죽으니, 이제는 살아남은 자가 얼마 되지 않는다. 마을은 텅 비고 연기는 끊어졌으며, 어딜 가나 을씨년 스럽고 초목만 무성하다. 그런데도 백성을 편안히 하여 다시 일어서게 하기는커녕 도리어 해치고 괴롭혀서 힘과 재물을 다 떨어지게 한다면, 그보다 더 사악할 수 있겠는가? 내 비록 덕은 없으나 그토록 잔인한 사람은 아니다.

하지만 돌아보면 전쟁이 일어난 뒤 국가에 일이 많고 들어가는 비용도 몹시 컸다. 병력을 키우고 군량을 옮기는 일을 정상 세금으로는 다 충당할 수 없어 편법으로 충당한 것도 이루다 헤아릴 수 없다. 아침에 징수하고 저녁에 징발하며 막대한 세금을 거둬들였다. 그렇게 인력과 재물을 고갈시켜 끝내 내 백성이 먹고살 길이 없어 떠돌게 하였다.

청년은 길가의 나무에 목을 매고, 노약자는 구렁에 몸을 던져 죽으니, 그들은 자살한 것이 아니라 내가 죽인 것이다. 백성에게 죄를 짓고 허물을 반성한들 마음만 괴로울 뿐이다. 아아, 임금과 백성의 의리는 부모와 자식과 같은 것이거늘.

……지금 재물과 노역을 백성들에게 취하는 것은 모두 나라를 위해 부득이한 것이다. 군사를 훈련하고, 성벽을 세우며, 둔전을 설치하는 일 들은 나라를 보전하고 침략을 막는 데 있어 뺄 수 없는 가장 급한 일이다. ……백성을 편하게 하고자 백성을 부리면 비록 그 일이 수고로워도 원망하지 않는 법이니, 그렇게 되면 백성들이 나를 용서할 수도 있으리라. 그러나 피치 못하다고는 하나 백성의 부모로서 그들을 더욱 병들고 방황하게 하고 있으니, 진실로 백성에게 할 말이 없다." 《조선왕조실록》 선조 29년. 2월 19일

아직 전쟁이 끝나지 않았던 선조 29년(1596) 2월, 선조가 온 백성에게 내린 교서는 오늘날 국가적인 재난을 당한 민선 대통령의 대국민 담화라고 생각해도 크게 이상하지 않다. 전쟁으로 고통에 빠진 국민, 그런데도 장기적으로 국민을 보호하고 국가를 지키려면 국민에게 더욱 희생할 것을 요구하지 않을 수 없는 정부. 그 답

답하고 참담한 심정을 400여 년 전 선조는 "백성들은 자살한 것이 아니다. 내가 그들을 죽였다!" 하고 피를 토하듯 말하고 있다.

여기에서 맑고 유식한 선비들만 불러 쓰면 정치는 저절로 잘된다고 여겼던 선조 초기의 낙관주의는 찾아볼 수 없다. 나라가 있어야 백성도 있다면서 외적과의 싸움에 목숨을 버릴 것을 강요하는 절대주의도 없다. 오히려 있는 것은 백성을 힘들게 하는 정치는 궁극적으로 백성에게 도움이 될 때만 그나마 겨우 용서받을 수 있을지 모른다는, 밑바닥까지 떨어져 본 사람이 부르짖는 처절한 외침. 백성이 나라의 근본이라는 말을 원칙이 아니라 현실에서 겪은 뼈저린 깨달음. 그것은 부활과 치유의 가능성을 간직한 것이었다.

그동안 우리를 버리고 어디를 가느냐고 행차를 막아서며 우는 백성들, 그들을 뿌리친 채 피난을 거듭하여 먼 북방의 찬바람 속에서 흘렸던 눈물. 내가 내 백성을 버렸다!

그리고 폐허가 된 도성에 돌아와 성난 백성들의 손에 불타 버린 궁궐을 보고 느꼈던 처참함. 백성이 나를 버렸구나!

마침내는 굶주린 백성의 입에 손수 죽을 떠 넣어 주며 느꼈던 처절한 깨달음. 저 백성이야말로 나라의 근본이다!

그야말로 문자가 아니라 온몸으로 느낀 '민본民本' 사상. 선조는 결코 그 깨달음을 잊을 수 없었다. 문제는 전쟁이 끝난 다음 그것을 어떻게 효과적인 정책으로 실천해 나가느냐 하는 것이었다.

어떻게 할 것인가? 선조는 더는 순진하게 "사람만 좋은 사람으로 쓰면 정치는 '저절로' 잘된다"고 생각할 수 없었다. 올바른 사람이라 해서 반드시 올바른 정책을 쓴다고 여기지도 않았다. 문제는 올바른 '제도'였다. 유교 경전에 적혀 있다고 해서, 옛 임금들이 세운 법도라고 해서, 당대 권력자들이 선호한다고 해서, 정작 쓸모도 없고 백성에게 오히려 해만 끼치는 제도가 십 년이고 백 년이고 바뀌지 않고 이어지고는 했다. 따라서 새로운 정치, 참으로 백성을 구하는 정책은 실효성 있는 제도 '개혁'부터 시작되어야 했다.

정말 백성을 위하는 제도란?

선조는 먼저 엉망진창이 된 지방 행정을 바로잡아야 지방이 차차 회복할 수 있다고 보았다. 그래서 팔도에 순안어사, 순무어사, 암행어사 들을 잇달아 보내어 고을 사또들을 감찰하도록 했다. 감찰의 기준은 두 가지였다.

"자기 배 속만 채우느라 백성을 괴롭히는가, 그렇지 않은가?"

"백성들을 살리는 일에 발 벗고 나서는가, 아닌가?"

어사 제도를 시행하면서 제 구실을 하지 못하던 지방 행정이 빠르게 자리를 잡아 갔다. 한백겸, 김순명, 정경세처럼 그 진가가 덜 알려졌던 명관들도 돋보이는 행정 능력을 평가받아 새삼 빛을 보고 새 시대를 이끌 인재가 되었다.

조선 시대 하면 생각나는 것 가운데 하나인 암행어사 제도는, 중종 때 처음 나타났다. 하지만 거의 시행되지 않다가 선조 때부터 본격으로 활용되기 시작한다. 중국에서는 널리 활용되었던 어사 제도가 중국 본받기를 즐겨한 이 땅에서는 그렇게 오랫동안 푸대접 받았던 까닭이 무엇일까? 바로 이 제도를 통해 왕이 각 지방과 신하들의 동태를 살살이 살핌으로써 그만큼 큰 권력을 가질 수 있기 때문이었다. 그래서 이를 불편하게 여겼던 양반들이 "제2의 연산군이 나오지 않게!"를 주장하면서 어사 제도의 본격적인 실시에 저항했던 것이다. 하지만 나라가 금방이라도 쓰러질 것 같은 지금은 반대할 명분이 없었다. 지방 질서가 잡혀야 나라도 살고, 그래야 양반도 살 것이니까.

선조 스스로 "백성을 죽이는 것"이라 했던 과도한 세금을 낮추고 합리적으로 고치는 일도 중대한 과제였다. 우선 '쇄마' 제도가 개혁 대상이 되었다. 쇄마란 나라에서 기르는 역마만으로는 수요를 충당할 수 없을 때, 백성들에게 말을 징발하거나 돈을 거둬 추가로 말을 더 사용하는 것을 말한다. 한마디로 편법이었고, 백성들 입장에서 보면 말도 안 되는 횡포였다. 하지만 전쟁을 거듭 치르다 보니 쇄마의 필요성도 많아졌다. 그 때문에 쇄마 제도는 조정이 두루 원성을 사는 원인의 하나가 되고 있었다. 선조는 나라 형편이 허락되는 데까지 이 쇄마의 피해를 없애고자 했다.

그래서 선조 34년(1601) 6월, 어명으로 특별히 지시하는 것을 제외하면 모든 쇄마를 금지한다는 명을 내렸다. 이를 어긴 관리는 엄히 처벌하며, 역마를 사용하는 인원도 최대한으로 줄이고 엄격히 운영하게 했다. 그럼으로써 역마가 있는데도 군이 쇄마에 의존하는 일이 없게 하였다.

그래도 일본이 잠잠해지니 이번에는 여진족이 시끄러워지고, 거기다 명나라와 교류도 잦아지는 통에 쇄마 제도를 없애기는 참으로 힘들었다. 그래서 민간의 말을 무조건 징발하는 게 아니라 일정한 대가를 치르고 빌리는 '고마' 제도로 바꾸는 방안을 마련했는데, 이는 국가 재정이 어느 정도 정비된 광해군 때에 비로소 실현되었다.

세금 중에 백성들이 가장 힘들어하는 것이 '공납'이었다. 공납이란 옛날 동양의 전통적인 세금 체제인 전세, 요역, 공납 가운데 하나이다. 전세는 보유한 토지의 수확량에 비례해 내는 세금을 말하며, 요역은 병역이나 공공 건설에 노동력을 제공하는 것, 공납은 각 지역의 특산물을 바치는 것을 뜻한다.

그중에서 특히 공납은 매우 불합리하고 불공정한 세금 제도였다. 먼저 재산의 정도에 관계없이 무조건 집집마다 부과했으므로 형평성이 떨어졌다. 더구나 한번 정한 특산물이 시대가 바뀌고 기후가 달라져도 그대로인 경우가 많아서 이를테면 "모래밭에서 사슴을 잡아 바쳐야 하는" 황당한 경우마저 있었다. 그리고 화폐와 달리 쉽게 썩고 변질되는 특산물은 운반하는 도중에 이미 바칠 수 없는 상태가 되기도 했다. 그래서 한양 주변의 상인들이 특산물을 대신 구해서 납부하고는 그 대가로 돈이나 쌀을 받는 일이 많았다. 그런데 그 과정에서 엄청난 폭리를 취했으니, 공납 제도야말로 조선 중기 백성들의 가장 큰 부담이었다.

그 때문에 이미 전쟁 전부터 공납을 개혁하자는 목소리가 높았다. 이이는 여러 개혁안의 하나로 "특산물의 가치에 상당하는 쌀을 공납 대신 내도록 해서 그것으로 필요한 물품을 구입하자"는 '대공수미법代貢收米法'을 주장했다. 그러나 다른 개혁안과 마찬가지로 당쟁의 파도에 밀려 실현되지 못했다. 그러다 임진왜란 도중에 유성룡이 "지금 급한 것은 특산물 따위가 아니라 주식이자 화폐로도 쓸 수 있는 쌀이다. 게다가 전쟁 통에 각 지방에서 특산물을 마련해서 올려 보낼 형편도 안 되니, 일단 낼 수 있는 데까지 쌀로 받도록 하자"고 주장하여 임시로 대공수미법이 실시되었다. 비상 상황에서 한 임시방편이었으나, 이로써 유성룡은 비슷한 개혁을 꿈꾸면서도 다만 당파가 달랐기 때문에 이이의 개혁안을 좌절시켰던 미안함을 조금은 덜 수 있었을 것이다.

하지만 전쟁이 끝나자 통상 질서가 복원되면서 공납제도 예전으로 돌아가고 말았다. 이대로는 백성의 괴로움이 끝이 없으니 대공수미법이 최선의 방법이라는 생각을 선조도, 그리고 한백겸처럼 올곧은 신하들도 가지고 있었다.

한백겸은 본래 정여립과 친하여 몰래 그의 시신을 거두어 장사 지냈다가 발각되어 벌을 받은 사람이었다. 임진왜란이 일어나자 유배에서 풀려나 작은 고을의 사또로 일했는데, 성실하고 청렴한 행정이 어사들에게 좋은 평가를 받아 점차 승진해서 중앙의 대신이 되었다. 한백겸은 죄인일 때나, 지방 수령일 때나 모두 백성들의 고충을 가까이서 보고 들었기 때문에 공납제의 문제점을 잘 알고 있었다. 그래서 공납제 개혁에 누구보다 적극적이었다.

선조도 한백겸에게 공감했으나, 선조 생전에는 준비만 해 두었을 뿐 실행에 옮기지는 못했다. "공납이란 옛 성현이 쓰신 경전에도 나오는 오래된 제도이며, 이제 와서 함부로 바꿀 수는 없습니다!"라는 신하들의 반대가 완강했기 때문이다. 그 뒤에는 공납을 대신 납부하는 상인들이나, 많은 토지를 갖고 있어 공납제가 바뀌면 큰 손해를 입게 되는 양반들이 자기네 욕심에 따라 저항을 거듭했기에 아무리 왕이라도 무턱대고 개혁을 밀어붙일 수는 없었다. 그리고 오랜 제도와 관행을 고칠 때 생기는 혼란도 생각해야 했다.

그래서 조선 역사에서 가장 위대한 민생 개혁이라고도 일컬어지는 대동법은 선조가 숨을 거둔 직후, 영의정에 오른 이원익의 건의를 광해군이 수용하는 형태로 1608년 비로소 실시되었다. 그것도 경기도에서만 시범으로 했고, 그 뒤 폐지와 재시행을 되풀이하면서 점차 확대되었다. 그리고 100년이 지난 1708년 숙종 대에 이르러서야 비로소 전국에 걸쳐 실시될 수 있었다. 예나 지금이나 전통과 기득권을 뒤엎는 개혁이란 늘 힘들기 마련이다.

이렇듯 여러 제도 개혁이 광해군 즉위 직후에야 완성된 까닭은 그만큼 개혁에 대한 저항이 만만치 않고, 무엇보다 나라 살림이 몹시 어려웠기 때문이었다. 전쟁이 끝나고 2년이 지나서야 비로소 관리들에게 녹봉을 다시 주기 시작했을 만큼 조선의 재정 형편은 파탄이 나 있었다.

선조는 죽기까지 궁궐을 새로 짓지 않았고, 월산대군 사저에서 지내면서 수라상의 밥알 한 톨도 아껴 가며 먹을 만큼 절약을 실천했다. 건강이 극도로 나빠진 사람에게 평소처럼 먹고 운동하기를 권하는 의사는 없다. 마찬가지로 살림이 극도로 어려운 나라에서 평소처럼 흥청망청 놀고먹을 수는 없는 법이었다. 그보다는 조금씩 천천히 나라 살림과 백성을 보살펴 건강하게 회복시키는 일이 더 중요했다.

따라서 선조 말년은 당장이라도 숨이 끊어질 듯한 나라를 붙들어 일으키면서, 동시에 민생을 위한 실용적인 개혁에도 한껏 몰두해야 하는 시기였다. 선조 자신도 여러 병이 겹치고 마음의 우울까지 깊어져서 숨이 끊어질 듯 말 듯 했지만, 그런 속에서도 개혁은 꾸준히 이어졌다. 제도 개혁 말고도 여러 가지 다른 개혁 정책들도 추진되고 수립되었다.

그런 정책 중 어쩌면 가장 빛나는 정책, 한국사에 참으로 보기 드문 업적으로 꼽을 수 있는 것이 바로 《동의보감》 편찬이다.

동의보감에 담긴 참뜻, 그리고 진심

"지금 조선이나 중국에서 보는 의학 서적은 모두 변변치 않고, 보잘것없는 초록에 지나지 않소. 그대는 여러 의학 서적을 널리 정리하여 좋은 책 한 권으로 편찬하도록 하시오.

무릇 사람의 병은 몸을 잘 돌보지 못하는 데서 생기므로, 양생법養生法, 병에 걸리지 않게 평소 건강을 잘 돌보는 방법에 대해 먼저 쓰고, 약과 침구에 대해서는 그다음에 써야 할 것이오. 또 처방이 너무 번잡하므로 그 요점을 추려 쓰도록 하시오.

그리고 벽지 마을이나 인구가 적은 마을에서는 의사와 약이 없어 손도 쓰지 못하고 일찍 죽는 일이 많소. 사실 우리나라 곳곳에서 약초가 많이 나는데도 사람들이 잘 알지 못해 그러는 것이 아니겠소? 이 약초들을 분류해 두고, 저마다 지방에서 불리는 이름도 같이 써 백성들이 알기 쉽게 하시오."

《동의보감》 서문에는 선조가 임진왜란 중인 1596년에 허준에게 이렇게 지시하여 양예수, 정작, 김응탁, 이명원, 정예남 같은 동료 어의들과 함께 편집국을 설치하고 책을 만들기 시작했다고 적고 있다. 앞서 본 "내가 내 백성들을 죽이고 있다!"는 피맺힌 교서를 낼 때와 같은 시기다. 《동의보감》을 내고자 하는 선조의 뜻이 어디 있었는지를 알 수 있겠다.

전쟁으로 가뜩이나 살기 힘든데 그나마 모두 세금으로 거둬 가니 먹을 게 없어 절망에 빠진 백성들, 이들은 어떻게든 세금 제도를 바꾸고 행정을 새롭게 해서 살려 내야 한다. 하지만 전쟁 통에 다치고 상했을 뿐 아니라 낮은 영양 상태 때문에 돌림병에 걸려 죽어 가는 사람들은 제도가 아닌 '의술'로 살려 내야 한다. 그런데 사람이나 물자나 모두 부족하다 보니 현실적으로 전국 방방곡곡에 의사를 보낼 수도, 약재를 충분히 공급할 수도 없었다.

그래서 "사실 우리나라 곳곳에서 약초가 많이 나는데도 사람들이 잘 알지 못해 죽어 가는 것이 아니겠소? 이 약초들을 분류해 두고, 저마다 지방에서 불리는 이름도 같이 써 백성들이 알기 쉽게 하시오"라는 말이 의미가 깊은 것이다. 당장 의료 혜택을 받을 수 없는 사람들은 근처 산이나 들에 피어 있는 약초를 뜯어 스스로 병마와 싸워야 한다. 하지만 보통 사람들은 대체 뭐가 약초이고 그것을 어디에 어떻게 써야 하는지조차 모른다. 그러니 허준이 책임지고 그 '사용법'을 만들어서 민간에 널리 배포할 수 있도록 하라는 것이었다.

하지만 이듬해 정유재란이 터지면서 작업은 공식적으로 중단되었다. 허준은 어의로서 업무를 보는 한편 여러 지방에서 발생한 돌림병에 대처할 약을 짓고 처방전을 써 보내느라 정신이 없었다. 그래도 틈틈이 의서 집필과 정리 작업을 계속해 나갔던 것으로 보인다. 그리고 전쟁이 끝난 해인 선조 31년(1598), 허준에게 다시 어명이 내렸다.

"그대가 단독으로 연구를 진행해 왔으니, 빨리 마무리를 하기 바라오. 나라에서 보관 중이던 의학 서적 500권을 다 내줄 테니 참고하도록 하시오."

허준은 왕의 아낌없는 관심과 후원을 받으며 작업을 계속했다. 그러나 완벽한 책을 만들려다 보니 진도가 빠르지는 못해서, 민간에서 급히 쓸 책이 필요해지자 《언해구급방》, 《언해태산집요》, 《언해두창집요》 같은 책을 먼저 펴내기도 했다. 1608년에 선조가 숨을 거뒀을 때는 "어의 허준이 잘못했기 때문이다"라는 비방에 떠밀려 1년 8개월 동안 귀양살이를 하느라 더욱 늦어지기도 했다. 그러나 광해군 1년(1609) 내의원에 복귀한 허준은 마지막 심혈을 책에 기울여 마침내 1610년 8월에 《동의보감》 25권을 모두 완결했다.

각 권마다 앞에는 "어의이자 호성공신이 되어 숭록대부 양평군의 직위를 받은 신 허준이 왕명을 받들어 이 책을 펴낸다"라고 적혀 있다. 임진년 압록강의 칼날 같던 바람, 그 속에서 눈물을 흘리는 선조를 보살피며 처음으로 "진정 백성을 살리는 실용의 정치"를 의논하던 그때를 허준은 잊지 않았고, 그 한결같은 마음으로 《동의보감》을 지었음을 명백히 밝힌 것이다.

그렇다면 《동의보감》의 가치는 《훈민정음》처럼 "불쌍한 백성을 위해, 일상에서 쉽게 쓸 수 있는 실용적인 수단을 제공했다"는 점에만 있는 것일까? 그것이 가장 큰 가치였어도, 그러나 전부는 아니다. 그 밖에도 두 가지가 더 있는데, 그것이 무엇인지는 역시 선조가 《동의보감》을 짓도록 명할 때의 지침인 서문에 고스란히 나타나 있다.

선조는 "지금 조선이나 중국에서 보는 의학 서적은 모두 변변치 않고, 보잘것없는 초록에 지나지 않소"라는 문제의식을 일찍부터 갖고 있었다. 이미 양인수와 유희춘을 통해 의학에 조예가 깊었던 선조는 "서적은 많이 있으나, 중복되거나 서로 어긋나는 내용이 많으니 혼란스럽기만 하다. 일목요연하게 내용을 정리해 줄 필요가 있다"고 생각했다. 바로 이 문제의식, 변변찮고 어긋나고 혼란스러운 의학 지식들을 일목요연하게 정리할 필요성 때문에《동의보감》이 나왔던 것이다.

동양 의학은 그 기원이 수천 년 전 고대 중국 신화에 나오는 황제라는 인물에까지 거슬러 올라간다. 그 밖에도 장중경, 갈홍, 이시진 같은 많은 위대한 의사이자 학자들이 중국 땅에서 나와 동양 의학의 부피와 깊이를 더했다. 하지만 한 사람이 일관성을 세워서 모든 지식을 하나로 집대성한 경우는 거의 없었다. 그래서 그 내용이 마치 지나치게 크고 넓은 산과 같아서 어떤 곳은 기암괴석이 즐비한 가운데 깊고도 깊고, 어떤 곳은 평탄하고 심심한 것이 그곳이 그곳인 것처럼 밋밋하기만 했다.

한마디로 알쏭달쏭 복잡하고도 번잡한 동양 의학은, 사용자 입장에서 보면 여간 까다로운 게 아니었다. 그래서 사용자 대표자로서 선조는, 전문가 대표자인 허준에게 동양 의학의 집대성과 정리를 요청했던 것이다. 허준 또한 그에 부응해 조선 사람이면서도 중국에서 비롯된 수천 년 동양 의학의 성과를 훌륭하게 정리해 냈다. 그 완성도가 얼마나 높았는지는 그 뒤 한동안 중국 사신들이 우리나라에 올 때마다, "다른 예물은 필요 없고, 다만《동의보감》을 주시오!"라고 요청한 대목에서도 충분히 짐작할 수 있다.

하지만《동의보감》을 읽어 본 사람은 간혹 실망하기도 한다. 허준이 직접 쓴 저술보다는 대체로 중국 의학 서적의 내용을 많이 인용했기 때문이다. 그래서 자기도 모르게 투덜거린다.

"동의보감, 동의보감 하길래 뭔가 대단한 줄 알았는데, 이거 그
냥 '짜깁기' 아냐?"

그러나 동양 의학을 조금이라도 깊이 공부한 사람이라면 그것이
단순한 짜깁기 이상임을 알 수 있을 것이다. 다른 저자의 논문을
매 쪽마다 십여 건씩 인용하고 있는 현대의 학술 논문도 '짜깁기'
일까? 중요한 것은 그 모든 것을 조화롭게 아울러서 하나로 올곧
게 완성해 내는 일이었다. 그런 뜻에서 《동의보감》이야말로 동양
의학의 집대성이고, 그 속에서 《황제내경》도, 《상한론》도, 《천금
방》도, 《본초강목》도 마땅히 가져야 할 자리를 갖고 하나의 우주적
인 질서를 이루고 있는 것이다.

이제 또 하나 남은 가치, 아마도 더욱 중요할 가치는 《동의보감》
이라는 책 제목에 이미 나타나 있다. 왜 하필 '동의'일까?

동양 의학이라서 동의라고? 아니다. 당시 사람들은 '서양'에 대
한 인식이 없었다. 조선, 중국, 일본, 여진, 몽골 같은 동아시아만
세상의 전부라고, 그래서 자기네들이야말로 세상의 중심이라고 생
각했는데 스스로를 동양이라고 불렀겠는가? 그렇다면 '동방예의
지국', '대동여지도'라고 하듯 중국을 기준으로 해서 동쪽인 조선
의 의학이므로 동의라고 한 것일까? 약간은 맞지만 그것도 정확하
지는 않다. 왜냐하면 동의라는 것은 동양 의학에서 전통적으로 부
르는 '남의'와 '북의'에 대응하는 표현이기 때문이다.

남의는 주로 중국 남부 지방에서 발달한 의학으로 약초 처방을

다루는 본초학을 중심으로 한다. 반면 중국 북부에서 발달한 북의는 침과 뜸으로 사람을 치료하는 침구학이 중심이었다. 이렇듯 전공 분야가 다른 까닭은 중국 북부와 남부의 환경 조건이 서로 다른 것에서 비롯된다. 기후가 온화하고 습기가 많은 남부에서는 어딜 가도 식물이 무성하게 우거져 있어서, 그중에서 약이 되는 식물을 찾아 쓰는 방법이 편하고 효과적이다. 반면 춥고 건조한 북부에서는 약초를 충분히 구할 수가 없기 때문에 침을 놓거나 뜸을 떠서 치료하는 방법이 중심이 될 수밖에 없었다. 그러므로 동의보감의 '동의'는 이 북의와 남의와는 구별되는 독특한 의학이라는 뜻이며, 그 의학이 동쪽에서 이루어졌으므로 동의라 한 것이다.

그렇다면 북의, 남의와 구별되는 동의의 방식이나 특징은 과연 무엇일까? 그 또한 서문에 나타난 선조의 말에 잘 드러나 있다.

"무릇 사람의 병은 몸을 잘 돌보지 못하는 데서 생기므로, 양생 법에 대해 먼저 쓰고, 약과 침구에 대해서는 그다음에 써야 할 것이오."

곧 이미 생긴 병을 약초로든 침구로든 고치는 '치료'보다, 평소 그런 병이 생기지 않도록 미리미리 몸을 보살피고 돌보는 '양생'을 우선한다는 것이다.

《동의보감》을 살펴봐도 모두 다섯 편 가운데 제3편 〈잡병편〉과 제4편 〈탕액편〉에서는 '남의'의 방식을, 제5편 〈침구편〉에서는 '북의'의 방식을 정리하였다. 하지만 맨 앞에 나오는 제1편과 제2편은 온전하게 동의의 방식으로 정리하여 다른 것과 뚜렷하게 차이를 두었다. 제1편 〈내경편〉은 양생과 가장 밀접한 정, 기, 신, 오장육부 같은 사람의 몸 안을 다루며, 제2편 〈외형편〉은 뼈, 혈맥, 근육, 피부 같은 몸의 바깥을 다루고 있다. 그럼으로써 《동의보감》은 사람의 몸과 마음, 약초학과 침구학 같은 의학이 모두 합쳐져 하나의 '인간 과학'으로 통일되는 것이다.

그러면 왜 동의는 치료보다 양생을 우선하는가? 북의와 남의의 기원이 중국 북부와 남부의 독특한 환경 조건에서 비롯된 것과 마찬가지다. 우리나라는 사계절이 뚜렷하고 기온이 온화해서 사람이 살기에 좋다. 중국 북부처럼 황사가 몰아치는 황야도 없고, 남부처럼 무덥고 습한 밀림도 없다. 그래서 적당히 식이요법과 운동을 잘 해 주면 큰 병에 잘 걸리지 않는 조건을 지녔다.

그것은 '동東', 곧 동쪽이 음양오행론에서 갖는 뜻, "만물이 저절로 생장하고 활발해진다"는 의미와도 이어진다. 음양오행론은 오늘날 과학에 비춰 보면 허술하고 이기론에 비해서도 정밀하지 않다. 하지만 사람을 포함한 천지만물이 크게 보아 두 가지 음양(크거나/작거나, 덥거나/차거나, 빠르거나/느리거나, 기운차거나/풀 죽었거나······), 더 잘게 보아 다섯 가지 오행 (뜨겁거나/따뜻하거나/보통이거나/서늘하거나/싸늘하거나······)으로 나뉜다는 기본 맥을 잘 짚고 있다. 또 그것이 어느 쪽도 넘치거나 모자라지 않게, 어느 하나가 지나치게 오래 머물거나 너무 빠르게 지나가지 않게, 언제나 조화롭게 잘 조절하고 다스리는 것만이 사람을 살리는 길임을 말한다는 점에서는 동서고금을 초월하는 진리를 담고 있다 할 것이다.

그처럼 차지도 넘치지도 않게, '적절함'을 찾아 맞춤 처방을 하는 일이 사람의 몸을 다스리는 의술의 핵심이었다. 또한 나라를 다스리는 정치의 핵심이기도 했다. 정치를 너무 가혹하게 하면 백성이 숨 쉬지 못하고, 너무 풀어 주면 강한 백성이 약한 백성을 괴롭힌다. 세금과 노역이 과하면 백성을 죽이게 되고, 그렇다고 백성을 귀찮지 않게 한답시고 국방까지 소홀하다 보면 국난과 같은 재난이 온다. 또한 도덕을 무시하는 정치는 부패하고, 도덕만 지나치게 따지는 정치는 명분만 앞세워 소란스러워진다. 사람 몸은 지나치게 뜨겁지도 차갑지도 말아야 하며, 그렇지 않으면 해열제나 뜸으로 치료해야 하는 것과 마찬가지다. 연산군도, 윤원형도, 그리고 당쟁 정치도 모두 지나치게 한쪽만을 추구하여 병이 된 경우다. 병이 잦고 깊어지면 그 나라는 결국 쓰러지고 말 것이다.

우리나라는 '동'의 특질을 가진 탓인지 사람들의 기운이 활발하다. 저마다 이래야 옳다, 저래야 옳다고 따지고 우기면서 좀처럼 느긋하게 믿고 기다릴 줄을 모른다. 이런 '체질'에 따른 문제점을 없애려면《동의보감》의 철학대로 평소에 '양생'을 해 주어야 한다. 곧 사람들의 입장과 의견이 자연스레 소통되도록 애쓰고, 극단으로 흐르지 않게 주의하며, 모든 것을 상식적이고 합리적인 '실용'에 근거하도록 만들어야 한다는 것이다.

실용에 바탕을 둔 정치, 실질에 바탕을 둔 의학.

우리와 동떨어진 환경에서 자라난 외국의 철학이나 의학을 덮어 놓고 따르는 것이 아닌, 이 땅의 기운과 자연스럽게 어우러져 나아가는 정치와 의학. 그것만이 사람을 제대로 살릴 수 있는 것이다. 바로 그런 생각이 《동의보감》에는 담겨 있는 것이다.

이처럼 《동의보감》은 단순한 한 권의 의학 서적이 아니었다. 위기에 처한 조선이 온 힘을 다해 이룩한 새로운 문명의 이정표였으며, 조선 초 세종 시대의 문물에 견줄 만한 뛰어난 업적이었다. 또한 작게는 실용의 중요성에 눈뜬 위정자와 전문가가 합작해서 불행한 민초들에게 준 '작은 선물'이라고 볼 수도 있었다. 어느 것이든 "조선이 조선으로서 존재해도 되는", 임진왜란과 같은 크나큰 실수를 했을지언정 계속 왕조의 삶을 이어 나가도 괜찮은 근거가 되었다고 볼 수 있을 것이다. 백성을 외면하고 민초의 고통과 죽음을 아랑곳하지 않는 문명은 존재할 이유가 없기 때문이다. 제 아무리 휘황찬란하거나 거대한 기념물을 남긴다고 해도.

다만 《동의보감》 역시 고마제나 대동법처럼 선조 생전에는 완성을 보지 못하고, 광해군이 즉위한 직후에 이루어졌다. 그래서 이를 광해군의 치적으로만 보고 '광해군 성군설'의 근거로 삼는 시각도 있다. 하지만 기획하고 오래 준비하여 마무리 직전까지 갔던 사람은 누가 뭐래도 선조이다. 그런 점에서 이런 민생 개혁안들을 이룩한 공로는 선조에게 돌리는 편이, 역사로 보나 사람으로 보나 더 타당할 것이다. ✿

왕의 죽음, 그리고 그 뒤

어째서 선조의 늦장가가 그토록 큰 실수란 말인가? 이 혼인으로 공식 후계자였던 광해군의 입지가 순식간에 불안해졌기 때문이다. 여기에 만약 새로 들어온 중전이 아들이라도 낳는다면? 어리더라도 그야말로 정실 왕후의 몸에서 태어난 적장자가 아닌가? 그리고 불안은 현실이 되었다.

빗속의 결혼식

후두둑, 후두둑.

비가 내리고 있었다.

아침부터 내린 비가 쏟아지는 을씨년스러운 분위기 속에서 한 쌍의 결혼식이 치러지고 있었다. 하필이면 왜 이런 날을 잡았담? 그것도 야외 결혼식인데 말이야! 그래서 그런지 신랑 얼굴도 영 굳은 게, 하나도 안 좋은가 봐? 손님들 사이에서 이런 쑥덕거림이 일 만도 한데, 모두들 시선을 내리깐 채 쥐죽은 듯 조용히 있을 뿐이었다. 그도 그럴 것이, 이미 쉰한 살이 된 늙은 왕과 꽃다운 열아홉 살 새 왕비의 결혼식이었기 때문이다.

선조 33년(1600) 6월, 왕비인 의인왕후 박 씨가 세상을 떠났다. 그 나이 마흔여섯 살. 어질고 온화하여 궁궐 사람들의 존경을 받았으며, 전쟁 중에는 난민들의 구호에 앞장서서 "관음보살이 현신하셨다"는 칭송까지 얻었던 의인왕후였으나 자식 복은 없었다. 반드시 후사를 보아야만 하는 것이 왕실의 입장이다 보니, 의인왕후는 남편 선조가 여러 후궁들의 거처로 오가는 것을 예의 인자한 미소를 띠고 바라볼 수밖에 없었다.

선조는 의인왕후를 여자로서는 사랑하지 않았을지 모른다. 임해군과 광해군을 낳은 공빈 김 씨가 선조의 사랑을 독차지했고, 공빈이 죽은 뒤로는 인빈 김 씨가 총애를 받았다. 하지만 선조는 의인왕후를 하늘이 정한 배우자로서, 거친 세상을 살아가는 동반자로서 존경하고 동정했다. 왕후가 죽은 뒤, 선조는 특별히 남긴 비망기에 그 애틋한 마음을 담고 있다.

> "그 사람은 중전의 자리에 있으면서 두 대비를 받들어 섬김에 열과 성을 다했고, 나를 지아비로 대함에도 공경을 다했으니 언제나 한결같은 사람이었다. 그 외가 일로 사사롭게 무엇이든 요구하는 일이 없었으며, 후궁들을 대할 때도 아랫사람 대하듯이 하지 않고 은애가 넘쳤다. 후궁들이 낳은 아이들을 귀여워하기를 친자식보다 더하여 항상 자신의 곁에 두길래, 내가 간혹 아이들을 장난삼아 꾸짖었다. 그러면 아이들은 얼른 그 사람의 뒤로 도망가 숨었고, 그 사람은 웃으며 치마를 당겨 그들을 가려 주었다……." 《조선왕조실록》 선조 33년, 7월 9일

착한 사람. 부드러운 사람. 다시는 돌아오지 않을 좋은 사람과

보낸 한가로운 시절. 그 소중한 추억이 일으키는 아련한 아픔. 궁궐에 들어올 때부터 단 하루도 고독에서 벗어날 수 없었던 선조는 의인왕후의 죽음으로 한층 더 깊은 고독에 빠져들었다.

그랬다. 선조는 고독했다. 그가 확실히 믿고 기댈 수 있는 큰 신하들은 대부분 죽거나 은퇴했고, 젊은 신하들은 선조가 공신을 공평하게 세우지 않았다고 손가락질했다. 그리고 예의 그 선비 기질을 발휘해 선조가 조금만 자신을 위하려 해도 "아니 되옵니다!"를 연발했다. 가령 병을 치료하러 온천에 가려 해도, 임금으로서 백성들이 고달픈데 홀로 편함을 추구해서는 안 된다고 말렸다.

어디 그뿐인가. 백성도 선조의 진정성을 좀처럼 알아주지 않았다. 아무리 민생에 정성을 기울여도 백성들은 선조가 전쟁을 막지 못한 데다 부정부패와 굶주림, 돌림병을 한꺼번에 씻어 없애지 못하는 무능한 임금이라고 원망만 했다. 그를 아끼고 사랑하던 비빈들도 하나둘씩 세상을 떠났고, 장성한 왕자들도 저마다 속을 썩였다. 임해군과 순화군은 망나니짓을 일삼았고, 광해군은 정치적인 맞수처럼 되어 버려 명나라와 여러 신하들 사이에서 불편한 관계가 계속 빚어졌다.

무엇보다 당쟁이 수그러들 기미를 보이지 않았다. 의주에서 눈물을 쏟으며 예언하듯 읊었던 시처럼 신하들은 "오늘이 지난 뒤에도 또다시 동인이니, 서인이니" 하지는 않았다. 그 대신 "대북이니, 소북이니, 남인이니, 서인이니" 했다! 그사이 당파도 늘어난 것이다. 전쟁 전에 동인이 남북으로 갈라지더니, 다시 북인은 남인의 대표인 유성룡을 집중 공격해서 쓰러뜨린 뒤 정인홍, 홍여순 같은 대북과 남이공, 김신국 같은 소북으로 찢어졌다(140쪽 '조선 시대 당쟁의 역사' 참조). 그걸 바라보는 선조의 마음도 찢어졌다.

'의학에서는 북과 남을 종합하여 동으로 이루어 내고 있는데, 정치는 동이 북과 남으로 쪼개지더니 다시 대북, 소북으로 분열을 거듭하는가?'

국제 정세조차 안심할 수 없었다. 명나라 사신들은 자신들이 조선을 멸망에서 구원해 주었노라 강조하면서 거만하고 무례하게 굴었고, 가뜩이나 피폐한 나라에 자꾸만 뇌물을 요구했다. 그러나 당시 명나라 정세는 점점 혼란에 빠져들고 있어서 명나라만 믿고 있기도 힘들었다. 일본과 여진도 언제 쳐들어올지 몰라 끝없는 불안을 일으켰다.

선조는 지쳤다. 그리고 속으로 병들었다. 즉위 초기 급변한 환경과 꽉 짜인 궁정 생활에서 얻은 갑갑함과 부담, 당쟁 시대에 신하들에게 느낀 실망에다 개혁이 표류하는 데 따른 좌절, 전쟁 전후의 놀라움, 두려움, 참담함, 부끄러움……. 그리고 지금은 아무도 자신을 믿어 주지 않고, 존중해 주지 않고, 사랑해 주지 않는다는 지독한 자괴감에 나날이 목이 죄이고, 고통과 불안이 겹쳐 우울증을 더해 가고 있었다.

이 무렵 명나라에서 온 사신이 선조를 보고 "얼굴빛이 너무 안 좋으십니다. 병이 있으신 게 아닙니까? 몸조리를 잘하셔야지요" 하니 선조는 이렇게 대답했다.

"마음의 병이 있는 게지요."

《선조실록》에는 '마음의 병'이라는 표현이 서른세 번이나 나오는데, 이는《조선왕조실록》전체를 통틀어 단연 최고로 많은 기록이다. 두 번째는《광해군일기》에 열아홉 번이, 그 다음에는《영조실록》에 다섯 번이 나온다.

천하 명의 허준에게도 선조의 병은 사실 손 댈 도리가 없는 '불치병'이었다. 그 자신이《동의보감》에서 강조했듯 마음이 평안한 것이 몸이 평안한 데에는 필수였다. 그런데 선조처럼 마음이 늘 괴로운 사람에게는 아무리 좋은 약과 뛰어난 처방이 있어도 소용이 없었다.

그래서였을 것이다. 그래서 중전의 자리가 빈 지 2년 만에 새로이 중전을 들였을 것이다. 인간적으로 충분히 이해할 만했다. 그러나, 그러나! 통치자라는 처지에서 볼 때 그것은 실수였다. 그것도 아주 큰 실수. 선조가 그때까지 저질렀던 모든 실수를 합친 것보다 더 큰 최악의 실수였다.

다시 예약된 광풍

그렇다면 대체 어째서 선조의 늦장가가 그토록 큰 실수란 말인가? 이 혼인으로 공식 후계자였던 광해군의 입지가 순식간에 불안해졌기 때문이다. 광해군은 세자였지만 어디까지나 전쟁으로 이것저것 따질 틈이 없을 때 벼락치기로 된 세자였고, 후궁의 자식, 그것도 맏이가 아니라는 자격지심에서 자유로울 수 없었다. 전쟁 중에는 그토록 광해군을 위해 주는 것 같던 명나라도 거듭된 세자 인정 요청을 한사코 미루면서 들어주지 않고 있었다. 조선과 조선의 왕실을 좀 더 난처하게 하여 자신들의 말을 잘 듣게 만들려는 수작이었을 것이다.

광해군은 불안했다. 여기에 만약 새로 들어온 중전, 자신보다 아홉 살이나 어린 '여동생뻘 새어머니'가 덜컥 아들이라도 낳는다면? 어리더라도 그야말로 정실 왕후의 몸에서 태어난 '적장자'가 아닌가?

그리고 불안은 현실이 되었다. 선조 39년(1606) 인목왕후 김 씨는 선조에게 아들을 낳아 주었다. 거의 손자뻘인 늦둥이를 보고 선조가 눈에 넣어도 안 아플 듯 귀여워했음은 당연했다. 이름도 '영창대군'이라고 지어 주었다. 길 영永에 번창할 창昌. 길이길이 번창하고 행복하게 살라는 뜻을 담아 지은 이름이었다. 하지만 그런 선조와 갓난쟁이 이복동생을 보는 광해군의 마음은 마치 불붙는 장작더미 위에 던져진 듯 괴로웠다.

그러므로 그 혼인은 실수일 수밖에 없었다. 선조는 광해군에게 일찍이 세종이 문종에게 취했던 태도를 가져야 했다. 자신의 의지를 이어 나갈 사람으로서 소중히 여기고 존중한다는 뜻을 보였어야 옳았다. 그러나 인목왕후와 혼인하여 영창대군을 낳은 일은 결과적으로 광해군의 목을 죄는 것과 같았다. 평화로운 세종 때와는 다르게 당쟁이 한창 불붙고 있는 상황에서 그것은 무시무시한 결과를 낳을 수 있는 시한폭탄과도 같았다.

유영경을 중심으로 하는 소북 일파는 재빨리 '영창대군 파'가되었다. 그래서 "적자가 왕위를 잇는 것이 예로부터 떳떳한 일이다"라는 주장을 은근히 퍼뜨리기 시작했다. 하지만 그러면서도 소북의 입장은 둘로 엇갈리기도 했는데, 소북의 중심인물 중 하나인유희분이 광해군의 처남이었기 때문이다.

반면에 대북은 하나로 똘똘 뭉쳐 광해군 편에 섰다. 그 가운데정인홍은 광해군에게서 '현인'으로 절대적인 존경을 받았으며, 이이첨과 허균은 왕세자 교육을 맡아보는 세자시강원에서 광해군과인연을 맺었다. 그리고 "우리 대북은 왜란 때 목숨을 내놓고 활약했다. 그런데도 전쟁이 끝나자 별 대접을 받지 못했다. 이는 세자께서도 마찬가지다"라는 주장으로 당파성이 흐릿했던 사람들의공감을 얻어 자기네 파의 결속을 다지려 했다.

노골적으로 세자를 바꿔야 한다고 세몰이를 하는 유영경.

그런 유영경이 사람의 도리를 버렸다면서 당장 내쳐야 한다고목청을 돋우는 정인홍.

가시 돋은 공방전이 갈수록 살벌해지는 조정 분위기를 보면서선조는 그때서야 '아, 내가 실수했구나' 하고 생각했을지 모른다.하지만 이미 엎질러진 물이었다.

늙은 왕의 후계자를 둘러싸고 격렬해지던 당쟁은 마침내 왕에게까지 영향을 미쳤다. 선조 41년(1608) 1월 18일에 정인홍이 올린상소는 유영경을 비난하는 척하면서 사실은 선조를 협박하는 것이었다.

"전에 전하께서 세자께 양위할 뜻을 비치셨는데 그때 유영경이 방해했습니다. 이는 세자께서 보위에 오르시면 나라를 멋대로 하려는 자신의 간특한 야심이 무너질 것이기 때문입니다. 이 어찌 간신이 아니겠습니까? 당장 처벌하셔야 합니다!"

말하자면 선조가 광해군에게 양위하는 것은 누가 봐도 지극히 당연한 일이며, 그러니까 지금이라도 빨리 양위하고 물러가라는 이야기가 아닌가? 협박문이나 다름없는 상소를 읽고 선조는 기가 막혔다. 결국 마음의 병이 심하게 도져 몸져눕고 말았다. 한때는 위험한 게 아닌가도 싶었지만, 얼마 뒤 털고 일어났다. 그러나 최후는 이미 가까이 와 있었다.

1608년 2월 1일.

그날 선조는 겉보기에 건강했으며 슬쩍 유쾌해 보이기도 했다. 하지만 오후쯤부터 기침이 심해지더니 결국 고목나무 쓰러지듯 쓰러지고 말았다. 허준을 비롯한 어의들이 버선발로 달려오고, 영의정을 비롯한 대소 신료들, 그리고 광해군이 왔다.

"하아, 하아. 어, 어의, 당신이오?"
"네, 전하! 신 허준 대령해 있사옵니다!"
"흐으, 그렇군. 그대와 압록강 기슭에 앉아 쏟아질 듯한 별을 바라보며 이야기하던 게 엊그제 같구려. 이젠 다시는 그럴 날이 없겠지……."

"전하, 전하, 속히 기운을 차리시옵소서! 이까짓 병이 뭐란 말씀이옵니까. 전하는 이겨 내실 수 있사옵니다!"

"괜한 소리 마시오. 이젠 정말 끝이라는 사실을, 나도 알고 그대도 알고 있소. 모른다면 천하 명의 허준이 아니지. 공연히 임금을 희롱하지 마시구려. 흐윽, 콜록, 콜록!"

"아아, 전하! 흐흐흑!"

"되었소. 쓸모없는 자, 이 자리에 손톱만큼도 어울리지 않은 사람이 벌써 40년이 넘게 앉아서 선대 임금들께나 백성들에게나 죄를 많이 지었는데, 이젠 물러가야지. 진작 물러가야 했어."

"아, 전하, 무슨 말씀이시옵니까? 전하의 영명하심을, 이 나라와 백성을 위해 애쓰신 진실하심을 누가 모르겠습니까?"

"어의는 궁궐 생활을 오래 하더니 거짓말만 늘었구려. 나는 보았소. 벌써 오래전부터, 나를 대하는 사람들의 얼굴에서 보았소. 소리 없는 비난의 목소리를. 이런 몹쓸 왕! 무능한 왕! 당쟁도 못 막고, 전쟁도 못 막은 왕! 영웅을 벌주고, 젊은 여자의 치마폭에 놀아나는 한심한 왕! 이렇게⋯⋯."

"전하, 전하!"

"미안하오. 그대의 입장을 곤란하게 할 생각은 없소. 그나저나 우리가 계획했던 그 책 말이오. 아직 완성은 먼 게요?"

"송구하옵니다. 아직⋯⋯. 그러나 이제는 끝이 보이옵니다. 소신이 더 노력하여 전하께 올려 드렸어야 하는데, 신의 죄가 백번 죽어도 모자라옵니다."

"아니오, 아니오. 어디 그 책이 나를 위한 책이오? 백성들을 위한 책이고, 후손들을 위한 책이기도 한데. 행여 서두르다가 미흡한 부분이 있으면 어쩌겠소? 세자에게도 말해 두었으니, 계속해서 저술에 힘쓰도록 하오. ……혹시 이름은 생각해 두었소?"

"네, 《동의보감》이라 할까 하옵니다."

"오, 동의보감이라! 참으로 좋소. 우리나라가 세상에 자랑할 의학의 보배란 말이로군! 좋소. 그 이름으로, 쿨럭! 그 이름으로 기필코 어의의 필생의 역작을 완성하시오. 쿨럭, 쿨럭, 쿨럭!"

"신 허준, 반드시 전하의 뜻을 받들어 동의보감을 완성하겠나이다. 책의 편마다 전하의 명을 기록하여, 백성을 향한 전하의 뜨거운 마음을 후세에 길이 전할 것이옵니다!"

"고맙구려, 고맙소, 어의. 그러면 잠시 자리를 비켜 주시오. 세자와 이야기를 해야겠소. 흐으으, 쿨럭, 쿨럭!"

"네, 전하!"

눈물을 흘리며 방문을 닫고 나간 허준에 이어 굳은 표정의 광해군이 들어와 선조 앞에 엎드렸다.

누가 나를 사랑해 줄 것인가

"……세자냐?"

"네, 아바마마."

"그동안 못난 아비를 만나 고생이 많았다."

"무슨 말씀이시옵니까, 아바마마!"

"아니다. 네게 빨리 왕위를 물려주어야 한다는 성화에, 사실 맞는 말이지만, 그만 부아가 치밀어 네게도 안 좋은 소리를 하곤 했지. 하지만 맹세코, 세자를 바꿀 생각은 하지 않았느니라. 네 동생 녀석이 귀여운 것이야 어쩔 수 없지만, 고작 세 살짜리가 왕이 되면 뭘 어떻게 하겠느냐? 섭섭한 게 있거든 털어 버리거라. 으, 쿨럭!"

"황공하옵니다, 아바마마. 소자는 추호도 아바마마께 섭섭한 마음이 없사옵니다!"

"그렇다면 다행이지만……. 애야, 우리밖에 없으니 말해 보거라. 나를, 아버지로서 사랑하는 마음이 있느냐?"

"어찌, 어찌 그런 말씀을 하시옵니까? 소자께 아바마마 외에 다른 아버지가 어디 있다고, 사랑하지 않겠습니까?"

"그러냐? 쿨럭, 그렇구나. 내가 험한 일을 많이 겪고, 사람이 의심이 많아져서 그런 것을 모르나 보다. 용서하거라. 으윽, 쿨럭, 쿨럭, 쿨럭!"

"아바마마, 아바마마! 정신 차리옵소서! 여봐라, 거기 밖에 어의 있느냐!"

"그냥 두거라. 이제 금방일 것이니. 마지막으로 네게 부탁이 있다. 반드시 들어 다오."

"말씀하시옵소서."

"화합하거라. 쿨럭, 쿨럭!"

"네?"

"화합하라 하였다. 정치 때문에 형제들과 사이가 벌어져서는 안 된다. 그들을 해치라는 사람이 아무리 네가 믿는 사람이라도, 아무리 그 말이 그럴듯해 보여도 절대로 네 형제에게 손을 대서는 안 되느니라. 그렇게 하면 결국 너도 망할 것이다. 쿨럭! 그리고 신하들을 화합케 하거라. 네 갈래 다섯 갈래로 쪼개진 조정이 어찌 나라를 지키고 백성을 위하겠느냐. 나는 전란 이후로 힘을 잃어 저들을 어쩌지 못했지만, 젊고 새로 시작하는 너라면 할 수 있을 것이다. 동서와 남북을 가리지 않고 두루 훌륭한 인물을 뽑아 조정을 채우고, 치우침 없이 공정하며, 기어코 분란을 일으키려는 자는 엄히 처벌하거라! 그것이 이 아비의 최후의 부탁이니라. 어, 어흑! 으으윽!"

"아바마마! 아바마마!"

"실용에 힘쓰거라. 반드시 백성의 입장에서 생각을……. 크, 크윽! 으헉! 으!"

"아바마마!"

"……."

"아바마마, 눈을 떠 보소서! 아바마마!"

1608년 2월 1일, 낮 세 시를 얼마 남겨 두지 않고, 왕의 눈은 영원히 감겼다.

아침까지만 해도 멀쩡했다는 기록 때문에 선조가 죽은 직후에 독살설이 잠시 일기도 했으며, 지금까지도 그 설은 살아 있다. 선조가 말년에 가까이 했고 광해군 일파와도 끈이 닿아 있던 상궁 김개시가 독이 든 약밥을 올렸다고도 한다. 하지만 그 뒤 광해군을 천하의 패륜아로 몰고, 대북 일파를 파렴치한 역적으로 그리면서 철저히 인목대비 쪽으로 치우쳐 쓴 《계축일기》에도 독살설은 나오지 않는다. 그저 "정인홍의 패역무도한 상소를 보시고 기가 막히신 끝에 돌아가셨으니, 결과적으로 그들이 전하를 해친 것"이라고만 적은 것을 보면 독살설은 크게 신빙성이 없는 듯하다.

선조의 시신은 광해군 즉위년(1608) 5월에 목릉에 매장되었다. 처음에는 지금의 경기도 구리시 인창동에 있는 건원릉(태조의 능) 옆에 묻혔다. 그러나 석 달 뒤에 보니 건물에서는 비가 새고, 수로를 내지 않은 탓에 구덩이가 마구 패이고 일부는 무너지기까지 해서 정성을 기울이지 않은 흔적이 몹시 심했다. 그래도 이때는 대충 보수 공사만 하고 그대로 두었다.

묘호를 정할 때 처음에는 '선종'이라고 했지만, "국난을 극복하신 공로가 있다"는 의견에 따라 '선조'로 정해졌다. 흔히 임금의 시호 뒤에는 대개 '종'을 붙이지만, 유난히 공이 많고 어려운 시기를 잘 보낸 임금에게는 좀 더 대접하는 뜻으로 '조'가 붙었다. 《계축일기》의 기록에 따르면, 이때 선조로 하자고 주장하는 인목대비에게 광해군이 노골적으로 싫은 기색을 보였다고 한다.

"전란으로 백성들을 무수히 괴롭히신 분인데 공로는 무슨 공로입니까?"

그리고 장례 때도 아버지의 묘소에 절하기 싫다고 광해군이 짜증을 부렸다고 한다. 악의적인 험담일 수도 있지만, 결국 광해군은 아버지 선조의 유언을 제대로 지키지 않았다. 처음 몇 년은 영의정에 남인 이원익, 좌의정에 역시 남인 이덕형, 우의정에는 서인 이항복을 임명하고 자신을 추종하는 북인은 언관 쪽에 배치함으로써 그럭저럭 당파를 초월한 탕평 정부를 이끌었다. 그리고 대동법, 고마법,《동의보감》같은 선조의 못 다한 개혁을 마무리해서 두루 칭송을 받았다.

그러나 즉위 직후 자신을 줄기차게 반대해 온 유영경과 그 일파를 역적으로 몰아 처단한 것을 시작으로 광해군 1년(1609)에 친형 임해군을 죽이고, 광해군 5년(1613)에는 이복동생인 영창대군을 죽였다. 곧이어 광해군 10년(1618)에 인목대비를 폐하여 서궁에 유폐시키는 '폐모살제廢母殺弟, 어머니를 폐위하고 형제들을 죽이는 일'를 저지르며 매년 옥사와 처형이 끊이지 않는 공포 정치를 펼쳤다. 대북과 일부 소북을 제외한 당파의 대신들은 줄줄이 귀양길에 올랐다.

이는 어떻게 보면 선조가 말년에 저지른 실책의 결과라고 하겠지만, 광해군 스스로도 그 실책을 돌이키고 해소하려는 노력이 부족했다 할 것이다. 이렇게 해서 대북 일파만을 의지하고 정치를 하던 광해군은 선조보다도 더욱 인심을 잃고 지도력을 발휘할 수 없었다. 더 나아가 타당한 선택이었던 명과 후금 사이의 중립 외교도 아무도 믿고 따르는 사람이 없어 실패하고 만다.

그러자 아버지 못지않게 고독과 우울에 사로잡힌 광해군은 점점 더 '자신만의 세계'로 틀어박히기 시작했다. 마지막 몇 년 동안은 신하들이 그의 얼굴조차 쉽게 볼 수 없었다. 신하들은 궁궐 깊숙한 곳에 숨어서 마음에 맞는 후궁이나 내관들하고만 어울리는 광해군을 찾아 곳곳을 헤매 다녔다고 한다. 보이지 않을수록, 소통을 거부할수록 의심과 오해는 깊어지기 마련이다.

결국 광해군 15년(1623) 3월, 인조반정으로 광해군은 임금의 자리에서 쫓겨나고 만다. 연산군에 이어 신하의 손으로 폐위된 두 번째 임금이라는 불명예를 안게 된 이 불운한 선조의 후계자는, 그 뒤 이십여 년을 더 살아 임진왜란에 못지않은 두 번째 국난 병자호란이 밀어닥치는 것까지 모두 보게 된다.

그동안 선조가 묻힌 목릉은 보수 공사를 했지만 땜질식으로 임시로 했던지 자꾸만 물이 새고 건물이 기우뚱 기울어졌다. 결국 인조 8년(1630)에 시신을 다시 파내 본래 선조의 왕비였던 의인왕후가 묻힌 유릉으로 옮긴다. 그리고 유릉과 목릉의 능호를 합하여 목릉이라 불렀다. 선조 부부가 잠든 이 능이 바로 오늘날의 목릉이다. 그런데 2년 뒤에는 인목왕후도 세상을 떠났고, 인목왕후 역시 목릉에 함께 자리하게 되었다. 왕과 전대, 후대 왕비들을 따로 능을 쓰지 않고 한곳에 몰아 매장하는 것은 그때까지 없었던 일이었다. 그만큼 당시 조선의 국력이 피폐해져 있었다는 뜻이겠지만, 달리 보면 광해군을 성토하면서 왕이 된 인조 때에도 선조에게는 별로 존경이 바쳐지지 않았다는 뜻이기도 하겠다.

그렇다. 선조는 조선 후기에도 별로 존경 받는 임금이 아니었다. 하물며 지금에 와서는 조선 최악의 임금으로 손꼽힌다. 하지만 사람의 참된 '역량'은 때를 잘 만나지 않으면 제대로 빛나기 어려운 법이다. 또한 사람의 참된 '노력'도 그가 처한 시대와 상황을 잘 살피고 냉정히 분별하지 않으면 제대로 드러나기가 쉽지 않다. 그리고 더 나아가 사람의 참된 '마음', 그것은 그야말로 그 누구도 모르기 쉬운 것이다. 다만 그가 살았던 시대와 기울인 노력을 종합해서 평가하고, 그가 세상에 어떤 변화를 가져왔으며, 또한 가져오려 했는가, 그것을 짚어 본다면 어렴풋이나마 그 마음에 가 닿을수 있지 않을까 싶다.

선조의 경우, 오랜 재위 기간에다 그만큼 오랜 고난과 고독의 기간을 거친 끝에 찾아낸 그의 참된 마음은 무엇일까? 바로 "실용에 힘쓰자"는 것이었다. 선조는 "가치 있는 것은 오직 나의 쾌락과 권력"이라는 식의 연산군과 윤원형의 정치가 가져온 환멸과 반성을 잘 알고 있었다. 그래서 이 세상을 초월한 듯한 순수함과 착함, 그리고 그런 초월의 영역과 이치에 매달리는 선비들에게 세상을 맡겼다. 그러나 지나치게 초월을 추구하다 보니 사람이 그날그날 살아가기 위한 실용의 가치를 잃어버렸고, 사람과 사람이 진솔하게 주고받는 정도 잊어버렸다. 그 결과 추악한 당쟁과 전쟁이 일어나 수많은 삶을 괴롭혔다.

그리하여 다다른 선조의 깨달음, 결심.

그것은 다른 무엇보다 백성의 실제 필요에 뿌리박은 정치를 해야 하며, 따라서 가장 쓸모 있는 것, 가장 '실용'에 가까운 학문과 정책에 힘을 써야 한다는 것이었다. 암행어사도, 고마제도, 대동법도, 《동의보감》도 모두 다 그런 정신의 산물이다.

그리고 그 마음은 우여곡절을 거치면서도 그 뒤의 시대에 면면히 이어졌다. 모든 사람이 이 실용이라는 마음을 이어받은 것은 아니었다. 오히려 더욱 실용에서 벗어나 초월의 경지로 파고들려는 사람도 있었고, 그 때문에 당쟁이 더욱 심해지고 민생이 한층 고달파지기도 했다. 하지만 몇몇 왕들이, 그리고 여러 선비들이 그 마음에 공명했다. 그래서 실용의 정치, 실용의 학문에 힘을 쏟았고, 그만큼 백성들은 숨통을 틔울 수 있었다. 바로 그랬기에, 임진왜란과 병자호란으로 그토록 심각한 타격을 입고도 어쨌든 조선이라는 나라는 그 뒤로 수백 년을 더 이어 갈 수 있었던 것이다.

그러므로 선조가 살던 시대에서 훌쩍 멀리 떨어진 시대, 게다가 굉장히 다른 세상에 살고 있는 우리들이라도 조금은 그 마음을 이해해 주면 어떨까 싶다. 아니, 시대와 세상이 다르더라도 참된 실용의 가치는 여전히 빛나는 것이 아닐까? 요즘처럼 가진 자가 더 갖기 위해서, 자기반성과 성찰은커녕 잘못을 회피하려고 갖다 붙이는 '거짓' 실용이 아닌, 진정 힘들고 어려운 사람을 돕기 위한 '참된' 실용의 가치 말이다. 그래서 모든 백성들이 고루 행복해질 때 비로소 그 가치는 더욱 빛나게 될 것이다. 어두운 밤하늘에 빛나는 별처럼. ✽

나가는글

누군가 그러지 않았던가. 자기 자신을 사랑하는 사람만이 남을 사랑할 수 있다고. 그렇다면 우리는, 세종이나 정조 같은 비범한 군주보다 우리의 모습을 많이 닮은 선조를 더 사랑해야 하지 않을까. 사랑이 정히 힘들다면, 동정이라도 해야 하지 않을까. 선조의 비운과, 고독과, 절망에.

조선 제14대 왕 선조는 결코 완벽한 임금이 아니었다. 완벽한 인간도 아니었다. 선조는 태종과 같은 결단력과 추진력도 없었고, 영조와 같은 불굴의 의지도 없었다. 세종처럼 오로지 학문에 정진하여 삶의 보람을 찾을 수 있는 사람도 아니었고, 정조와 같은 천재도 아니었다. 사람을 보는 눈은 탁월했지만 끝까지 믿고 저버리지 않는 도량은 부족했으며, 보는 사람의 눈이 휘둥그레질 만큼 비상한 수단으로 난국을 타개하는 재주도 없었다.

또한 실수도 많이 했다. 대표적으로 세 가지 큰 실수를 저질러서 나라와 백성을, 그리고 자기 자신을 곤란하게 만들었다. 첫 번째는 율곡 이이가 죽고 난 뒤 맥이 빠져서 당쟁이 파국으로 치닫는 것을 막지 못했다는 것. 두 번째는 이순신을 경솔히 수군통제사 자리에서 내몰아서 하마터면 나라를 잃을 뻔한 위기에 처하게 만들었다는 것. 세 번째로 무엇보다 늦장가를 감으로써 후계 구도를 둘러싸고 당쟁이 폭발하게 만들었다는 것. 그래서 다음 대 왕인 광해군이 차분히 개혁에 정진하게 하기는커녕 피를 부르는 권력 투쟁에 급급하게 만드는 최악의 상황을 벌어지게 했다.

또한 나름대로 인정할 만한 이유가 있었더라도, 정말로 임진왜란에 앞서 만반의 준비를 갖추기가 그토록 어려웠을까? 게다가 공신들이 군벌로 성장하는 걸 막기 위해서라지만, 그렇다고 꼭 그렇게 불공평한 인사를 해야 했을까? 그래서 결국 조선 후기에도 내내 무에 대한 문의 우위가 이어지게 한 것이 과연 최선이었을까?

이런 질문을 만약 청문회 같은 것이 있어서 저승의 선조를 불러다 물어본다면, 아마 이 책에서 제시한 것과 같은 변명을 할 것이다. 그래도 모든 사람을 만족시키지는 못할 것이다. 다른 사람이 왕이었다면 더 나은 선택을 했을 것이라는 추측도 전혀 엉뚱한 이야기는 아니다.

하지만 선조는 성실한 인간이었다.

선조를 오해하는 사람들은 그가 자신의 안위만을 생각했다고, 문제점을 알면서도 방치했다가 더 큰 문제가 터지면 어쩔 줄을 모르고 도망만 치고 다녔다고 생각한다. 그러나 자세히 들여다보면 선조는 자신에게 주어진 한도 안에서 최선을 다했음을 알 수 있다. 물론 최선을 다하는 것이 곧 '최선'은 아니다. 아마 태종이나 영조였다면 이이의 죽음을 당쟁을 끝내는 계기로 삼았을 것이다. 세종이었다면 이순신을 끝까지 믿어 주었을 것이다. 정조였다면 선조처럼 고독과 우울을 견디다 못해 자신이 시대를 넘어 전하려던 마음까지 진흙탕 속에 빠뜨리는 우를 범하지는 않았을 것이다.

그러나 선조는 누가 뭐래도 성실한 인간이었다. 그리고 임금이 된 것은 선조의 의지가 아니었다. 시대가 그의 등을 떠밀어 그 자리에 있게 했다. 그러자 선조는 반드시 내키지 않으면서도, 연산군처럼 그 내키지 않음을 투정과 발악으로 뜯어고치려 하거나, 광해군처럼 자신만의 세계로 도망쳐 들어가 숨지 않았다. 종종 능력 부족을 느끼면서도 선조는 끝까지 최선을 다해 자신에게 던져진 과제를 해결하려 했다. 그러다 보니 고독과 우울에 빠질 수밖에 없었고, 그래서 간혹 실수도 범했다.

어쩌면 그것은 우리 대부분의 처지가 아닐까? 극소수의 천재나 행운아를 제외하고는, 우리는 거의 누구나 시대에 등을 떠밀려 오늘날 우리가 처한 입장에 서 있다. 그리고 고독과 우울에 빠질 위험 속에서 아슬아슬 어찌어찌 주어진 과제를 놓고 씨름하면서 나아가고 있다. 그런 힘들고 따분한 일을 선조처럼 수십 년이나 성실하게 해내는 것이, 그리하여 마침내 시대가 자신에게 요구하고 있는 것이 무엇인지 그 진실을 붙잡는 것이, 과연 아무나 할 수 있는 일일까? 우리는 너무도 쉽게 연산군과 같이 '일탈'을, 또는 광해군과 같이 '도피'를 선택하지 않을까.

그렇기에 우리는 선조를 돌아볼 필요가 있다. 그 진면목을 되새겨 볼 필요가 있다. 진면목을 알고 나서도 선조가 좋아지지 않을 수 있다. 그러나 적어도 이해하게는 되리라. 막중한 책임을 짊어지고 고독한 길을 가는 사람. 그것은 우리 자신의 모습이기도 하기 때문이다.

누군가 그러지 않았던가. 자기 자신을 사랑하는 사람만이 남을 사랑할 수 있다고. 그렇다면 우리는, 세종이나 정조 같은 비범한 군주보다 우리의 모습을 많이 닮은 선조를 더 사랑해야 하지 않을까. 사랑이 정히 힘들다면, 동정이라도 해야 하지 않을까. 그의 비운과, 고독과, 절망에. 그래서 가능하다면, 최선이라 믿는 일에 마지막까지, 그야말로 악착같이 달라붙었던 선조의 성실한 심지에는 한 조각 존경을 바칠 법도 하지 않을까.

그리고 선조의 험난했던 일생이 우리에게 남겨준 교훈, "최선만이 꼭 최선은 아니다"와 "실용에 주목하라"는 교훈을 우리네 삶에, 그리고 우리 시대의 역사에 적용해 볼 수 있지 않을까. 바른 정치가 무엇일까? 어떻게 정치를 더 바르게 할까? 그런 화두는 오늘날 우리에게도 마찬가지로 있으며, 국난의 그림자 역시 우리 주위를 떠나지 않고 있으니 말이다.

최악의 전쟁 임진왜란을 겪고 나서 백성에게 필요한 '실용의 정치'가 가장 중요하다는 것을 뼈저리게 깨달은 선조가 오늘날 우리를 보았더라면, 과연 뭐라고 말했을까?

"너희들이 더하구나. 너희들이 내 백성을 죽이는구나. 나는 최선을 다했어도 실패했는데 너희들은 그나마 그 최선조차 조금도 하지 않는구나……"

그러지 않았을까. 아마도 그래서 우리는 역사를 배우는 것일 터이다. 잘못된 역사를 되풀이하지 않기 위해서. 잘못된 현실을 바로

잡고 바꿔 나가기 위해서. 굳이 욕먹으며 묻혀 있던 선조의 참모습을 발견하고, 그 속에서 '지금 이곳'의 새로운 의미를 알아 가자는 것도 다 그 때문일 것이다.

그러므로 선조의 마지막 깨달음을 기억하자.

백성에게 쓸모 있는 것이 '진짜' 실용이다.

그리고 선조의 영혼에, 우리처럼 고독하고, 시대의 요구를 다 감당하기에는 재능이 모자라고 때로는 지질하기도 했던 사람. 그러나 실로 놀랄 정도로 성실했던 사람의 영혼에, 작게나마 위로의 건배를! ✿

부록

1552년

| 11.11 | 조선 사람 이균, 중종의 후궁 창빈 안 씨의 아들 덕흥군의 셋째 아들로 태어났다. 중종의 서손이며, '하성군'이라 불리며 사가에서 자란다. |

1567년 선조 즉위년

7.3 명종이 후사 없이 죽자 열여섯 나이로 왕위에 오르니, 조선 제14대 임금 선조이다.

7.6 이황을 예판 겸 동지경연춘추관사로 삼았다.

10.5 삼정승이 무고한 자의 억울함을 풀어 주고 어진 선비를 뽑아 쓸 것을 요구하였다.

10.15 풍속을 격려하기 위해 청렴하고 명망이 높은 선비를 추천하라는 전교를 내렸다.
"근래 나라에 권력을 가진 간신들이 많아 모든 일이 잘못되었는데. 그중에서도 탐관오리가 아예 관습으로 굳어져 백성들이 감당할 수 없게 되었다. 지금 간신들은 모두 쫓겨나 조정이 맑아진 듯하나, 아직도 그런 습속은 남아 있구나. 허니, 청렴한 덕이 있는 사람들을 특별히 뽑아 쓰고, 청백리의 자손을 우선 등용하여 모쪼록 풍속을 격려하도록 하라."

10.23 경연에서 기대승이 조광조, 이언적의 추증을 말하였다.

11.5 경연이 끝난 뒤 수렴 뒤에서 대비가 을사년의 신원 문제는 왕의 학문이 높아지고 난 뒤에 하라고 일렀다.

11.22 현명한 선비들이 정치에 참여하기를 촉구하는 교지를 내렸다.

1568년 선조 1년

2.25 을사년과 기유년에 죄인의 처자로 종이 된 자와 귀양 간 사람들을 풀어 줄 것을 의금부에 명했다.
대비의 수렴청정을 끝내고 친정을 시작하였다.

2.27 명나라에서 국왕 책봉 사신단이 도착했다.

4.11 기묘사화로 죽은 조광조에게 벼슬과 시호를 내리라는 명을 내렸다.

5.26 진주의 유생 조식이 성학의 기본에 대해 쓴 상소문을 올렸다.

6.4 순무어사 김명원이 달려와 함경도 공납의 폐단에 대해서 보고했다.

6.12 홍문관이 더우므로 경연을 중지할 것을 삼정승이 청했지만 그대로 하라고 명하였다.

8.7 이황이 6조목에 달하는 상소 〈무진육조소〉를 올렸다.

12월 이황이 선조에게 《성학십도》를 지어 올렸다.

1569년 선조 2년

6.20 기대승과 《삼국지연의》에 대해 논의하였다.

9.12 조강에서 교리 이이가 신참들을 못살게 구는 신고식의 문제점을 고하자 이튿날 이를 금하는 전교를 내렸다.

9.25 이이가 강의하다가 신하의 말에 성의껏 응하기를 청하고 《동호문답》을 지었다.

12.29	의인왕후 박 씨와 가례를 올렸다.

1570년 선조 3년

4.23	성균관 유생들이 김굉필, 정여창, 조광조, 이언적을 문묘에 모시자고 상소하였다.
7.13	모화관에서 왕후 책봉에 관한 중국 황제의 임명장을 받았다.
12.8	이황이 죽었다.

1571년 선조 4년

3.15	전라도에서 해적의 변을 보고하였다.
5.18	기대승이 병을 이유로 사직서를 올렸다.
5.28	영의정 이준경이 한사코 영의정 자리를 사퇴하니, 선조가 허락하였다.
9.29	잦은 자연재해가 생기자 신하들의 바른 말을 구하는 왕명을 팔도에 내렸다.
10.27	선조가 형벌을 주거나 죄수를 감옥에 보내는 일에서 분별을 잘한다고 사관이 기록하였다.

1572년 선조 5년

7.7	전 영의정 이준경이 죽었다.
9.11	중국 사신이 올 때 '종계변무'를 할 것을 논의하였다.
9.28	신체는 부모에게 받은 것이니 젊은 사내들이 귀를 뚫고 귀고리 하는 풍습을 금하도록 명하였다.
10.2	창덕궁에서 경복궁으로 옮겼다.
11.8	기대승이 죽었다.
12.26	종계변무를 위해 이양원, 윤근수, 이해수 들을 사신으로 뽑았다.

1573년 선조 6년

1.23	대마도에 양곡을 주는 일을 논의하였다.
3.14	하동 백성이 왜구에게 잡혀 갔는데도 보고하지 않은 현감 이광준의 죄를 추궁하였다.
8.17	삼정승을 비롯한 대신들이 향약에 대하여 논의하였다.
8.29	대사헌 심의겸이 외척은 중요한 지위를 차지할 수 없다 하여 상소로 사직하니, 선조가 사직하지 말라고 명하였다.

1574년 선조 7년

1.15	김 귀인(뒷날의 공빈 김 씨)이 낳은 아들(임해군)을 왕실 족보인 《선원록》에 이름을 올렸다.

1.27	상이 자신의 천품을 묻자 김우옹이 격려하였다.
	상이 김우옹에게 이르기를,
	"나와 같은 사람도 또한 큰일을 할 수 있겠는가?"
	하니, 김우옹이 아뢰기를,
	"성상의 자품이 고명하시어 조예가 월등하시므로 만일 더 주의하여 뜻을 독실하게 하신 다면 어찌 큰일을 하지 못하겠습니까. 더구나 기질이 쓰이는 것은 작고 학문의 힘은 크 니, 전하께서는 더욱 주의하셔야 할 것입니다."
	하였다. 상이 이르기를,
	"나는 자질이 매우 거칠어 일을 하지 못할 듯하니, 그대의 말은 옳지 않다."
	하니, 이이가 아뢰기를,
	"김우옹의 말이 옳기는 합니다만 말이 지나칩니다. 전하께서는 덕을 지킴이 꾸준하여 큰일을 할 자품이 있으십니다. 만일 힘을 더 쓰신다면 어찌 일을 하지 못하겠습니까."
	하였다.
6.4	순무어사를 보내라고 명하였다.
6.22	홍문관에서 소인을 멀리하고 대중의 생각을 따르기를 청하였다.

1575년 선조 8년

1.2	대비(명종의 왕비 인순왕후 심 씨)가 승하하였다.
1.6	곡을 하던 도중에 선조가 핏덩이를 토했다.
2.5	황해 감사 이이가 지나친 슬픔은 불효임을 아뢰는 상소를 올렸다.
3.2	의관이 선조를 진찰하더니 몸이 허약하여 열이 난다며 치료해야 한다고 말하였다.
3.17	대마도주가 도적들이 배를 손질한다고 보고를 올리자 비변사가 방비를 청하였다.
4.26	공빈 김 씨가 광해군을 낳았다.
6.24	이이가 백성을 위해 개혁 정치를 할 것을 청하였다.
9.27	이이가 《성학집요》를 올렸다.
10.24	김효원과 심의겸의 갈등이 커져 각각 부령 부사, 개성 유수로 삼았다.

1576년 선조 9년

3.3	김효원과 심의겸을 따르는 두 당(동인과 서인)이 원수처럼 서로 공격하였다.
4.19	어사의 장계에 따라 군기를 보수하지 않는 지역의 수령을 파직할 것을 명하였다.

1577년 선조 10년

4.4	평안 감사가 전염성 열병으로 6천 명이 사망했다고 보고하였다.
5.15	부제학 유희춘이 죽었다.
5.27	공빈 김 씨가 산후병으로 죽었다.
11.29	인종의 왕비 인성왕후 박 씨가 승하하였다.

1578년 선조 11년

2.28   순무어사를 양계와 하삼도에 보냈다.

4.15   승정원이 조광조를 문묘에 올릴 것을 청하였으나 경솔하게 의논할 수 없다고 답하였다.

1579년 선조 12년

6.22   홍문관에서 이이가 심의겸과 김효원의 일을 논한 말이 잘못되었다고 비판하였다.

1580년 선조 13년

12.21   일본 사신이 우리나라를 통해 중국에 조공하길 청했는데, 언사가 불손하다 하여 거절하였다.

1581년 선조 14년

1.26   정인홍이 방납의 폐단이 민생을 힘들게 하는 원인이라고 아뢰었다.

3.22   흉년이라 가무를 일절 금한다는 전교를 사헌부에 내렸다.

3.26   근정전에서 일본 사신을 접견하였다.

7월   대사헌 이이가 나라가 중엽에 이르면 쇠약해지기 마련이니 분발하기를 청하였다.

1583년 선조 16년

2.15   병조 판서 이이가 관리의 잦은 교체, 군사를 양성하는 것, 재물을 풍족하게 만들 것, 전쟁에 쓸 말을 갖출 것, 세금을 거두는 것 들을 상소하였다.

2.23   병조 판서 이이가 올린 6개 조항에 이르는 상소를 비변사에 내리고 청탁을 금하라는 전교를 내렸다.

4.14   이이가 시대의 폐단을 들어 상소하자, 공물과 주현(州縣)을 합병하는 것, 서얼의 과거 허용 들을 답하였다.

5.1   사헌부와 사간원이 서얼 허통, 천민이 양민이 되는 일, 재물을 받고 사면해 주는 일 들을 시행하지 말 것을 아뢰었다.

6.11   비변사가 겨울을 대비하여 각 도의 군사를 뽑아 북변에 대비할 것을 아뢰었다.

6.17   병조 판서 이이가 논핵을 받은 일로 사직을 청하였다.

9.3   이조 좌랑 김홍민이 이이와 성혼이 경솔하고 당을 만들었다고 비판하자, 선조가 자신도 이이, 성혼의 당으로 불러 달라며 이이를 옹호하였다.

     상이 답하기를, "……이이를 일러 당을 만들었다고 했는데 그러한 말로 내 뜻을 움직일 수 있겠는가. 아아, 참으로 군자라면 당이 있는 것을 걱정할 것이 아니라 오히려 당이 적을까를 걱정해야 할 것이다. 나도 주자의 말을 본받아 이이, 성혼의 당에 들어가기를 바란다. 지금부터 너희들은 나를 이이, 성혼의 당이라고 부르도록 하여라. 그래도 너희

들은 다시 할 말이 있는가? 이이, 성혼을 헐뜯는 자는 반드시 죄를 내리고 용서하지 않을 것이다. 그러나 내 비록 어둡고 용렬하지만 이 썩은 선비 하나야 용납 못하겠는가. 책하지 말고 그냥 두어라" 하였다.

10.22   이조 판서 이이와 인물 등용에 대한 의견을 나누었다.

1584년 선조 17년

1.16   이조 판서 이이가 죽었다.

11.1   종계변무사 황정욱 일행이 《대명회전》에서 수정된 조선 관계 기록의 등본을 가지고 돌아옴으로써 종계변무의 목적이 달성되었다. 선조가 상을 내리고 죄인을 사면하였다.

1585년 선조 18년

4.28   《춘추》를 강의하고 육진 방어책을 논의하였다.

6.16   이경진이 경연에서 정여립이 이이를 배척한 일을 들어 정여립을 비판하였다.

1587년 선조 20년

2.26   전라 감사가 왜적 18척이 흥양에 침범해서 녹도 권관 이대원이 전사했다고 보고하였다.

2.27   전라 우수사가 왜적이 가리포에 침범했음을 보고하였다.

3.3   왜병의 용병 형편과 깃발, 북, 징 같은 일을 아뢸 것과 왜적에 대한 방비를 철저히 하라고 전교하였다.

3.28   전투에 패한 수사 심암을 군문에서 참수할 것을 논의하라는 전교를 내렸다.

10.16   비변사가 이경록과 이순신을 잡아올 것을 청하자 백의종군을 명하였다.

10.19   승자총통을 만든 전 병사 이지에게 병조 판서를 추증하였다.

10.20   일본의 새로운 국왕이 보낸 사신이 대마도에 도착했다고 도주가 보고하였다.

12.9   선조의 건강이 정상으로 돌아와서 내의원에 상을 내렸다.

1588년 선조 21년

3.4   동서반 2품 이상이 일본국에 통신사를 보낼 수 없다고 하니 따랐다.

1589년 선조 22년

7.12   평안도 병사가 오랑캐 상황을 보고하고 변방 대책을 세우자고 아뢰었다.

9.21   좌의정 이산해, 우의정 정언신 들과 일본에 통신사 보낼 일을 논의하였다.

10.2   황해 감사가 안악과 재령에서 일어난 역모 사건을 보고하였는데, 전라도의 정여립이 관련되었다고 하였다.

10.7	의금부 도사가 정여립이 도주했다고 보고하였다.
10.17	선전관 이용준들이 정여립이 숨은 죽도를 포위하자 정여립이 스스로 목을 찔러 자결하였다.
10.19	선정전에서 정여립의 아들 정옥남을 친국하였다.
11.18	좌참찬 정탁을 사은사로 뽑고, 황윤길과 김성일을 일본 통신사로 임명하였다.
12.12	낙안 유생 선홍복의 집에서 정여립과 통한 문서가 나왔는데 정철 무리가 꾸민 일이었다.

1590년 선조 23년

| 1.1 | 정여립의 옥사를 마치고 공신들을 포상하라는 전교를 내렸다. |
| 3.6 | 정사 황윤길, 부사 김성일, 서장관 허성 같은 통신사 일행이 일본으로 출발하였다. |

1591년 선조 24년

1.13	통신사가 일본에서의 행적을 보고하였다.
2.16	사간원이 전라 좌수사에 임명된 이순신의 승진 폭이 너무 크다는 것을 이유로 벼슬을 반대했으나 선조가 강행하였다.
	"이순신의 일이 그러한 것은 나도 안다. 다만 지금은 일반 법도에 얽매일 수 없다. 인재가 모자라 그렇게 하지 않을 수 없다. 그 사람이면 충분히 감당할 터이니 관작의 고하를 따질 필요가 없다. 다시 논하여 이순신의 마음을 동요시키지 말라."
4.13	의금부에 형장을 과하게 쓰지 말라는 전교를 내렸다.
10.24	일본이 명을 정벌하기 위해 길을 내 달라고 요구한 일로 주청사 한응인을 명나라에 보냈다.

1592년 선조 25년

| 4.13 | 일본군의 침략으로 전쟁이 일어났다. |
| 4월 | 선조는 광해군을 세자로 삼고 북쪽으로 피난을 떠났다. |

1593년 선조 26년~1597년 선조 30년 부록2 '임진왜란 꼼꼼 연표' 참조.

1598년 선조 31년

11월	노량해전을 끝으로 7년 전쟁이 끝났다.
11.24	대신들이 왜적이 퇴각한 기쁨을 아뢰었다.
	승정원이 이순신의 후임을 정하는 문제에 대해 아뢰었다.
12.2	비변사가 왜적의 방어와 진의 설치에 관해 건의하였다.
12.21	전라도 관찰사 황신이 대마도의 왜적들을 정벌할 것을 상소하자, 신속히 의논하여

아뢰라고 하였다.

12.24　　비변사가 적을 염탐하고 용병을 키울 것을 건의하였다.

1599년 선조 32년

1.2　　비변사가 남방의 방비를 미리 조치해 두자고 건의하였다.

4.3　　북방을 지킬 병사를 천거하도록 비망기를 내렸다.

4.13　　홍문관에서 선조에게 자리에서 물러나서는 안 된다고 상소를 올렸다.

4.14　　사헌부가 선조에게 자리에서 물러나서는 안 된다고 상소를 올렸다.

윤4.18　　도원수 권율이 변방 방어를 강화하자고 아뢰었다.

6.20　　이산해, 윤두수, 정탁, 정곤수가 중국군의 병력을 적당히 줄여 주둔하게 하자고 의논드렸다.

7.14　　일본이 글을 보내와 억류하고 있는 사신의 송환을 요구하였다.

8.9　　세자가 중국의 책봉을 받지 못한 일을 두고 관원들에게 서둘러 의논할 것을 전교하였다.
　　　"세자가 책봉을 받지 못하였으니 이는 세자가 없는 것이다. 대사가 이보다 더 급한 것이 없는데, 신하들은 오직 투쟁하는 데에만 힘을 쏟고 다른 일에만 분주하여 이 일을 생각하지 않는다. 나는 지금 늙고 병이 심하여 일을 감당할 수 없는데 중국 장수가 많이 있기에 억지로 참으면서 조석을 지탱할 뿐이다. 세자를 책봉하는 것이 얼마나 중대한 일인데 이와 같이 소홀히 하는가. ……어서 힘써 의논하여 아뢰라."

8.11　　전란으로 없어진 서적을 구하여 올려 보내라고 명을 내렸다.

8.12　　일본 사신과 선박 배치 같은 왜적 방어에 관한 비망기를 내렸다.

10.19　　양식 부족을 이유로 들어 명나라 군사 8천 명만 머물러 있을 것을 요청하였다.

1600년 선조 33년

1.7　　중국 사신을 접견하고 일본에 포로로 갔다가 귀환한 조선인 문제와 군사 교련을 논의하였다.

1.29　　이항복, 이산해와 남방 방비책, 군공, 봉화법, 도적 대책, 관왕묘 건립 같은 문제를 논의하였다.

2.23　　일본에 끌려갔다 송환된 사람들이 일본과 강화를 맺을 것과 포로 송환 문제를 아뢰었다.

3.30　　왕세자가 문안하였으나 선조가 엄하게 대하였다.
　　　"아침에 왕세자가 문안하였다. 상이 세자 대하기를 매우 엄하게 하여 안으로 맞아들여 가까이 하는 적이 드물었다. 이에 문안할 적마다 왕세자는 바깥문까지 이르렀다가 물러나곤 했다."

4.15　　대마도 태수가 강화를 청하며 글을 보내왔다.

5.23　　중국 장수와 만나기로 약속했으나 중국 장수가 약속을 어겼다.

6.27	중전 의인왕후 박 씨가 승하하였다.
8.1	사헌부에서 무장 현감 장국주의 실정을 탄핵하고 역마 폐단에 대해 아뢰었다.
8.24	명나라군 1천 명을 서울에 머무르게 하는 문제로 비망기를 내렸다.
12.10	경상 관찰사 김신원이 수륙 양전을 위해 기존 방어책을 개선할 것을 올렸다.

1601년 선조 34년

2.10	대신과 비변사 당상과 일본 침입 방비책을 상의하였다.
3.16	임해군의 여러 말썽들을 기록하였다.
6.3	사헌부가 비변사는 본래 업무만 담당하게 할 것과 민간의 쇄마를 금할 것을 아뢰었다.
7.21	사간원이 입번 군사에게 속전을 거두는 일과 사대부들이 방납하는 폐단에 대해 아뢰었다.
10.7	예조가 새로 중전을 맞아들일 것을 청하자 윤허하였다.
11.10	예조가 왕비 간택에 대한 예를 아뢰자, 전교하였다.
	"윤허한다. 14세 이상부터 선발하라. 그리고 간택할 때에는 집에 있을 때에 있던 평상복을 입도록 하고 절대로 사치스러운 옷을 입지 말도록 할 것을 미리 알리라."

1602년 선조 35년

4.14	세자 책봉을 주청할 것을 아뢰자 그로 인한 백성들의 고통이 클 것이라며 몇 년 기다리라고 이른다.
4.22	세자 책봉보다 중전의 책봉을 먼저 고하라고 이른다.
7.4	사간원에서 임해군의 살인죄, 가례도감의 준비 미숙 들을 조사하게 하였다.
7.13	인목왕후 김 씨와 가례를 올렸다.
7.14	임해군이 백주에 궁궐 담장 밖에서 사람을 몽둥이로 때려죽였다.
7.20	체찰사 이덕형이 일본 내의 사정, 사신 파견 들을 아뢰었다.
10.20	한성부에서 정원군 같은 왕족들의 불법과 비리를 고쳐 달라고 주청하였다.
11.11	급성 위장병으로 내의원 어의의 진찰을 받고, 위령탕을 조제해 받았다.

1603년 선조 36년

4.1	비변사에서 대마도와의 수교에 대해 아뢰자 답하였다.
	"윤허한다마는, 왜인은 성질이 매우 교활한데 어찌 우리에게 속겠는가. 아마도 우리의 자세한 실정을 벌써 알았을 것이다. 외교 문서를 보내 장수를 청하는 일은 한두 번 한 것이 아니어서 번번이 경솔하게 할 수 없을 듯하니 짐작해서 해야 한다."
5.16	세자 책봉에 대해 여전히 2~3년 기다렸다가 청하라는 명나라의 자문이 도착했다.
5.19	인목왕후 김 씨가 공주를 낳았다.

9.19	사헌부에서 공물 방납의 비리를 바로잡도록 간하였다.
12.19	이날부터 두 달 가까이 임금이 편찮았다고 기록하고 있다.

1604년 선조 37년

2.16	경기 감사 김수가 방납의 폐해를 고칠 것을 건의하였다.
3.3	선조가 목구멍이 아파 목소리가 변하게 된 증세 때문에 별전에서 침을 맞았다. 그 뒤 침을 맞았다는 기록이 자주 보인다.
3.12	사명대사 유정을 부산에 보내 일본 사신을 만나도록 비변사가 조처하라고 명하였다.
3.19	성균관 생원들이 김굉필, 정여창, 조광조, 이언적, 이황을 문묘에 올릴 것을 상소하자 답하기를, "우리나라 유학자들이 중국에 미치지 못하기는 하나 그대들의 정성스러운 뜻을 잘 알았다. 다만 이는 중대한 일이므로 경솔하게 거행하기는 어렵다" 하였다.
5.2	선조가 이날부터 한 달 넘게 앓았다.
6.25	호성공신 86명, 선무공신 18명, 청난공신 5명을 선정해 발표하였다.
10.19	선조에게 존호를 올리는 예를 거행하였다. 《선조실록》 총서에 실린 선조의 존호는 다음과 같다. '선종 소경 정륜 입극 성덕 홍렬 지성 대의 격천 희운 현문 의무 성예 달효 대왕.'
11.17	중전이 죽은 아이를 낳았다.
11.25	광해군의 세자 책봉 요청에 관하여 명나라 예부가 "맏아들이 있어 때가 아니니 좀 더 기다리라"는 자문을 보냈다.

1605년 선조 38년

4.16	선무원종공신 9,060명, 호성원종공신 2,475명, 청난원종공신 995명을 재가하였다.
4.20	우리나라 실정에 맞는 병서의 편찬을 독려하였다.
5.12	대마도 태수가 조선과 일본의 강화를 주선하였다.
7.6	왜장 도쿠가와 이에야스가 조선과 수호하고 명나라에 조공을 바치고자 하나 뒤로 딴 마음을 품고 있다는 보고가 들어왔다.

1606년 선조 39년

| 1.3 | 사헌부에서 양평군 허준을 탄핵하였다. "양평군 허준이 한때 약간의 노고가 있기는 합니다만 거기에는 거기에 맞는 상이 있을 것입니다. 그런데 어떻게 이토록 서둘러 정1품 높은 자급으로 올려 벼슬을 욕되게 하실 수가 있습니까. 의관이 숭록대부가 된 것만도 전에 없던 일로 이미 그지없이 외람한데, 더구나 대신과 같은 반열로 올림은 말해 무엇하겠습니까. 그것이 어찌 허준이 부당하게 차지할 수 있는 자리이겠습니까. 세상 사람들이 모두들 놀라워하고 있으니 속히 |

바르게 고쳐 주소서."
하니, 선조가 고칠 필요가 없다고 답하였다.

4.14	예조에서 중국 사신에게 왕세자의 책봉 주선을 건의하니 윤허하였다.
5.17	일본과 국교를 재개하는 문제를 비변사가 반복하여 자세히 의논해 선처하도록 하였다.
6.15	영창 대군에게 토지와 노비를 내려 주었다.
8.23	임해군에게 물건을 뺏긴 사람들에게 소를 올리라 하고, 잘못한 종을 처벌하여 왕자들의 경계가 되게 하였다.
8.24	사헌부와 사간원에서 임해군의 파직을 요청하였으나 허락하지 않았다.
11.7	궁궐을 짓는 데 필요한 벌목의 폐를 줄이도록 하였다.
12.21	벼슬을 청탁하는 '분경'을 금지하고 부패 관리를 파직시켰다.

1607년 선조 40년

1.4	왜적 포로를 쇄환하고 조총을 사들이는 일을 의논하여 시행하도록 전교하였다.
5.2	호조에서 인삼 방납의 폐해에 관해 상소하였다.
5.13	전 영의정 유성룡이 죽었다.
6.3	왕족의 수탈, 방납의 폐해, 묘궐 짓는 일, 사치 풍조 들에 관한 사간원의 상소문이 올라왔다.
10.9	선조가 새벽에 일어나 방 밖으로 나가다 쓰러졌다. 호흡이 가빠져 청심환을 먹었는데 오래도록 호흡이 가라앉지 않았다.
10.11	세자에게 임금 자리를 물려주거나, 그게 어렵다면 세자더러 섭정이라도 하게 해야겠다고 비망기를 내렸다. 유영경 같은 삼정승이 명을 거두어 줄 것을 청하였다.
11.13	어의 허준의 탄핵 문제가 나왔다.
11.19	동상이 우려되는 군사에게 옷 한 벌씩을 주도록 전교하였다.

1608년 선조 41년

1.18	전 공조 참판 정인홍이 영의정 유영경을 공격하는 상소를 올렸다. 선조가 계를 찍지 않고 도로 승정원에 돌려보냈다.
1.22	정인홍의 상소에 불편한 심기를 승정원에 알렸다.
1.24	영의정 유영경이 자신을 변명하는 상소를 올렸다.
2.1	갑자기 위급해지더니 왕이 승하하였다. 마지막 유언은 다음과 같다. *"형제 사랑하기를 내 있을 때처럼 하고, 참소하는 자가 있어도 삼가 듣지 마라. 너에게 이를 부탁하노니 내 뜻을 이어받거라."*
2.2	광해군이 선왕의 유지를 받들어 즉위하였다.

선조 23년 1590년

3. 6   정사 황윤길, 부사 김성일이 이끄는 통신사 일행이 일본으로 출발하였다.

선조 24년 1591년

2월   이순신이 전라 좌수사에 임명되어 여수 좌수영에 부임했다. '좌수사'는 독자적인 작전을 수행할 수 있는 해군 사령관이다. 원래 이 자리는 원균이 임명되었다가 이전 고을에서 성적이 나빴다는 이유로 교체된 것이다. 원균은 몇 달 뒤 경상 우수사에 임명되었다. 이순신은 전라 좌수영에 부임한 뒤 많은 배를 새로 만들었고 또 거북선을 만들게 하였다.

3월   통신사가 일본에서 돌아와 선조에게 서로 다른 보고를 올렸다. 정사 황윤길은 일본이 곧 쳐들어올 것이니 대비가 필요하다고 보고하였고, 부사 김성일은 도요토미 히데요시는 전쟁을 수행할 만한 위인이 아니라고 보고하였다. 조정은 김성일의 보고를 따랐다. 당시 황윤길은 서인이었고 김성일은 동인이었다.

선조 25년 1592년

4.12   여수 좌수영에서 이순신이 거북선에 올라 총통을 시험 발사하였다. 전쟁이 일어나기 하루 전의 일이었다.

4.13   오후 5시 무렵, 고니시 유키나가가 이끄는 18,700명의 일본군 선봉대를 태운 700여 척의 배가 부산 앞바다를 까맣게 메웠다. 임진왜란의 시작이었다.

4.14   새벽 5시부터 적들이 상륙 작전을 펼쳤다. 고니시 유키나가의 제1진, 가토 기요마사의 제2진, 구로다의 제3진 등 제1선단 6만여 명의 병력이 잇달아 부산에 상륙하였다. 부산진 성이 함락되면서 첨사 정발이 전사했다. 성 안의 조선인 3천 명이 무참히 살해되었다.

4.15   부산진을 뚫고 들어온 왜군이 동래성으로 쳐들어왔다. 왜군들은 "싸울 테면 싸우고, 싸우지 못하겠으면 길을 비켜라"고 쓴 팻말을 동래성문 앞에 세웠다. 그러자 동래 부사 송상현은, "싸우다 죽는 것은 쉬우나 길을 비키기는 어렵다"는 글을 내걸었다. 군관민이 힘을 합하여 최후의 최후까지 싸웠으나 반나절 만에 동래성이 함락되었다. 또다시 수천 군민이 죽임을 당했다. 다만 고니시 군은 송상현의 장렬한 최후에 감동하여 시신을 성 밖에 묻어 주었다 한다.

4.17   부산 기장, 경남 양산이 적의 손에 들어갔다. 이날 조선 조정에 일본군의 침략 소식이 비로소 도착했다. 전쟁이 터지고 사흘이나 지난 시점이었다.

4.18   선조가 유성룡을 도체찰사, 신립을 도순변사, 이일을 순변사로 임명하였다. 울산 언양이 왜군에게 무너졌다.

4.19   김해가 무너졌다.

4.24   경남 의령에서 조식의 제자이자 사위인 곽재우가 재산을 털어 의병을 모집했다. 최초의 의병 부대 탄생이다. 곽재우는 적들의 보급로를 막고 유격 전술로 적을 혼란스럽게 하였다. 곽재우는 붉은 옷을 입고 싸워서 '홍의장군'이라는 별명으로 불렸는데, 10여 명에게 자신과 똑같은 차림을 하도록 해서 적을 더욱 어지럽게 했다.

4.25	이일이 상주에서 패하고 신립 진영으로 들어갔다.
4.28	신립이 충주 탄금대에 배수진을 치고 일본군과 싸웠지만 패배했다. 충주성이 함락되었고 신립은 강물에 몸을 던졌다. 이로써 조선군의 방어선이 완전히 무너졌다.
4.29	신립이 패했다는 소식에 선조는 파천을 입에 올렸다. 모두 반대했으나 이산해 홀로 예전에도 파천한 사례가 있었다며 소극적으로 선조를 지지하였다. 신하들 중 몇몇이 만약을 대비해 세자를 세워야 한다고 상소를 올렸지만, 예전에 정철이 광해군을 세자로 세우자고 했다가 유배 갔던 일 때문에 누구도 나서서 이름을 올리지 못했다. 이에 선조가 광해군을 세자로 세우고 파천을 결정하였다.
4.30	새벽같이 서울을 떠나 피난길에 나섰지만 뒤따르는 종친과 신하들은 다 합해서 100명도 되지 않았다. 조선의 처지만큼이나 초라한 피난 행렬이었다.
5.1	쉬지 않고 길을 재촉한 끝에 피난 행렬이 하루 만에 개성에 도착했다.
5.3	일본군이 조선 땅에 상륙한 지 20일 만에 수도 한양을 점령하였다. 선조는 개성에서 다시 북쪽으로 길을 잡았다.
5.7	선조의 피난 행렬이 평양에 도착했다.
	이순신의 수군이 옥포에서 최초로 승리를 올렸다. 적선 26척이 파괴되었고 수많은 적들을 바다에 묻었지만 조선군이 입은 피해는 부상 1명이 전부였다. 조선 수군은 이날 합포에서 다시 5척을, 이튿날에는 적진포에서 11척을 추가로 깨뜨린 뒤 여수 좌수영으로 돌아갔다.
5.18	김천일이 나주에서 의병을 일으켰다. 곽재우의 의병군이 기강 전투에서 첫 승리를 거두었다.
5.23	임진강 방어선이 무너졌고, 이순신의 옥포 승전 소식이 평양에 있던 선조에게 전해졌다.
5.29	이순신의 수군이 사천포에 정박 중인 적선 12척을 모조리 깨뜨렸다. 이 싸움에서 처음으로 거북선이 실전에 사용되었고 이순신은 왼편 어깨에 총탄을 맞았다. 총알이 관통되어 등으로 뚫고 나갔고, 어깨뼈가 상해 오랫동안 고생하였다.
6.2	조선 수군이 당포 해전에서 적선 20척을 깨뜨리며 승리를 거두었다.
6.5	조선 수군이 당항포 해전에서 승리를 거두었다.
6.11	선조 일행이 평양을 떠나 영변으로 향했다.
6.13	선조 일행이 영변에 도착했다.
	왜적의 손에 죽느니 명나라에 가서 죽겠다며 선조가 세자에게 국사를 임시로 다스리게 하였다.
6.14	선조 일행이 박천에 도착했다.
	선조가 명나라로 망명할 것을 결심하였다.
	광해군의 분조와 영변에서 헤어졌다.
6.15	선조 일행이 가산에 도착했다.
	평양성이 고니시 군에게 함락되었다. 고니시는 장기전을 생각했는지 성을 일본식으로 견고히 고쳤다.
6.16	선조 일행이 정주에 도착하였다.

6.18	선조 일행이 선천에 도착하였다.
	유성룡과 정철이 선조에게 선위를 청하기로 입을 맞추었으나 차마 임금께 말하지 못했다.
	명나라가 보낸 소규모 부대가 도착해서 조선군의 작전권을 넘겨받았다.
6.20	명나라 장수 조승훈이 1,300명의 병사를 이끌고 압록강을 건너왔다.
6.21	이순신의 연이은 승전 소식이 도착하여 조정이 뛸 듯이 기뻐하였다.
6.22	선조 일행이 의주에 도착했다.
6.23	요동으로 떠날 준비를 하라고 명을 내렸으나, 명나라 장수가 배를 모두 건너편으로 옮겨 버려서 실행에 옮기지 못했다.
6.26	명나라 측에서 선조가 망명을 한다면 관전보의 비어 있는 관아에 머물게 하겠다고 뜻을 전했다. 선조는 요동에 가는 것을 포기하였다.
7.3	명나라에 갔던 이덕형이 돌아와서는 명나라가 조선이 일본군과 한편이 아닐까 여전히 의심하고 있다고 보고했다.
7.8	이순신이 이끄는 조선 수군이 한산도에서 크게 승리했다. 좁은 견내량에 있던 적선을 넓은 한산도 앞바다로 유인해서 학익진 전법으로 적선을 깨뜨렸다. 적의 장수는 와키자카 야스하루였는데 그는 김해로 달아났다.
	이는 기원전 480년의 살라미스 해전, 1588년의 칼레 해전, 1805년의 트라팔가 해전과 더불어 '세계 4대 해전'으로 기록될 만큼 크나큰 승리였다.
7.9	의병장 고경명이 금산성을 공격하다가 전사했다.
	조선 수군이 안골포 해전에서 적선 20여 척을 깨뜨리고 승리했다.
7.11	요동으로 망명하려면 인원을 100명 이내로 하라는 명나라 병부의 전갈이 도착했다.
7.17	명나라 장수 조승훈이 평양성의 왜적을 얕보고는 후속 부대 3천 명과 조선군 3천 명을 이끌고 섣불리 덤벼들었다가 일본군에게 크게 깨졌다.
7.24	임해군과 순화군이 함경도에서 조선 백성들 손에 일본군 포로로 넘겨졌다. 이들은 민가를 약탈하고 백성을 죽인 일로 백성들에게 큰 원한을 사고 있었다.
7.26	선조가 김시민을 진주 목사에 임명하였다.
7.27	권응수의 의병 부대가 경북 영천성을 되찾았다.
8.1	의병장 조헌이 승려 영규의 의병 부대와 함께 청주성을 되찾았다.
8.3	김면의 의병 부대가 거창 전투에서 승리하였다.
8.5	세자의 분조 활동으로 민심이 많이 안정되었다.
9.1	이순신의 함대가 부산포를 공격해서 적선 500여 척 중 150여 척을 깨뜨리며 승리했다. 이날 전투를 여섯 차례나 치렀는데 이순신이 아끼던 장수 정운이 전사했다.
9.2	이정암의 의병 부대도 황해도 연안성을 지켜 냈다.
9.4	임해군과 순화군이 적에게 사로잡혔다는 소식이 선조에게 전해졌다.
	명나라 사신 심유경이 일본 장수 고니시와 만나서 50일 동안 휴전하기로 하였다.
9.8	경상 좌병사 박진과 의병장 권응수, 정세아 들이 힘을 합하여 경주성을 되찾는 데 성공하였다. 이장손이 발명한 폭탄 '비격진천뢰'가 처음으로 사용되었다.

9.16	정문부의 의병 부대가 함경도 경성을 되찾아 왔다.
10.6~10.10	김시민을 중심으로 한 3천 명의 병사들이 진주성 백성들과 합심하여 밤낮으로 일본군과 싸웠다. 진주성 바깥에서는 곽재우와 최경회, 조응도와 김준민의 의병이 적의 뒤를 치면서 응원하였다. 6일에 걸친 싸움에서 마침내 이겼지만 진주 목사 김시민은 마지막 날 전사하고 말았다.
10.19, 11.7, 11.23	선조가 세자에게 선위하겠다는 뜻을 밝혔다가 신하들의 반대로 명을 거두었다.
12.25	명나라 장수 이여송이 추가 파병 5만여 명을 이끌고 얼어붙은 압록강을 건너왔다.

선조 26년 1593년

1.13, 1.25, 1.29, 8.30, 9.19, 11.16, 윤11.16, 윤11.24	
	선조가 선위의 뜻을 밝혔다가 신하들의 반대로 명을 거두었다.
1.6	조선과 명나라 연합군이 평양성을 공격하기 시작했다.
1.9	조명 연합군이 평양성을 되찾았다. 6개월간 평양성을 점령했던 고니시 유키나가는 부산에 상륙했을 때보다 3분의 1로 줄어든 병사들을 이끌고 한양으로 물러났다.
1.18	선조 일행이 의주를 출발하였다. 한양으로 돌아가는 긴 여정의 시작이다.
1.20	선조 일행이 정주에 도착했다.
1.27	평양성 승리의 기세를 몰아 일본군을 뒤쫓던 명나라 장수 이여송의 부대가 파주 벽제관에서 일본군에게 크게 패했다. 혼쭐이 난 이여송은 파주로, 이어서 개성으로 부대를 물렸고, 유성룡이 어서 진격하자고 주장했지만 움직이지 않았다.
1.28	의병장 정문부가 함경도 길주성을 되찾았다.
2.12	권율의 육군이 행주산성에서 2,300명의 병사로 3만의 대군인 일본군을 크게 무찔렀다. 한산 대첩, 진주 대첩과 함께 '임진왜란 3대 대첩'으로 불리는 이 행주 대첩에서 조선군은 하루 동안 일곱 차례에 걸친 일본군의 공격을 버텨 냈고, 일본군은 물러났다. 권율의 공을 높이 평가하여 명나라 황제가 직접 상을 내렸다.
3.1	선조 일행이 영유에 도착했다.
3.7	선조가 이여송을 만나 다섯 번 절하고 세 번 머리를 조아리는 '오배삼고두'의 예를 보이고는 일본과의 강화 협상 반대와 한양으로 진격할 것을 요청했다.
3.23	선조 일행이 평양으로 이동했다.
4.9	명나라 사신 심유경이 일본 장수 고니시 유키나가와 강화 회담을 가졌다.
4.13	왜군이 성종과 정현왕후 윤 씨가 묻힌 선릉과 중종의 무덤인 정릉을 파헤쳤다는 보고가 들어왔다. 성종은 선조의 증조할아버지이고, 중종은 선조의 할아버지이다.
4.19	일본군이 심유경을 비롯하여 임해군과 순화군을 앞세우고 풍악을 울리며 퇴각하였다. 권율이 추격하려고 한강을 건너려 하였으나 명나라 측이 막아서 가지 못했다. 조선을 침략한 일본군이 조선을 도와주러 온 명나라 군의 호위를 받으며 물러간 꼴이었다.
4.20	권율의 군대와 이여송의 군대가 한양에 들어갔다.

6.7	권율이 도원수에 임명되었다.
6.22~6.29	퇴각하던 일본의 10만 대군이 진주성을 공격하였다. 지난해 진주성에서 졌던 수치를 갚으라는 도요토미 히데요시의 명령 때문이었다. 명나라 사신 심유경이 공격 중지를 요구했지만 먹히지 않았다. 압도적인 힘의 차이로 진주성이 무너졌고 수만 명의 백성들이 죽임을 당했다. 의병장 김천일과 경상우도 병마절도사 최경회 들이 이 싸움에서 전사했다. 최경회의 후처인 논개가 왜장을 끌어안고 진주 남강에 뛰어들었다는 이야기가 전해진다. 그 뒤 일본군은 남해안의 왜성으로 들어갔고 명나라 측은 진주성 학살을 문제 삼지 않은 채 강화 논의를 계속하였다.
6월	일본 측이 강화에 대한 성의 표시로 임해군과 순화군을 석방하였다.
7.14	이순신이 한산도에 지휘 본부를 설치하였다.
8.12	선조 일행이 황주에 도착했다.
8.15	이순신이 삼도 수군통제사에 임명되었다. 삼도 수군통제사는 전라, 경상, 충청의 수군을 총 지휘하는 수군의 최고 사령관이다. 이 임명은 10월 9일에 이순신에게 전달되었다. 전쟁 중에 최고 지휘관에 대한 인사 발령이 전달되는 데 69일이나 걸릴 만큼 조정의 사정과 현실 인식이 마비되어 있었다. 1593년과 1594년에 이르는 2년 동안 전쟁은 거의 멈춰 있었지만 흉년이 심해 굶어죽는 사람이 많았고 전염병으로 많은 병사들이 죽었다.
8.30	선조가 선위의 뜻을 표했다.
9.8	선조가 한양에 돌아가서 왕릉에 참배한 뒤에 물러나겠다며 일단 선위의 뜻을 접었다.
9.27	선조 일행이 개성에 도착했다.
9.29	선조 일행이 벽제관에 도착했다.
9월	송응창과 이여송이 군사 1만여 명을 남기고 명나라로 귀국하였다.
10.1	선조 일행이 한양으로 돌아왔다. 임금의 환도는 의주에서 서울까지 모두 10개월이 걸렸다. 전선을 따라 내려왔기 때문에 이동 시간이 많이 걸렸다. 피난길에서 임금은 지방 관아나 지방 관리들의 집에 머물렀다. 돌아온 한양의 궁궐이 모두 불탔기 때문에 정릉 월산대군의 옛집을 임시 거처로 삼았다.
윤11.8	세자가 한양으로 돌아왔다.
윤11.16, 윤11.24	선조가 선위의 뜻을 표했다.

선조 27년 1594년

1.20	명나라 사신 심유경과 일본 장수 고니시 유키나가가 웅천에서 도요토미 히데요시의 가짜 항복 문서를 작성하였다.
2.16	의병장 이산겸이 역모 혐의를 받고 억울하게 추국을 당했다.
3.29	유성룡이 제승방략 체제를 비판하며 진관 체제로 돌아갈 것을 주장하였다.
5.17	명나라 장수 송응창과 이여송이 탄핵을 받아 파직되었다.

8.15	사명대사 유정과 만난 자리에서 일본 장수 가토 기요마사가 조선의 4도 할양을 요구하였다.
10.13	윤두수와 권율의 허무한 독자 작전이 공격 한 번 못해 보고 실패하였다. 성을 공격하면서 방어군보다 적은 규모의 군대를 동원한 터무니없는 작전이었다.
12월	일본 장수 고니시 유키나가가 도요토미 히데요시의 가짜 항복 문서를 든 사절단을 명나라에 보냈다.

선조 28년 1595년

1.15	조정 대신이 명나라로부터 세자 책봉을 허락받지 못한 일을 선조에게 고했다.
1.18	선조가 선위의 뜻을 밝혔다.
1월	명나라가 일본의 항복을 받아들여 도요토미 히데요시를 일본 왕으로 책봉하기 위한 책봉사를 파견하였다. 이들은 1월에 명나라를 출발해서는 11월이 되어서야 부산에 도착했다.
3.27	광해군에게 하삼도 지방의 군무를 총지휘하라는 명나라 황제의 친서가 도착했다.
8.15	충청 병사 원균이 탐욕스럽고 포학하여 백성들의 원망이 크다며 사헌부가 파직을 청했으나 선조가 받아들이지 않았다.

선조 29년 1596년

1.12	충청 병사 원균이 부적격자를 종사관으로 삼아 문제가 되었다.
6.26	선조가 이순신에 대한 평을 물으며 자신이 늘 의심해 왔다고 말하였다.
7.13	충청도 홍산을 비롯한 5개 읍을 함락한 반란군 이몽학 무리를 관군이 진압하였다.
8.1	이몽학의 무리를 조사하는 과정에서 의병장 김덕령의 이름이 튀어나왔다. 이에 백성들에게 신망이 높았던 김덕령을 체포해서 한양으로 끌고 왔다.
8.23	김덕령이 여섯 차례나 고문을 받다가 죄를 인정하지 않은 채 별다른 변명도 없이 의연히 죽었다. 김덕령이 죽고 나서 호걸들이 모두 숨어 다시 의병을 일으키지 않았다고 《선조수정실록》에 전한다.
8.27	선조가 세자에게 섭정을 명해서 이 일로 한 달 넘게 소란스러웠다.
9.3	도요토미 히데요시가 강화 회담 사기극의 전말을 알아차리고는 크게 노했다. 강화회담은 깨졌고, 조명 사절단은 추방되었다. 이어 조선을 다시 침공할 준비를 하라고 명을 내렸다.
11.7	선조가 적이 다시 쳐들어오는 문제에 대해 논의하면서 이순신과 원균에 대하여서도 의견을 물었다. 선조는 일관되게 원균을 추켜세우고 이순신을 깎아내리는 태도를 보였다.

선조 30년 1597년

1.19	가토가 모 월 모 일에 도착할 테니 미리 숨어 있다가 기습하면 전쟁이 없을 것이라

는 고니시의 정보를 담은 김응서의 장계가 올라왔다.

1.21 기장 현감 이정견이 13일에 가토 기요마사가 200척의 배를 끌고 다대포에 도착했다는 보고를 올렸다. '정유재란'의 시작이었다.

1.22 원균이 수백 명의 수군으로 가덕도에 머물며 위세를 떨치면 가토가 겁을 먹고 돌아갈 것이라고 보고했다.

1.27 조정에서 이순신이 가진 수군 작전 통제권에 대해서 거듭 논의하였다. 이정형 홀로 바른 소리를 내었고, 이순신을 추천한 유성룡까지도 이순신을 모함하는 말을 하였다. 선조가 가토의 머리를 들고 와도 이순신을 용서할 수 없다고 하였다.

1.28 원균을 경상도 수군절도사 겸 경상도 통제사로 임명했다.

2.4 사헌부에서 이순신을 법에 따라 죄줄 것을 청하였다.

2.6 선조가 이순신을 잡아오라는 명을 내렸다.

2.26 삼도 수군통제사 이순신이 한산 통제영에서 체포되었다. 원균이 후임 통제사로 임명되었고 이순신은 한양으로 끌려왔다.
이순신의 죄목은 군공을 날조해서 임금을 속이고 가토의 머리를 잘라 오라는 조정의 출동 명령에 응하지 않았다는 것이었다.

3.13 선조가 대신들에게 이순신의 처벌을 의논하라고 일렀다.
"이순신의 죄는 용서할 수 없다. 마땅히 사형에 처할 것이로되, 이제 고문을 가하여 그 죄상을 알고자 하니 어떻게 처리함이 좋을지 대신들에게 물어보라."
정탁이 나서서 이순신을 죽여서는 안 된다며, 그를 용서하여 나중에 대비하라고 하였다. 조정은 이순신의 혐의를 증명해 내지 못했다. 이순신은 고문을 한 차례 받았다.

4.1 이순신이 옥을 나와서 그의 인생 두 번째 백의종군을 시작했다.

4.13 이순신이 백의종군을 위해 남쪽으로 내려가다가 모친상을 당했다. 난중일기 (1597년 4월 16일)에는 다음과 같이 전한다.
"영구를 상여에 싣고 집으로 돌아왔다. 비가 억수같이 쏟아졌다. 나는 기진맥진했다. 남쪽 길이 바쁘니, 다만 부르짖으며 울었다. 어서 죽기를 바랐다."

4.19 원균이 수륙 양군이 동시 출병할 것을 청하였다.

4.22 비변사에서 원균의 제안이 무리라는 의견을 내었다.

5.18 일본이 대규모 병력을 출동시켜 전라도를 짓밟을 계획이라고 요시라가 말했다.

6.28 원균이 가덕도로 출동했다고 권율이 보고하였다.

7.16 원균이 이끄는 조선 수군이 칠천량에서 처참하게 패배했다. 조선 전함은 300척이 넘게 깨졌고 삼도 수군이 전멸했다. 그 때문에 경상도 해안 일대가 다시 적의 수중으로 들어갔다. 이 싸움에서 원균, 이억기, 최호가 전사했다.
배설이 원균에게 퇴각을 요청했는데 받아들여지지 않자 휘하의 함대를 이끌고 칠천량에서 도망치는 바람에 전함 12척만이 무사할 수 있었다. 거북선도 모조리 깨졌다. 칠천량 해전은 원균이 지휘했지만, 작전을 기획하고 몰아붙인 것은 도원수 권율이었다.

7.22 원균이 크게 패했다는 급보가 조정에 도착했다. 선조가 상중이었던 이순신을 다시

삼도 수군통제사로 재임명하였다. 임명 교서는 8월 3일에 남해안을 정찰 중이던 이순신에게 전달되었다.

8.8	왜군이 진주성에 들어갔다.
8.16	왜적이 남원성과 전주성을 함락시켰다.
9.1	선조가 선위의 뜻을 보였다.
9.14	왜적이 안성을 노략질하고 죽산을 침범하였다.
9.15	왜적이 충청 이남으로 철수하면서 온갖 야만스런 짓을 저질렀다.
9.16	이순신의 조선 해군이 물살이 우는 울돌목에서 전선 13척으로 적선 330척을 유인하여 크게 이겼다. 명량 대첩이다. 좁은 길목과 조류의 흐름을 이용하여 적은 수로 많은 수의 적을 이긴 것이다. 적은 이제 서해 쪽으로 돌아갈 수 없게 되었다.
10.7	명나라 장수들이 군사를 거느리고 남쪽으로 내려오기 시작하였다.
10.24	조선의 무력함을 나무라는 명나라 황제의 칙서가 도착했다.
10.29	이순신의 수군이 목포 앞 고하도로 진영을 옮겼다. 명량 해전의 승리로 다시 제해권을 장악한 이순신은 통행세를 거두어 군량을 확보하고 전함을 만들고 군사를 훈련시키면서 빠르게 수군을 재건해 나갔다.
11.8	선조가 칙서를 이유로 들어 다시 선위의 뜻을 표하였다.

선조 31년 1598년

2.17	이순신이 고금도로 수군 진영을 옮겼다. 철수하는 적의 주력 부대로 가까이 다가가려는 의도였다.
2.24	도요토미 히데요시가 죽었다는 첩보가 들어왔으나 선조가 믿지 않았다.
2.25	선조가 병을 이유로 선위하겠다는 뜻을 표하였다.
4.27	부름을 받고도 술에 취해 오지 않은 임해군을 파직하였다.
7.16	진린이 지휘하는 명나라 수군이 고금도로 들어와 이순신의 함대와 합류했다.
8.18	도요토미 히데요시가 전군 철수를 유언으로 남기고 병사하였다.
9.24	선조가 명나라의 꾸짖음을 받았다며 선위의 뜻을 보였다. 유성룡이 명나라 행을 거절하여 대간의 탄핵을 받았다.
11.19	선조가 유성룡을 파직하였다. 이순신이 노량해전에서 승리를 거두고 전사하였다. 싸움이 급하니 죽음을 알리지 말라고 했다. 이 싸움에서 적선 200여 척이 가라앉고 50여 척이 도주했다.
11.24	이순신이 전사했다는 보고가 조정에 올라왔다.
11.26	일본군이 퇴각을 모두 마쳤다. 7년 전쟁이 드디어 끝났다. *"……도요토미 히데요시가 죽었다. 이에 도쿠가와 이에야스가 권세로 여러 장수들의 처자를 볼모로 잡고 군사를 거두어 돌아오게 하니, 울산과 사천, 순천 세 방면의 적이 모두 바다를 건너갔다."*

보리 한국사 1

선조, 나는 이렇게 본다

2012년 4월 2일 1판 1쇄 펴냄

글쓴이 | 함규진

책임 편집 | 김용심
편집 | 김성재, 김용란, 홍석주
디자인 | 장소인
제작 | 심준엽
영업 | 김가연, 박꽃님, 백봉현, 윤정하, 이옥한, 조병범, 최민용
홍보 | 김누리
콘텐츠 사업 | 위희진
경영 지원 | 안명선, 유이분, 한선희
총무 | 전범준
인쇄와 제판 | (주)로얄프로세스
제본 | 과성제책

펴낸이 | 윤구병
펴낸곳 | (주)도서출판 보리
출판등록 | 1991년 8월 6일 제 9-279호
주소 | (413-756) 경기도 파주시 직지길 492
전화 | (031) 955-3535
전송 | (031) 950-9501
누리집 | www.boribook.com
전자우편 | bori@boribook.com

ⓒ 함규진, 2012
이 책의 내용을 쓰고자 할 때는, 저작권자와 출판사의 허락을 받아야 합니다.
잘못된 책은 바꾸어 드립니다.

값 15,000원
ISBN 978-89-8428-743-3 04910
      978-89-8428-742-6 04910 (세트)
보리는 나무 한 그루를 베어 낼 가치가 있는지 생각하며 책을 만듭니다.

이 책의 국립중앙도서관 출판시도서목록(CIP)은 e-CIP(http://www.nl.go.kr/ecip)와
국가자료공동목록시스템(http://www.nl.go.kr/kolisnet)에서 이용하실 수 있습니다.
(CIP제어번호: 2012001242)